集団っていいな

—— 一人ひとりのみんなが育ち合う社会を創る ——

今井和子
島本一男 [編著]

ミネルヴァ書房

はじめに

　今から28年前に『集団ってなんだろう』（1992年刊）という本が出版されました。森上史朗先生にご指導いただき，現場の保育者が子どもたちの実態を踏まえながら「集団が育っていく道筋」を柱に著したものです。集団は，決してクラスならクラスというまとまり，即ち，「枠」を意味するのではなく，人と人との関係性で育まれていく，例えば納豆のような生き物であるということを学びました。執筆者が集団を語り合う時，よく，豆腐集団と納豆集団が例に出されました。前者は，一粒一粒の豆はすりつぶされた画一集団ですが，後者は，一粒一粒の豆が生きていて，箸でまぜると，次第に糸を引き合う関係が形成されていきます。保育における集団とは，子ども同士が一人ひとりの違いを超えて，納豆のように，互いに必要に応じて糸を出し合い繋がっていく。"ひとり"が確かなものに育っていくためには，その"ひとり"が，"みんな"と共に在ることが必要になってきます。子どもは，その誕生の時から「人と響き合いたい，繋がって生きていきたい」という願いをもって生まれてくる集団的生きものであることにも大きな意味を感じてきました。

　ところが，それからほぼ30年が経過しました。なぜか園での集団の育ちが弱まり，年長組の子どもたちの中には，集団の中でこそ，もまれ育つ社会性の育ちの幼さがみられるようになり，友だちや仲間と助け合ったり，協力し合って何かをやり遂げるという喜びよりも，自分は仲間じゃないから…と抜けてしまう子の姿などをよく目にするようになりました。クラスの友だちがけんかになっても，困っていても「自分とは関係ない…」という態度の子もいます。このように，しっかり自己主張してほしいところで黙ってしまうおりこうさんが，なんと多くなっていることでしょう。また一方で，子どもたちの自己肯定感が養われておらず，「どうせ…私なんかみんなから嫌われているんだから」「友だちなんていない方がいい」などとコミュニケーションを絶つようなことを言って，つまらなそうに生活している子が増えてきました。乳幼児期の集団保育の意義が機能しなくなっているようです。

　なぜでしょうか。真剣に考えてみなくてはと思いました。ある日『子どもという価値』（柏木惠子著，中公新書，2001年）を読んでいた時に"ハッ"としました。これまで「子どもは天からの授かりもの」と言われてきましたが，「「子どもが生まれてくる」という自然の営みとしてよりも「子どもを産む」という人間（親）の側の意志・決断の結果としての子どもとなったのです。（中略）子どもを「つくる」のです」（34頁）。「そろそろ子どもをつくろうかー」など子どもは親の産物となったわけです。

　日本の社会全体に，子どもを親の私物化として捉える傾向が広がってしまったのではないでしょうか。親にとって（自分に都合の）よい子を育てる。親の思い通りに子育てをする。親の描いた設計図通りに子どもを歩ませる。勉強のできるエリートコースを歩ませるために，第二の学校と言われる塾にも通わせる。早期教育も必要なので，遊ぶ時間など無くなっても仕方がない。そして，子どもたちは遊ばなくなってしまいました。子どもたちだけの世界ができていくこと，仲間だけで活動する充足感や，自分たちで仲間集団を育てていく力を失ってしまいました。そして園では「自我形成につまずきを抱えた多くの子どもたちを包み込んでの集団」が生まれ，保育者を悩ませるという課題が生まれて

しまいました。

　われわれ大人が,「子どもが子どもでいられなくなってしまった環境」をつくってきてしまったのです。子どもは決して親の私物ではないはずです。子どもの権利条約に述べられているように,次の世代の担い手である子どもたちを,一人の人間として,独立した人格として育んでいくことが,私たち大人の責務です。決して親だけを責めているわけではありません。急激な格差社会の到来が親たちや大人たちを,そこに駆り立てているのではないでしょうか。

　子育て中の親を支えていく私たちが,今,本当にやらなければならない支援とは何か。現実の子どもの実態から,子どもたちの育ちの20年先を親と共に見据えていくこと,そのためにも,子どもにとって居心地のよい集団,「集団っていいな」と実感できる保育を進めていかなければなりません。

　もう一つ,筆者がこの本をどうしてもつくらねばと痛感した動機がありました。それは数年前から新聞やテレビで報道されてきた「森友学園の幼稚園」のことです。実によくしつけられた規律正しい園児たちが,みんなでまとまって教育勅語を唱和する姿に感動し,このような園を応援していきたいと考えた大人がいたことに私は驚き,園児のその姿を見て唖然としてしまいました。私たちは,子どもたちに,自らの力で園生活や活動に取り組むことを願ってきました。一人ひとりの子どもたちが自立し育っていくことと,自分たちの園生活を仲間たちと協力し合いながら営んでいける子どもたちです。

　もしかしたら保護者も,園選びの際,子どもたちの主体性よりも「教師の意向に沿って,従順に,規律正しく,まとまって行動する集団」をよしと考えているのかもしれない。そう思ったら,これこそ子どもたちの未来が失われてしまうことになると,本当に心配になりました。園を選ぶのは保護者です。子どもには選ぶことはできないのです。

　だからどうしても,保護者を交えたみんなで「集団の質」「子どもたちが育ち合える集団とは?」ということを真剣に考えてもらいたいと思いました。

　子ども時代の喪失などあってはならないのです。人への信頼を礎に,かけがえのない自分自身を形成していく,二度と戻れない子ども時代なのです。そのことを現場の保育者のみなさんや保護者のみなさんとぜひ一緒に考えていきたいと願い,仲間たちとこの一冊をつくってみました。

　第1章は,前述の子育て事情に目を向け,「子どもが育つ集団ってなんだろう?」という問いを,12年先の社会を考えながら,園の職員や保護者,地域の人たちみんなで考えていきたいという願いをもって著しています。そして第2章,第3章では,乳幼児期の発達を踏まえた集団の育ちを描いています。さらに第4章から第7章では,乳幼児期の子どもたちの育ちや集団づくりに欠かせない,対話や話し合い,遊びの世界,ごっこ遊びや劇を通して育っていく集団活動,いろいろな友だちがいるからこそ育ち合える集団という視点から,子どもたちゆえに生まれ育っていく集団生活の面白さを述べています。第8章では,最も注目されている異年齢集団の中で子どもたちがどのように育つのかについてまとめました。最後の第9章では,多数の保育者のみなさんからよく質問される「コミュニケーションがうまくできない子どもの理解と支援について」様々な事例を紹介しています。

　人は,他者とコミュニケーションし合うことを宿命として生きています。子どもたちが,人生の最

初に共同生活を体験する6年間を，"人っていいな""楽しみや喜び，悲しみや葛藤もいっぱいあるけれど，人と感動を共にしながら生きていく，集団っていいな"そんな思いをエネルギーにして，社会へ巣立っていってほしいと願わずにはおれません。

2020年2月　　　　　　　　　　　　　　　　　　　　　　　　　編著者　今井和子

第③章　幼児期の子どもたちは集団の中でどう育つのか　　43

第 1 章　子どもが育つ集団を考える

1 ｜ 集団を理解する視点

1　集団のありようを考える

　私たちは，子どもたちを集めて保育や教育をしています。しかしそろそろ，必要に迫られてつくってきたその集団のありようを，子どもたちをその権利の主体として位置づけた保育へと，見直す必要性に迫られていることを感じています。その理由は，子どもの最善の利益が守られていないために，感情表現が過激で自己中心的な子どもが増えていることや，子どもが親ときちんと向き合って育てられていない状況をずっと見てきたからです。いじめ，不登校，自殺，貧困などの環境に置かれる子どもたちは，規範意識だけでは問題を乗り越えられないことも体験してきました。それは子どもの責任ではなく，私たちが子どもが育ちにくい環境をつくっているからです。私たち大人には，この責任をとる必要があります。

　保育所の基準は1948年につくられたものですが，今は最低基準と言われています。しかし私は，当時考えられる，子どもにとって国ができる最高の基準だったのかもしれないと思うようになりました。問題はそれ以降です。子どものことを最優先に考えることを忘れてしまうほど大事な課題があったのかもしれませんが，大人優先の社会になり園では子どもが育つ環境がどんどん悪くなっています。保育者たちはそのことを感じる最先端にいるのですが，この最低基準の呪縛から逃れることが難しく，長時間化する中で事故のないように保育をするためには，集団から逸脱せずに行動してくれる子どもたちを求めるようになっているのも理解できます。このことは家庭での子育てにも影響し，子どもを競争社会で苦しめることにも繋がっています。

　一方，保育所保育指針においては一人ひとりと向き合う環境づくりが求められていますが，1990年の改定では，幼稚園との整合性も図られる中で，遊びや環境を通した，いわゆる自由保育の方向が強く示されました。そして，2018年の改定では，主体的で対話的な保育がいっそう求められるようになりました。しかし，職員配置を含め根本的な保育構造への転換がされない中で，子どもの

最善の利益を最優先させた集団保育を実施することはとても難しく，その答え
はなかなか見つかりません。それでも子どもの声を聴きながら一緒に平和で民
主的な集団を創ることを，私たちはあきらめるわけにはいきません。本書はこ
うしたジレンマを乗り越える第一歩として，保育集団のありようがいかに重要
なものであるかを示しながら，子どもの最善の利益を考えた保育を具体的に提
案していきます。そして本書を読んだ保育者たちが，そのことを実践しながら，
子どもが育ち合う集団に必要な環境を具体的につくっていくことが重要になる
と考えています。

2　個と集団の関係性

　子どもたちの多くは，自分で園を選んでいません。そう考えると，はじめて
出会う保育者や園の人間関係，環境などを通して伝わる安心感が，子どもにと
って何よりも大切になります。だからこそ私たちは，園の保育が子どもたちの
未来に対してどんな影響を与えているのかということを評価する必要がありま
す。私たちは，利用者である子どもたちの笑顔や，子どもたちが日々表現して
いるもの，卒園した後の子どもたちの育ち，家族の姿などから，自分たちの保
育を評価することができます。

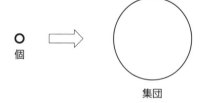

図1　個にも集団にも変化が求められる

　ここで集団について2つの方向で整理したいと思います。ま
ず一つは，子どもたちが集団へ入る時です（図1）。集団といっ
ても，園やクラスに入る時と，遊びの集団へ入る時ではかなり
違います。それは本人の「入りたい」という興味や関心を出発
点にしていないケースが多いからです。新入の子どもたちが初
めての集団に入る大変さを助けるのは，言うまでもなく，そこ
で出会う保育者たちが信頼するに足る存在であることです。そ
して，安心して自分を表現することのできる環境を集団の中でつくっていくこ
とが大切になります。しかし，その慣れ方には本当に個人差があります。例え
ば分離不安を解消するために，慣らし保育は保護者と一緒というスタイルをと
り，子どもが安心できるグッズ（タオルや人形，おもちゃなど）を持ち込むこと
は条件なく認められているでしょうか。さらに，みんなが集団に慣れていない
ということを前提に，子どもの自由な表現をいかに引き出すかということが保
育の課題になります。

　もう一つは，子どもが集団に溶け込んでいくことはものすごいエネルギーが
必要なので，まずは一人ひとりの子どもに合わせた保育をしようという配慮が
集団創りのスタートになると思います。そして，遊びの中に入る時には，また
別の配慮が求められます。それは入りたいと思っている子の育ちと，すでに遊
んでいる子たちの集団の遊びを壊さずに広げる配慮です。単純に「入れて」「い
いよ」というルールをつくることではありません。図2は，クラスの中の子ど

もたちの変化を表したものです。集団に入った子が，だんだん慣れ，自分を出せるようになるまでのプロセスや，集団をまとめることばかりに集中していると，一人ひとりの個性が見えなくなり，左の図のように子どもたちを見るようになります。しかし，集団の中でお互いに刺激し合い，育ち合う関係性に注目すると，右の図のようにだんだん一人ひとりの個性が見えてきます。集団を創る，育てるということは，この関係性に注目しながら，子どもたち一人ひとりが輝けるようなイメージをもつことが必要なのです。子どもたちに主体性を求める保育をするのなら，その自己表現ができるような環境を私たちがつくる必要があります。

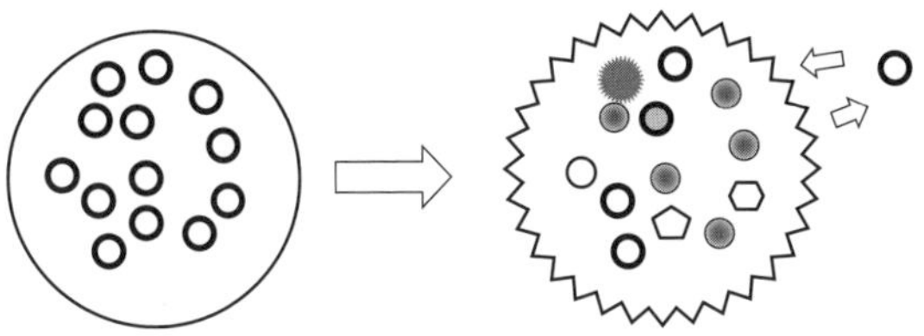

図2　集団創りのイメージ

しかし，子どもたちを集めれば，仲間との衝突も生まれてきます。その時，子どもたちが考えられるように丁寧に接することで，相手の気持ちを考えられるようになっていきます。それは保育者から言われたから考えを変えるのではなく，自分の中で気づきがあって，初めて，自分の力で変えてくものだと思います。だからこそ，保育者のことばのもつ影響力はとても大きいことを自覚し，子どもが気づけるような声かけをする必要があります。

仲間との生活は，人と自分は違うものだということを知る機会であり，みんな一緒という枠で縛るものでもありません。環境が子どもに合っていないと，そこから飛び出す子が生まれますが，それはその子が悪いのではなく，その環境が子どもに合っていないからだと考えるべきです。葛藤を通して一人ひとりが大切にされると，自分のことだけを考える自己中心的な世界から，仲間のことも考えられるように，徐々に外の世界を獲得していけるようになります。そのような姿を見つめ続けることが欠かせない支援です。

子どもたちが自由を獲得して自分らしく生きるためには，集団と対立していては達成できません。そう思いながら子どもたちの育ちを見ると，自分らしく生きるために，ルールや規範も主体的に学んでいることがわかります。ですから個を育てることと社会性を育てることとは決して矛盾する課題ではなく，却って，集団の力を借りることで個の育ちが保障されるような集団を創ることが重要だと考えています。だからこそ，何度も言いますが，その集団が平和で民主的であるということが，集団教育の一番のポイントになります。そして，一人ひとりの社会性を育てるためには，この一人ひとりの違い（自由）を大切にする保育をしていかなければなりません。

3　子どもの育ちの責任にしない発達の捉え方

子どもは基本的に自己中心的な世界を生きていますが，そのことを「自由を獲得するために必要な表現」として捉え，本人が自ら納得できる生き方を選択

しながら自分の居場所づくりをする必要があります。私たちが受けた教育では，自己中心的な世界から「人間らしく生きられるよう一刻も早く社会性を身に付けるためにしつけていくこと」が大事だという考え方を学びました。育児が思うようにならない状況にイライラしているのは，やはり，ちゃんと育てなくてはというプレッシャーや，そうはいかない子どもの自我と向き合わなくてはならないからだと思います。

　保育者がもつ子どもの自立についての感覚は，自分のことはできるだけ自分で早くできるように育てることが重要だと考えている人が多く，発達の個人差や経験の有無などは理解していても，結果的に，そのことをあまり考慮しない保育になりやすいのかもしれません。この「できるようになる」時のスピードを気にするのではなく，そのことを獲得するプロセスにおいて，どのような心が育っているのかということを注視したいものです。

　集団に所属することで，ことばや創造力など，人の中で生きる力を身につけながら社会性を獲得する子どもは，側にいる仲間や大人をまねして人格形成の基礎を培っていきます。ですから，その成長過程にある子どもの失敗についても，大人のようにとがめられるのではなく，一つひとつの出来事を一緒に考えてもらえるような環境や，声かけをしてもらえることが重要です。そうでないと，子どもたちは自分の気持ちを素直に表現しようとはしません。そもそも子どもたちの言動は発達の途中にあり，使いながら相手の様子を観察していくようなところがあります。集団での育ちは，こうした部分に対しての配慮や，人権意識をもって子どもたちと向き合うことが，集団を受け止めた保育者の専門性だと感じます。さらに乳幼児期の子どもたちは，人をだましたり，困らせたり，おとしめようというような考えもなければ，友だちを仲間外れにしたり，無視したり，悪口を言ったりするといった言動も，「いじめ」とは違う次元のものと考えられます。そのような言動は，時として自分を守ろうとする行為だとも考えられます。子どもが，気持ちのすれ違いで相手が傷つくことを言っても，本人に対して人格を否定するような「いつも」とか「何回言ったら」というような「悪い子」だとレッテルを貼るような叱り方をすることは，子どもの自尊感情が育ちにくくなるのと同時に，他の子への擦り込みもしていることになるので，いつも叱られる子は「僕には仲のいい友だちがいない」と感じるほど孤立させてしまいます。集団の中にいて友だちをつくることが大変な状況をつくってしまうと，社会性を育てる時の基本になる「人を信じる」ということが難しくなってしまいます。育ち合う集団は，お互いが尊重される中で，子どもたちが自ら育んでいくものではないでしょうか。つまり，集団の中でその子の居場所を丁寧につくっていくことが，本来の集団保育のねらいだと思います。

　集団に対してうまくなじめない子どもがいたとしたら，それは0歳児からの連続した保育のあり方，集団のあり方のどこかに原因があるのかもしれないの

で，保育者みんなで振り返ってみる必要があると思います。すると，個人の育ちの責任にするのではなく，その中で子どもたちに欠けていた支援が見えてくるはずです。3〜5歳児の保育で迷ったら，3歳以前の子どもの記録を紐解き，そこから，個々の子どもがどこの時点で足踏みをしていたのか，その環境は本人にとってどんなものだったのかということを考えて，保育を再スタートする必要があります。平均的な発達論だけで子どもを見るのではなく，集団がその子に及ぼした影響を考え，この先，その子がどうしたら自分らしく生きられるのかという答えを一緒に見つけていくことが大切です。それが一人ひとりを理解するということに繋がっていきます。

4 集団の中の主体性

　早期教育が一向に収まらない様子を見ても，私たちは教育をすることによって，子どもたちが未来に少しでも苦労をしないようにという名目のために，子どもの時間を奪いながら教育をしていることに気づきます。生涯にわたって失敗をしないように，幼い頃からその準備をしているようにも感じます。しかし，人がよりよく生きようとする生活の中には，失敗をしたり，やりなおしをしたり，新しい課題やその解決方法を考えたり，時には，目標が違うと思ったら早くあきらめて，新たな方向からものを考えるという「やめる力」も一方では必要になってきます。今はいいこと，正しいことだけを教えるのが大事だと考えられているので，そこに向かってみんなで頑張るという図式ができています。そのため，できないと思っても途中でやめることができなくなっています。だからこそ，集団になじめない子どもたちへの配慮をしていかないと，「集団」の活動が嫌いになるだけでなく，その世界にいる仲間や保育者たちも嫌いになってしまう可能性があるのではないでしょうか。集団の中で自分らしく生きられる社会性を獲得するためには，まず人から大切にされ，人を信じても大丈夫だという経験をたくさん積み重ねる必要があります。それがあれば，自分から集団に向かって少しずつ自分のペースで近づき，その中で自分の居場所を見つけていけると思います。そのことを信じて待てる大人を，子どもたちは大好きになります。

個の遊びも団子をきれいに並べるところに，2人の繋がりが見えます

2 子どもが今をよりよく生きるための集団とは

1 子どもが育つために必要な集団のあり方を創造する

　私たちは，集団を形成している子どもたち一人ひとりが毎日どんなことを感じながらその中にいるのかを，どのくらい考えているでしょうか。これこそが子どもの最善の利益を考える社会を目指すために必要な保育者たちがやるべき保育です。

　今までは，集団の力を活用して，個の発達観をベースにその能力を育てようとしてきました。しかし，子どもが自ら育っていくために必要な集団を創るという発想に切り替えると，保育集団の捉え方が変わってきます。私は乳幼児期の子どもたちの方が「人が共に生きるための集団創り」に対する能力は，はるかに優れていると感じています。それは誰とでも仲良くする力，人を信じる力，関わる力，差別をしない力，相手の失敗を許す力など，どれを見ても子どもの方が，人と関係性をもつという点においては大人よりはるかに優秀だからです。それだけに，園では大人が思うようにしつけたり教育するのではなく，自らよりよく生きたいという子どもたちの力を信じて，対話をしながら，明るく楽しい生き方を創造していくことに力を注ぎ，そのことを社会に広げることが保育だと思います。そうすることで子どもへの理解が深まり，子どもが育ち合うために必要な家族のあり方，集団の人数や担当保育者の数，個々を認め合える緩やかな関係性の構築，失敗が許される関係性など，大人の世界ではほとんどありえない環境を保育の中では目指すことができるからです。子どもというこんなにも社会を豊かにする素敵な仲間たちに出会うことができる保育者たちの重要な使命だと思います。

2 集団にいることを幸せに感じる

　クラス運営の中で，リーダーシップを発揮しながら子どもたちをまとめてきた保育者が，子どもの主体性の大切さに気づいたとしても，そこから保育を変えるにはかなり価値観の変化が要求されます。園の中では守らなくてはならないルールがはっきりしているので，自由にできることを示しながらも早く集団を落ちつかせる必要もあるからです。最初から「のびのびと自由に」を大切にしてきた保育者がクラスをまとめようとすると，前者のようにすぐに落ち着いた状況をつくることはかなり難しいと思います。しかし，時間はかかっても，子どもが集団の中で幸せを感じられるようにするには，一人ひとりが主体的に自分のできることを増やしていく環境が欠かせません。子どもたちが自分で考えながら「自律」への積み重ねをたくさんしていけば，規範意識も相手の気持ちを理解する力も主体性とセットで育ちます。このような保育の方向性は園全

体の方向性としてみんなで共有し，０歳児の時から取り組めるよう，園内研修や話し合いが必要になります。

　トラブルなどで感情的になっている子どもには，相手の気持ちを伝えたりする前に，まず本人の気持ちを理解することが必要なのは，どの保育者も理解しているはずですが，子どもに「そうだね，それがいやだったんだね」と理解を示す言葉を発しても，すぐその後で，「気持ちはわかったけれど，友だちを叩いたらだめでしょ」というふうに言えば，子どもは，自分は悪い子だと思うようになりますし，その保育者に対しても「自分の事は理解してくれない人だ」と思うようになります。そうなると，このような子どもが失敗を繰り返しながら社会性を獲得することは非常に難しくなります。もちろん，そこには子どもが

楽しく育つために必要な大切な仲間たち

感じる幸せな集団はありませんし，集団に対してもネガティブな感情を抱くようになります。そのためにも失敗を子どもの責任にしないで，まずは子どもを理解することが大切だと考えてください。そして「集団の中に居心地のよさ」を創りあげることで，子どもは仲間と一緒に力を合わせて生きる喜びを発見することができます。その時の役割が保育者の肩にかかっているのです。

③　保育者が願う集団の姿と子どもの願う集団

　繰り返しになるかもしれませんが，保育者と呼ばれる人たちが集団の中で子どもたちに願うのは，指示をよく聞き，その内容を理解して，自ら主体的に正しく動いてくれる子どもたちの姿でしょうか。保育者にしてみれば，ひとりで多くの子どもたちを見て，ねらいに沿って保育をし，安全に一日を過ごすためには，守ってほしい約束事を増やすという方向しかなかったのかもしれません。ルールを守ってくれる子どもが多いと保育も安定して行えるため，保育者の保育に対する評価は集団をまとめる力が強いほど評価されてきました。しかし，そのような中では指示待ちの子が多くなり，自ら考えて行動する機会が奪われ，自尊感情を獲得することが難しくなることがわかってきました。だからこそ，遊びや環境を通しての教育へとシフトしてきたわけです。

　しかし，集団がうまく機能していない中で，子どもたちの主体性を尊重した保育を導入すると，とんでもないことが起こります。それは何の規範もない中で，行き場をなくしたコマのような子どもたちが，走り回ったり，机の上に乗ったり，大声を出したり，部屋から飛び出したりといった困った状況が生まれる可能性が高くなるからです。今までは，それを止めようとして，大声を出して叱ってやめさせていた保育を，一人ひとり丁寧にルールを説明し，考えてもらう時間を大切にした保育へ切り替える場合にも，ゆっくり時間をかけて進め

ないと，そのことでかえって混乱を招く保育になってしまいます。

　子どもたちに必要な自由の中には，子どもも大人も一緒にいる空間が心地よいという雰囲気を創り出す必要があります。そのことを大切にした集団の中でこそ，遊びも生活も楽しく展開され，そこに必要なルールや社会性も子どもたちが自ら考えながら獲得していくはずです。主体的で対話的な保育も，実はそのような平和で民主的な社会を構築しようと考えた保育者の存在が必要なのです。

［4］　子どもの側に必要な大人の姿

　このような子どもの自ら育つ姿を丁寧に保護者に説明するのが，保育者の本来の専門性だと思うのですが，園の方が集団であるため，家庭以上に子どもたちに社会性を求め，そこに順応できない子どもは気になる子として，家庭にもしつけの協力をお願いするという図式になっていないでしょうか。集団における子どもの姿を保護者に伝えることが育児支援に繋がっているかどうかは，一度考えてみる必要があります。なぜなら，集団において気になる子どもの増え方や，虐待を受ける子どもの増加を見ていると，園の保育が子育てのモデルになっていなかったのではないでしょうか。園から注意を受けた保護者は，子どもが子どもらしく生きる時期を楽しめずに，大人の言うことを聞いて生きる姿を求めるようになるため，小さいうちから集団の中でルールを守らせることの方が，子どもの気持ちを理解することより大切だと思ってしまいます。しかし，保育者が感じている家庭での育児は，子どもと話したり，絵本を読んだり，一緒に遊んだりする中で子どもに育つ「いい人」といる心地よさです。「いい人」と言うのを定義するのは難しいのですが，一緒にいて気持ちがよい，この人とずっと一緒にいたいと思えるような人を考えてみてください。もしそのような人が親や保育者であれば，子どもたちはこういった人間にあこがれて，大きくなってもその人のようになりたいと考えるはずです。そして何かの折にふと乳幼児期を思い出し，「あの人は誰に対しても本当にいい人だったなぁ」と思い出せるような存在として心の中に生き続けます。それが子どもの側にいる保護者や保育者の姿ではないでしょうか。単純に「人から好かれる」ような資質をもっていることが，人間の何より大切な資質だと思います。

3 ｜ 自己決定と主体性を柱にした集団創り

［1］　園のビジョンが幼児教育の内容を決める

　現在は，情報化社会やAIの急激な発達によって，世界中でいつ何が起きるかわからない予想の難しい時代に突入しているといわれ，そこで発生している

社会問題を意識しながら保育を考える時代になってきました。

そのため，今までの保育観，教育観のように，はじめから答えが決まっている問題をみんなで競争して解くのではなく，協力しながら問題解決をするプロセスの中に主体的に明るい未来を創造する力が育まれていくのではないでしょうか。この生きる力を育てるのに必要なのが，集団の中で育ち合う子どもたちの姿を中心にした保育をデザインしていくことなのです。子どもたちを集めて保育をしている中で，何のために，何をどのように伝えたいのかという問いをたて，大切にしたい理念と新しい時代にあった保育を創造する取り組みが求められているのではないでしょうか。

幼稚園を認定こども園化する時に「建学の精神」が話題になりました。そのことは現在も脈々と息づいているわけですが，その建学の精神には，子どもたちを集め，どのような人を育て，どのような社会貢献をするような人間を育てたいのかという存在理由や理念があるはずです。これはその園や学校が掲げている子どもへの願いであり，その先の社会構想にも繋がっています。このような理念は，幼児教育に関わるどの園にも存在しているもので，みんながそこを目指して一丸となって保育の質を高めていくことが重要であり，「集団」の姿もここから描き出されたものだと思います。子どもへの願いは，社会への願いでもあります。一人ひとりの育ちの重要性は十分理解できたかと思いますが，そのことと子どもの社会性の獲得については，今まで一斉に目的に向かって頑張るという教育をされてきた私たちが，違う視点でその答えを見つけ出すのは容易ではありません。それだけに，園内で語り合う文化をしっかり構築していくことが必要です。その過程で意見のすれ違いがあったとしても，園の理念に従ってみんなで答えを出すことが大切なのです。

❷ 自己発揮ができる集団創り

学校に就学した時に求められる子どもの社会性は，45分間先生の話を静かに聞いて座っていられる子どもたちでしょうか。「大人の言うことを素直に聞いてくれる子どもたちと，聞かない子どもたち」という捉え方をすると，子どもの心が見えなくなってしまいます。先生といわれる人たちは，前者の子どもたちの方が集団の中で一斉にものを伝える時には効率的なので，そういう環境をつくろうとします。担任の考え方はクラスの雰囲気や子どもたちにもかなり影響しています。その雰囲気が何から醸し出されたものなのかというと，保育者の人間性だと思われます。そもそも，多くの子どもたちをひとりでまとめようとしたら，それなりのスキルが必要になります。そのスキルとは，子どもたちを一斉に動かす技です。例えば，静かに話を聞くことや，生活のルールを守ること，保育者が思うような規範意識を育てることなどが重要視されます。小学校が5歳児のクラスよりはるかに約束事が多くなるのは，子どもたちが信用さ

自ら小さい子へ関わろうとする姿の中に，その子
が受けた愛情が見えます

れていないからだとも考えられます。

　園で子どもたちが，話を聞いてもそれを守れない場合，保育者が出す要求度が高く，乗り越えようとしても乗り越えられない状況に追い込んでいることがあります。そのことが理解できない保育者は，それを子どもの責任にして叱ったり，どんどん約束事を増やしたりするのです。

　集団のルールなどは，5歳児だとかなりのことがわかっていて，保育者が決めて守らせなくても，子どもたち自身が考えて守ろうとする集団を創ることが可能です。逆に大人の決めごとが多くなればなるほど「自分にとって都合のいい子」を育ててしまい，保育者の思いに合わせようとして生きてきた子どもは，自分で考えて活動することが苦手になるばかりか，ルールがないと不安になり，守らない子がいると怒り出すという，大人のような社会が幼児期からスタートしてしまうのです。

　ここ数十年，園では集団の中でうまく自己を発揮できずに苦しんでいる子どもたちの姿を見ることが多くなりました。それはそのまま小学校まで繋がっていくので，園にいる間になんとか支援したいと思っているのですが，多くの人がしつけの問題として，集団の中でもっと規範意識を育ててほしいと願うのです。しかし，集団の中で自己を発揮するには，たっぷり愛され，大好きな人ができ，人を信じるという体験が欠かせません。園庭を自由に走り回っている子どもたちの姿より，体育の講師から指導を受けたり，集団でかけっこをしたりする姿の方が教育をされていると感じてしまうのもわかりますが，自分たちでルールを決めて，トラブルが起きたら自分たちで問題解決をしようとする気持ちが育つような，集団の遊びをたっぷり経験しておくことの方が大切なのです。そうすることによって主体的で対話的に生きようとする人格形成の基礎が培われるのです。

③　ひとりで遊ぶ力が友だちづくりに繋がる

　入園やクラス替えの時の不安感の表出の仕方は本当に一人ひとり違います。また，友だちとケンカをしたり，保育者から叱られたり，家庭でのトラブルなどがあった時も，子どもが見せる姿は様々です。このようにそれぞれの事情を抱えながら，集団の中で遊びを見つけ，仲良くすることは，子どもにとってものすごく大変なことなのです。ここを理解すると「子どもは誰とでもすぐに友だちになって仲良く遊べる」という考えが必ずしも正解ではないということもわかると思います。これはわたしたちが初めての環境で友だち関係をつくることを考えるとよくわかると思います。もちろん子どもは，大人より断然早く自

分の垣根を取り払って仲間づくりをする力がありますが，それも個人差が大きいのです。その初めての環境にどうやって慣れていくのかということを丁寧に見ていくと，子どもが自分の世界を広げながら遊びをつくっていく過程にこそ，その子の人柄が見てとれます。そこから社会性を獲得していくプロセスも見えてきます。「誰とでも仲良く遊びなさい」というハードルは，決して低くはないのです。しかしわたしたちは，子どものよりよくなりたいという気持ちに助けられ，仲良くできないのは子どもの責任だと誤解しているのです。

　子どもがひとりでいろいろなことを試しながら黙々と遊ぶ姿こそ，その先にある自分の遊びを広げる力に繋がり，さらには友だちと遊びを楽しめる力にも繋がるのですが，子どもにはひとりで遊ぶことを楽しむ自由がたっぷり必要な時代があるのです。集団教育の中では，先生の方が一方的に声をかけて，大人の指示で子どもが動くことが多いのです。ここをなんとかするには，園で子どもたちのひとり遊びも含め，遊びこむ時間や環境を大切にしていくことが必要です。

　こうして，ひとり遊びをたっぷりやってきた子どもは，傍から見ていても魅力的な遊びをしていることが多く，他の仲間もだんだんそこに引き込まれていきます。そうしてその輪がだんだん広がっていくというのも集団形成の一つの形ですし，そのことを見通しながら，グループ遊びの面白さへ繋げていくことも，保育者の大切な役割です。

④　子どもへの願いは社会への願い

　「集団」から「社会」へ話がとぶと難しく感じる人がいるかもしれませんが，近未来をつくる人たちを育てているのが保育者ですから，その保育のねらいの中に「保育が社会を創る」という発想をもつことも必要なことだと思います。そのことが，子どもへの願い，教育の目的にも繋がっていることを考えると，保育に対して非常に大きな責任を感じます。

　世界を試すために様々な行動を起こす子どもという時代を豊かに生きることは，今のような管理的で失敗の許されない社会では非常に難しいといえます。園には家庭の補完的役割が重要だともいわれますが，足りないものを補うという発想では，子どもの主体的な育ちを捉えきれていないと感じます。それは育児から地域支援まであらゆるものが園の役割の中に入ってきている現状を見れば，足りないものを補完するという発想では，やがて保育の世界も崩壊せざるを得なくなると思うのです。現実に，保育者たちのやっていることがしっかりと評価されず，母性的役割を担う仕組みに社会が甘えているだけであって，育児は社会の役割であって，女性がやるものだという発想から抜け出さないと，子どもの権利も守れないのではないでしょうか。

　そう考えると，園は社会の補完的役割も担っているわけですから，保育をし

ながらどんな社会を目指すのかということも考えていく必要があると思うのです。それが，子どもへの願いになるわけです。こうして大きく保育という役割を考えると，子どもだけに社会性を身につけさせるのではなく，みんなが自己発揮できる集団のあり方を，園という小さな社会で目指していくことがとても大切なことだと思います。

　自分らしく生きる力を伸ばせるような環境にするには，集団のあり方を民主的にしていくことだと考えると，子どもたちが自分のよさも悪さも全部知り，それを「好き」という感性で受け止め，人を信頼することの大切さを学ぶ時間を大切にしていくということなのです。そのためには，社会を信じられる場にしていかない限り，園で伝えている人間にとって一番大切な人を信じるということでさえ，成長するにつれてどんどん裏切られていくことになります。

　だからこそ，子どもたちの中に「よりよく生きたい」という願いがあることや，相手の気持ちに「共感したい」という思いをもちながら生活している子どもたちのことを伝えることで，大人が逆に教えられるような，社会にとってかけがえのない素晴らしい存在であることに気づくのです。

　表現することを大切にした保育の積み重ねを乳児のうちから続けることで，年齢が上がるにつれて，集団の中にいる子どもたちが，主体性をもった社会性を獲得していく姿に出会えると思います。それこそが保育者の喜びであり，子どもたちからもらえる多くの感動体験なのです。

4 ｜ 保育者に必要な集団教育への視点

〔1〕　子どもが集団の中でどのように育ち合うのか，保育者の見る眼

　子どもたちが何もわかっていない人間だと考え，個の発達観を基に集団の中でうまくできない姿，つまり結果だけを見て，間違えを指摘し，訂正させようとする対応や，子どもの個人記録にネガティヴな課題ばかりを記入しても，なんの問題解決にもなりません。

　子どもは自ら学ぶためにいろいろ試しながら生きていて，その能力は，乳幼児期が非常に高いということが明らかになった今だからこそ，子どもが自律的に社会を学び，成功や失敗を繰り返しながら人格を形成していくということを考えれば，その時その時に起きている出来事に対して，より慎重に接する必要性があることに気づきます。

　集団にいることは楽しいばかりではありませんが，保育の目標が「できるようになる」という考えでは，子どもの悩みは見えるようにはなりません。ここからも，個の発達論を超えた，子どもが集団の中でどう育ち合うのかを考えた保育集団の発達論の展開を，現代社会とリンクさせながら考えていくことが必

要な時代になってきていることがわかるでしょう。

　園の保育者たちは，5歳児までの姿は想像できますが，その先の成長はあまり見ることができません。私がここで言いたいことは2つあります。それは子どもの未来と過去を考えることです。未来を見るためには，できるだけ卒園した後も子どもの姿を追いかけて丁寧に観察し，そこから自分たちの保育を見直すことです。そしてもうひとつは，3歳から5歳児で気になる育ちをしている子を発見したら，園に受け入れた年齢からのことを丁寧に見直して，つまずいたところから丁寧にやり直すことです。園の保育では先を見て困らないようにしつけたり，知的教育を考えるのではなく，今，この瞬間を楽しめる環境を大切にすることが重要です。こうして子どもの権利を基本にした保育をする園の姿こそ，保護者に伝えたい情報です。

　子どもへの虐待は一方的に大人の価値観をおしつけて教育するということからも発生します。家庭が子どもを育てる時に，園がその片棒を担がないようにするためにも，子どもを大切にする教育を繰り返しになりますが保護者に見せる必要があります。

2　子どもの権利条約は集団保育の柱

　児童福祉法や保育所保育指針は子どもの権利条約をベースにつくられていますが，そのことを知っている保育者はどのくらいいるでしょうか。おそらく第3条の「子どもの最善の利益」という言葉は聞いたことがあるかと思いますが，この最善の利益にしてもその解釈は様々です。しかし，集団を形成する園では「知らない」ではすまされません。この条約の理解は，子どもに対する人権意識や倫理観にも繋がるからです。

　ユニセフではこの子どもの権利条約を広めるために，次のような活動の計画をたてましたが，乳幼児教育にもそのまま当てはまりますので是非参考にしてください。

- 子どもにとって一番よいことを提供する。
- 差別がないこと。住んでいる地域や性別，年齢などによって損をしたり，差別をされたりしない。
- 子どもの命と健康を守るためのプログラムに力を入れる。
- 子どもの意見や考えを生かし，いろいろな場面で子どもが参加できるようにする。

　保育者は，子どもの意見の代弁者でなくてはならないといわれていますが，とくに大切なのが子どもの声を聴くということです。しかし，乳幼児期の子どもの声を聴くためには，それ以前に子どもの気持ちに思いを寄せながら聴くことが大切だと思っています。その時の関係をことばで説明するのは難しいので

すが，聴いてあげるのではなく，子どもが困っていることを知りたいので教え
てほしいという気持ちをもつといえばよいのでしょうか，聴く手前の心がまえ
のようなものです。人にものを教える立場の人は，無意識のうちに相手を低く
見がちなので，話す時は，子どもと対等な立場で話す習慣を身につけることが
大切だと思います。私は，子どもの参画を願って子どもからの意見や考えを聴
く時にも，なぜそう考えているのかまで聴くようにしています。子どもは大人
が考えている以上にいろいろなことを考えているもので，その思いをわかって
あげたいとも思います。

　しかし対等といっても，子どもを小さな大人として扱えということではあり
ません。子どもには，子ども特有の考え方やものの見方があり，その声に謙虚
に耳を傾けることによって，子どもの世界をだんだん理解できるようになるか
らです。大人になる，社会性を身につけるといったことは，決して急がされて
はならないのです。自由にのびのびと駆けずり回り，探索し，人や物と繋がっ
ていくそのプロセスに対して，大人の価値観を押しつけないように，子どもと
一緒に楽しい生活をつくっていくことが，子どもの権利条約とも繋がっていま
す。そして第31条には，休んだり遊んだり文化芸術活動に参加する権利もある
ので，時には集団（クラス）から離れてひとりで過ごすことも保障する必要が
あります。

　大人の価値観で子どもにそぐわない活動を取り入れてはならないということ
が，子どもの権利条約を学ぶことで理解できるはずです。

③　集団で話を聞いて理解する力を育てる

　乳幼児期の子どもたちは，言葉以外にも目や表情，動作，行動などで大人に
思いを伝えてきます。しかし，集団の中ではどうしても子どもに「ことば」で
きちんと話すことを求めてしまいます。また，情報伝達も「ことば」が中心に
なっています。そのため，集団に声をかける時には，そのことばが受け手の子
どもに届いているかどうかを確認する必要があります。それは話の最後に「わ
かった？」という質問をすると，子どもたちからは必ず「わかった」という答
えが返ってくるのですが，本当の意味で，どのくらいわかっているのでしょう
か。学校のように集団に対して話をするスタイルが中心だと，その話の内容が
よく理解できない子や興味のない子どもにとっては，大切な時間を奪われてい
ることにもなります。それでは，保育者が話していることばは自分にかけられ
ているという意識がもてるようにするにはどうしたらよいでしょうか。聞いて
いない子どもは，身体が動き，集中していないのですぐにわかりますが，毎日
のことなので，だんだんその子に対する保育者の声かけもマンネリ化し，集団
に対して一方的に話をする日々になってしまいます。このような状況をずっと
繰り返すことで，子どもたちの聴く力はどのくらい高まるのでしょうか。わか

らない話の体験を通して，子どもたちは，保育者の話は自分とは関係ない話で，静かにしていないと怒られるから取りあえず聞いたふりをするという態度だけが身についていきます。こうして，話がわからなくても，怒られるから静かにしているというような態度だけ身につけた姿を見て，「集団」が育ったとする判断は間違っています。実際にその子どもたちが卒園して学校の授業に参加すれば，わかったふりをして静かに座っているだけでは勉強についていけないので，すぐにそれではいけないことに気づくはずです。園では日々同じような生活が繰り返されるので，話が聞けなくても，周囲の子どもを見て動くということが可能です。そのため，園の集団の中では人の話をよく聞き，静かに座っているという評価になってしまうのです。園でそのような育ちに気づかないまま卒園させ，子どもたちが学校に入ってから気づいたら，苦労するのは子ども本人です。人の話を聞いて理解するという能力を育てるには個々への対応が必要なため，園にいる間に注意深く語りかける必要があります。家庭とも協力しながら絵本や紙芝居，おしゃべりなどの楽しい体験をたくさん楽しんでおくことが，集団の中で話を聴いて学ぶ力に繋がっていくのです。

5　保育・教育から保護者や地域の学びを考える

1　家庭があってこその保育・教育

　2016年児童福祉法が改正され，第2条には「児童の保護者は，児童を心身ともに健やかに育成することについて第一義的責任を負う」という親の責任が明記されました。家庭教育の重要性を強く訴えたものですが，情報だけ飛び交う社会の中で孤立した育児を強いられる保護者にとっては，非常に高いハードルではないかと思います。しかし，それが可能となるには，子育ての大切さを社会が認識し，みんなで支え合う環境をつくらないとうまくいきません。この第一義的責任は，その支援の必要性が十分理解されたうえでの「家庭」の重要性だと思います。ですから，そのような環境で育児をする保護者に対して「国及び地方公共団体は，児童の保護者とともに，児童を心身ともに健やかに育成する責任を負う」という条文が次に続くわけです。しかし，そのことは児童福祉法が改正される以前からずっといわれてきたことであり，様々な育児支援が展開されているのですが，子どもへの本当の支援になっていないために，子どもが荒れ，家庭での育児もどんどん大変になっているのです。それが今すべて子どもの責任になっているので，子どもの頃から規範意識が求められることになるのです。

　保育や教育を支えているのは，集団の中で自分らしさを出せるように背後から応援している家庭の支援があってのことなので，そこでの子育てがうまくい

くように連携をする必要があります。ところが今は，園でも家庭でも子どもたちを追い詰める子育て構造になっていないでしょうか。虐待の背景には，社会の目を気にした育児や，自分の思い通りに育てようとして子どもからの抵抗に遭い，逆切れを起こしたり，子どもとのコミュニケーションがとれなくて悩んでいる家庭が本当に多くなっています。そのような家庭に，保育を通してどんな支援ができるかを考えて実践しないと，子どもたちが集団の中でよい自己発揮ができないのです。

② 保護者が集団保育から学ぶ家庭保育

このような育児環境に対して園ができることは，子どもたちと一緒に過ごすことの人生の豊かさを感じてもらうことなのです。普段園で行っている行事にも，実はそんな役目があって，保護者も一緒に参画できるしかけや保育を考える必要があるのです。

子どもたちは本来，家庭と園のような集団の中では全く違う表情を見せるのですが，子どもに合わない大人のための人工的な空間の中で，常にいい子でいることを求められるのが今の子どもたちです。大人でも難しい生き方を押しつけられているわけですから，子どもが集団や家庭の中で荒れるのも理解できます。そこで，大人とは違う子どもの育ち方を園の中で学べる環境をつくる必要があるのです。

まず一つは，子どもがよりよく育つために行事をどう生かすかという視点です。例えば一日保育の手伝いをしながら，いろいろな子どもたちの要求に合わせて一緒に過ごす保育参加などは，保護者に多くの気づきをもたらします。運動会や劇遊びなどの行事も，結果ではなくそのプロセスを紹介し，その中で子どもたちがどう育ち合っているのかを見てもらうのです。そうすることによって，保護者は自分の子どもだけ見ていてはいけないことに気づいたり，喧嘩もしながら仲間と共に育ち合う姿などを見ると，クラス全体の子どもたちの繋がりも理解できるようになります。さらには活動のねらいなどを一つひとつ紹介することで，子どもの見方や関わり方もわかってくるのです。保護者はいきなり親になるわけですから，子どものことを知らないのは当然です。だからこそ，保育に参加する中で，保育者たちが丁寧に子どもに接する姿や，子どもの話を聴く態度，喧嘩をした時などの仲裁の仕方などから，子どもへの関わり方を学んだり，子ども同士の話し合いの姿や子どもの感性の素晴らしさ，子どもの人権についても学ぶ機会になるのです。このことが，家庭での育児に役立つ情報となるのは言うまでもありません。

子どもが受けた愛情はまねをしてお人形にそそがれます。

さらに，保育や行事を地域に対して開いておくという意識をもつと，子どもたちと地域の人を繋げることにもなります。運動会も近いある日のこと，年長児が近くの公園で運動会の演技に取り組んでいました。すると，近所のおばあさんがそれを見てくれました。おばあさんが帰ろうとすると，ひとりの子が「おばあさーん」と呼びながら追いかけていき，もう一度やるから見てほしいとお願いしたのです。このようなコミュニケーション能力の高さが地域の人間関係をよくすると考えると，子どもという存在の素晴らしさに，私たちはもっとみんなで感動した方がよいのではないでしょうか。そして「集団」は，子どもたちの素晴らしい能力を引き出すためになくてはならない仲間なのです。

引用・参考文献

『集団ってなんだろう』森上史朗・今井和子編，ミネルヴァ書房，1991年。

『遊びこそ豊かな学び』今井和子編著，福井市公私立保育園保育研究会編，ひとなる書房，2013年。

『教育とは何か』大田堯，岩波書店，1990年。

『「子ども力」を信じて，伸ばす』中村桂子，三笠書房，2009年。

『幼児教育ハンドブック』お茶の水女子大学子ども発達教育研究センター，2004年。

『子どもとつくる3歳児保育』塩崎美穂編著，加藤繁美監修，ひとなる書房，2016年。

『子どもとつくる4歳児保育』斎藤政子編著，加藤繁美監修，ひとなる書房，2016年。

『子どもとつくる5歳児保育』山本理絵編著，加藤繁美監修，ひとなる書房，2016年。

『幼児教育へのいざない』佐伯胖，東京大学出版会，2001年。

『保育的発達論のはじまり』川田学，ひとなる書房，2019年。

第2章 最初の3年間が社会的人格形成の基盤
——他者と共鳴し合う力が豊かな0・1・2歳児たち

1 人との応答関係を通して形成される"わ・た・し"

1 人と響き合いたいという願いをもって生まれてくる乳児

　人はいつも，自分の心の状態を，体の形を変えることで表現しています。うれしい時は声を出して笑い，手をたたき跳び上がります。「人はなぜ表現するのか」と問われれば，それは人間がひとりでは生きていけないからです。つまり，『人と繋がり合いたい』という深層心理が働くからなのだと思います。自分の内なる世界（感動やイメージや思考）を何らかの手だてで外に表すことが表現だとすれば，体の表現の中でも，その心の状態を一番顕著に伝えるものが表情です。「表情」はいつも心を映し出しています。その表情の要が目です。人と人とのコミュニケーションのはじまりは，アイコンタクト，つまり目を見つめ合って互いの気持ちを分かち合うことではないでしょうか。

　「目は心の窓」。まだことばをもたない乳児は，人の目をじっと食い入るように見つめ，その人の思いを汲み取ろうとする力にたけています。目を見て人の気持ちがわかる，この能力は思いやり行為の原点でもあります。乳児は人の目をじっと見つめ，相手の気持ちを理解しようとしています。

　また乳児は，なにより表情が豊かです。なぜでしょうか。それは人間が，人と人との関わりの中で，伝え合い理解し合わなければ生きていけない存在だからです。そういう意味で表情は，人と響き合う最強のシグナルです。新生児には，生まれながらにして人の働きかけに共鳴し，人と関わろうとする力があることを示していて，共鳴動作・新生児模倣といわれます。

　そのことについて人藪泰は次のように述べています。「新生児は誰かが自分に向かって顔の表情を変化させて見せると，その表情と同じ表情をすることがあります。これを「新生児模倣」とか「共鳴動作」と呼んでいます。私たちには人の表情のマネをすることなど，なんでもなく簡単なことのように思えるかもしれません。しかし，新生児が行うこうした表情模倣は，非常に不思議な現象だといわれます。なぜなら，今見ている人の顔の表情と同じ表情をするためには，乳児は，その2つの表情が同じであるという判断をどこかでしていなけ

ればならないからです。乳児には自分の顔の表情を見ることはできないのです。（中略）新生児模倣の背後には，乳児が持っている他者のからだの表現に対する高い感受性と自分のからだを使った巧みな自己表現能力が隠されているようです。

　この新生児模倣以外にも母親に話しかけられると，そのリズムに対応させて乳児が体を動かしていることが知られています。こうしたいくつかの現象によって示される自己と他者の通じあい，響きあいが人間としての出発点であるように思われます（傍点引用者）」（「赤ちゃんの自己表現」『赤ちゃんとママ』1997年4月号）。

［2］　愛着関係を築くことは安定した対人関係の礎

　他の哺乳動物の赤ちゃんは，生まれるとすぐ歩き出し，母親のおっぱいを探して飲み始めます。しかし人間の赤ちゃんだけは，誰かの助けを借りなければ生きていけない存在です。『おなかがすいた』と泣いて知らせることで，その要求が，世話をしてくれる人によって叶えられます。泣いて自分の気持ちや要求を発信し，温かく受け止めてもらえることで安心し，自分を養ってくれる人のことをわかっていきます。「泣けること」「泣く力」は，他者と共鳴し合うコミュニケーションの力だったのです。この"泣く"ことに代表される乳児のことばにならないことば（表情やしぐさ，喃語）などを，しっかり受け止め応答する特定の大人との一体感〈同調と応答の関わり〉によって，乳児は『そう。わたしはいまおなかがすいたの』と自分の欲求を捉え，やがて意味のあることば，例えば「まんま」なら「まんま」ということばを獲得していきます。

　この乳児期の特定の人との共鳴と応答の関係こそが『ことばでいえなかったとしても，人にはちゃんと自分の訴えがわかってもらえる』という信頼感が育つ，コミュニケーション力の礎ではないでしょうか。

事例1 乳児が泣いたら，そのわけを言葉にする

　保育者と一緒におもちゃで遊んでいたみゆちゃん（6か月）は，保育者がその場を離れようとすると泣きだしました。そこで保育者はみゆちゃんに「ごめんね。先生がいなくなっちゃうと思って不安になって泣き出したのね。先生はこれからみゆちゃんのミルクつくってくるんだけど，おんぶしてみゆちゃんも一緒に行く？」と目を見てゆっくり話すと，保育者の思いが伝わったのか，少しして泣き止みました。

　乳児の要求を理解し，共感してあげることがとても大切です。そして乳児は，自分に同調してくれる人との一体感の関わりを得て，相手を自分に取り込んでいき，他者の印象・イメージを自分のものにしていくのだと思います。

"そう，あっちにいきたいのね"

"気持ちが通じ合うって楽しいね"

　このように乳児は，人に世話をしてもらい『自分は守られている』『愛されている』というしあわせな気持ちをもって生きていきます。

　乳児は，自分としっかり向き合い，自分の気持ちを受け止めてくれる人との温かい人間関係の中で，自分を表す力，感情表現，相手と気持ちのやり取りをするためのコミュニケーション力を獲得していきます。この世に生を受け，誕生してきたすべての乳児の願いは，自分と共に生きてくれる相手と響き合いながら，『人っていいな，人と一緒に生きていれば安心できる』という他者信頼と自己信頼を獲得していくことではないでしょうか。この，人と響き合える体験が土台となって，乳児は自分づくりの旅をはじめることになります。どの子も，生まれてきた喜びや自己信頼感を感じ，快活に「自分の世界へ歩みだせるよう」，われわれ大人が支えていきたいですね。

3　乳児の欲求や願いに共感・応答してもらえないとどうなるでしょうか

　この時期，乳児に関わる大人が無表情，無応答だったりすると，愛着が形成されていかないばかりか，『人に訴えても何も伝わらない』という思いを子どもにもたせてしまうことになりかねません。

　日本の社会では今，子育ての伝承がなく，地域の養育力も失われ，「常識」として共有したい育児文化がなくなり，孤立した子育てが進行しています。子どもの育ちや育児のことがわからない親の悩みが大きいのは当然だと思います。乳児に泣かれるとどうしていいかわからないため，スマホの動画を見せて泣き止ませたりする親が増えています。乳児が泣いた時，なぜ泣いたのかをわかってあげて，適切な世話をしてあげることが，愛着形成の6〜7割を決定するといわれています。それほど泣いたときのケアは重要です。子育て支援センターなどに行って，お母さんたちに「赤ちゃんに泣かれるのはつらいことですよね。そんな時は抱っこしてあやしてあげるといいですよ」と話すと「あやすって，どうすればいいんですか」と訊かれることがよくあります。かつて人間の母親は，乳児にあやしかけて子育てをしてきました。乳児が不機嫌になったら，機

嫌を回復し安心させてくれる人，その人と触れ合う喜びを感じ取ってもらう行為，それが昔から伝えられてきたあやしです。

佐々木正美によれば「最初に自分の感情に十分に同調してくれる人に恵まれなかった子どもは，相手に関心を向けさせるために，相手が最もいやがることをするようになるのです。そうせざるを得ないのです。保育士や先生の関心を独り占めにしたいと，保育士や先生が一番嫌がることをするという屈折した感情を身につけてしまうのです」(『乳幼児の発達と子育て』子育て協会，2005年，90頁)。

4 "わたし"のはじまり，つもりの発生

生後9か月頃～10か月頃になると，乳児は『これは好き』『これは…いや』『ちょうだい(それがほしいの)』などの気持ちがはっきりしてきて，そのことがしぐさや表情で表現されるようになります。

同じ年代の子どもが一緒に生活している園では，自分がもっていたものを誰かに取られたりすると，以前はきょとんとしていたのに，この時期になると，保育者に泣いて訴えたり，取った子の方をじっと注視するようになります。持っているものを取られそうになると，素早く遊具を手元に引き寄せる行為をとる子もいます。相手の行動を読み取っているわけです。他児の行動を読み，防御するという一連の行動は，自己を認知しはじめるゆえんではないでしょうか。

玩具を取られてしまった子に，保育者が代わりに他のものを差し出しても，『そんなものはいや』と訴え，返してもらわなければ承知しない子もいます。中には取られたことを怒り，奪い返そうと手を伸ばす姿も見られます。『わたしはこれがいいの』『わたしはこれでなければいや』という自分なりの気持ちがあればこそ，そのような訴え(表現)が見られるようになるのだと思います。

この時期，ハイハイなどで移動できるようになると，大好きな人への後追いがはじまったり，自分のよく知っている好きな人とそうでない人の判別ができるようになり，人見知りがはじまります。

自分のつもりや気持ちが相手に伝わらなかったり，拒まれたりすると泣いたり怒ったりするということは，自己認識・自分なりの心の世界が存在している証と見ることができます。他の人とは違う自分なりのつもりがあればこそ，わかってもらえないことに対しての怒りや悲しみが生まれてくるのでしょう。それこそが"わ・た・し"なのだと考えられます。

「いっぱい泣いていいのよ」

5 一緒に暮らす保育者や他児との関わりの中で育まれる「人への関心」

　かつて，0・1・2歳児の集団保育は，おもちゃの奪い合いや，非友好的関係しか起こらないという見方がなされ，子どもがかわいそうだと否定されてきた時代がありました。しかし今日では，集団保育の場で0・1・2歳児が保育者や他児と共に暮らす中で，相互交渉が豊かに見られ，義兄弟のようなほほえましい関係性が生じてきていることが，多くの実践を通して語られるようになりました。

　乳児はまず保育者との関わりが安定してくると，他児に目を向けるようになるのですが，保育者との安心感が確立しない子どもは，いつまでも大人との関係を引きずって，大人から離れようとしないという傾向があるようです。けれども，乳児同士が共に過ごすという生活の中で，確かに他児への関心が芽生えていく姿を見ることができます。

　乳児同士の関心は，まず見つめること，注視することから芽生えていくようです。

事例1　じっと見つめる

　いずみちゃん（2か月半）は，しばらく保育者に抱かれていましたが，畳の上で手足をバタバタさせていたしゅんくん（5か月）のとなりに寝かされました。するといずみちゃんは，『おやっ』という目線でしゅんくんの動きを追い注視しています。保育者が「しゅんちゃんはいつも元気がいいね」と声をかけると，じっとしゅんくんを見つめるいずみちゃん。このような状況の中で，人やものへの関心が少しずつ芽生えていくように感じました。

事例2　移動運動がはじまり，人への関心が高まる

　ゆきちゃん（5か月）は寝転んで遊んでいます。機嫌よく「マーマー」と言いながら手足をバタバタさせています。そこへ，いっときもじっとしていないあさみちゃん（8か月）がハイハイをしてきて，ゆきちゃんのおなかの上に這い上がろうとしたり，顔を触ったり，髪をひっぱったりしました。そこで保育者が「あさみちゃん。ゆきちゃんが痛い痛いだから，ゆきちゃんの体に乗ったりしないでね。髪の毛を引っ張ると，ゆきちゃん痛い痛いって泣いちゃうからね」と繰り返し伝えます。あさみちゃんは，ものと違って，他児（人）はたたいたりひっぱたりすると痛がって泣くものだということが少しずつわかっていき，その後，他児のそばに行くと，あさみちゃんは，まず保育者の顔を見るようになりました。「そうだね，○○ちゃん，痛い痛いだからね。おててを触ってあげようね」という保育者のことばが徐々に理解でき，他児に関心をもって触れるようになりました。

事例3 他児の反応に興味をもつ

　とおるくん（10か月）は，ハイハイでの移動が自由になると，他児が遊んでいるおもちゃを取り上げるのが面白くて，他児をめがけて進みます。自分がそのおもちゃが欲しいわけではなく，自分が他児から奪い取ることで，他児が声を発したり，怒ったり泣いたりいろいろな反応をすることが面白いようです。その証拠に，取り上げた玩具はすぐに放り出し，また他の子をめざしていきます。『自分がした行為によって他児がどのような反応をするか』という対人行動への関心があったようです。保育者が「とおるちゃんは，お友だちのことが気になるのね。それじゃあお友だちと"こんにちは"って握手しようか」などと話すと，友だちと手を触れ合うことがうれしくて，とおるちゃんの人の玩具をとる行為は少なくなっていきました。

　とおるちゃんの行為は，明らかに他児が持っているモノへの関心より，他児の反応に興味をもった行為，すなわち他児への関心の現れだったと見ることができます。

事例4 他児とのやり取り

　0歳児クラスも3月を迎えるようになると，友だちとの様々なやり取りが見られるようになります。

　よしお君（1歳11か月）が，さやちゃん（1歳10か月）の持っていた赤い車が欲しくてだだをこねていた時，さやちゃんは，はじめは赤い車を背中に隠し「いやだよ」と言っていました。保育者が2人がどうするか少し様子を見ていると，泣き出してしまったよしお君に，さやちゃんが「よっちゃん，これいいの？」と，まるで保育者が子どもに話しかけるように顔を覗き込んで聞いていました。よしお君が泣きながらうなずくと，さやちゃんは少し考えているような様子で，よしお君に「どーど（どうぞ）」と赤い車をわたしました。そして保育者に「さあちゃん，よっちゃんどーどした」とうれしそうに報告してくれました。

　保育者のすることを実によく見て，それを思い浮かべながら再現しているのでしょうか。本当によく似た表情や口調でした。子ども同士の関わりも，やはり保育者と子どもの関わりのありようがモデルになっていると考えさせられました。

"〇〇ちゃんはなにをもっているのかな"

2 自我の芽生え・自立への旅立ちのはじまり

1 自己主張は他者認識のはじまり

かつて「依存と自立」は，両極的な対立する概念のごとく理解されていましたが，乳幼児の発達を捉えていくと，本来的には依存——他者に安心して自分の身を委ねられるという安心感——があってこそ，自立が促されていくと考えられます。先にも述べたように，乳児期にまず愛着の要求が出現し，『自分は愛されている』『自分は自分の求めに従って行動できる』といった自己信頼の力を土台に，自立への要求が芽生えていきます。

したがって，1・2歳児が自立に向かっていく礎は，まず信頼できる大好きな大人がいて，その人に自分のありのままをわかってもらおうと，気おくれなく自己主張するようになることです。この自己主張こそ，初めて体験する人とのぶつかり合いであり，親愛なる人だからこそ，安心して「いやっ」「だめっ」の拒否を発することができるようになります。

自己主張とは，「自分の存在」をアピールし，"自分を一番に尊重して""もう赤ちゃんじゃないんだから自分で決めたい""わたしのつもりをわかって"という要求を表現しています。この自我の育ちの過程で「自分の本当の欲求を大切にしていきたい」という自分にこだわる心の働きが芽生えてくればこそ，自分らしさを築いていけるのだと思います。

またこの自己主張に伴って人とのぶつかり合い・トラブルを体験し，他者の存在を否応なしに感じ取っていく体験にもつながっていきます。

それでは，この時期のイヤイヤ期の子どもたちにどう対応したらよいでしょうか。親や保育者は，せっかく芽生えはじめた幼児の自我意識を尊重し，その子自身に判断させていく生活に切り替えていくことが求められます。

例えば，毎日の食事時に，保育者が「もう片付けてご飯にしようね」と言ったとします。するとすぐに「いやなの」という返事。そんな時，「だめよ」と押えつけてしまうのではなく，いやいやと訴える事柄をまずは理解し，「もっと遊びたかったの？」とことばにし，次に大人がしてほしいことを，具体的に伝えるようにします。

いずれにしても，大人の思い通りに子どもをひっぱろうとすると，子どもにはそれだけでプレッシャーがかかってしまいます。「そうか，こういうことがいやだったんだね」「自分で決めたかったのね」と，自分のつもりをわかってくれる人がいるかどうかです。一歩下がって「待つゆとり」が求められます。「いやっ」「だめっ」ということばに象徴される拒否のサインこそ，最愛の大人から自立していこうとする独立宣言であることを考え，折り合いをつける力を育んでいきましょう。

- まずは子どもの訴えていることの真意をつかみ，ことばにしましょう。
  "片付けたくなかったの？　もっと遊んでいたかったのね。わかったわ。"
  （自分の要求をわかってもらえると気持ちがとても安らぎます）
- しばし待ち，大人の考えを伝えます。
  "先生は○○ちゃんにあったかい給食を食べてほしいと思ったんだけど…どうしましょうね。○○ちゃんはあとどれくらいやったら片付けるつもり？"
- 子どもに決めさせる。
  "先生はお友だちの食事の準備をするけど，○○ちゃんがもうおしまいにしようって思ったら，片付けして来てくれる？　先生待ってるからね。"

　子どもが他者と折り合うことができる時には，自分の思いを相手に受け止めてもらっている，理解されている，尊重してもらえたというその人への信頼感が生じていることが，何よりも大切だと思います。

　また，イヤイヤの気持ちは理解できるけれど，受け入れられないこともあることを子どもが体験することも大事になってきます。受け入れられなくても，気持ちを理解してもらうことで感情がおさまることもありますが，受け入れられない事態を知り，泣いたり，怒ったり，激しい感情表出をすることも当然の姿です。その時は「つらいね，そんな時は泣いていいんだよ。怒っていいんだよ」とその子の感情に共感し，感情を思い切り吐き出すことで，必ず気持ちがおさまってきますから，それを待ってあげる対応も重要になります。

　時にはなかなか折り合いがつけられず泣きつづける子には，「あれあれ，イヤイヤ虫さんがいっぱいくっついてるよ。取ってあげようね」などとユーモアで対応することもいいですね。

② 自己決定を促し主体性のある子どもに

　それでは，日常生活のどんなところで子どもたちの自己決定を促していったらいいかを考えてみましょう。

事例1　子どもの意思を尊重する

　毎日の食事の場面です。保育者が配膳していると，『これ（ピーマン）いやだな…』とか『もっと減らして』『これ食べたくない』などと子どもたちが表情やしぐさやことばで訴えます。このような子どもの表情やしぐさ，ことばを聞き入れず，「好き嫌いはだめよ。体が丈夫になるからみな食べましょうね」などと保育者の『こうあるべし』を押し付けてしまうことはありませんか。「じゃあ，ピーマン1つだけたべてみる？　それともみーんな食べちゃう？　どうする？」「量はどれくらい減らすの？　ちょっとだけでいいの？　それとも半分くらい減らすの？」などと子どもが自己決定できるようなやりとりを促してみましょう。

事例2 排泄の自立は，一人ひとりにあわせて

　子どもたちが遊んでいる時に，排泄を促す際，「それじゃあ，片付けてお便所に行きましょう」などと保育者が一斉に子どもに呼び掛けるのではなく，「〇〇ちゃん，おしっこ出る？　おしっこ出るようだったらお便所に行きましょう」と一応一人ひとりに聞いて，子どもの自覚を待って連れていくことが重要だと思います。「おしっこする時間よ」と言わんばかりに一斉に連れて行ってしまうことはないでしょうか。それでは個々の排尿感覚の差を無視することになります。失敗をさせないことが自立ではなく，個々の子どもが自分で『まだ出ないよ』『おしっこ出るからトイレに行こう』などと判断できるようになることが，自立にむかう過程では大切なのではないでしょうか。

　日々の生活の中で，子どもの自己決定を促し伸ばしていくことは，主体性を育む保育の真髄だと思います。子どもの権利条約の第3条「最善の利益」を保障していくことが保育の根底でもあります。そこには安心できる環境の中で，個々の子どもが，自分の欲求やねがいを受けとめられ，自己実現していく支援こそが重要視されなければならないことが求められています。それこそが子どもたちの主体性を育む支援ではないでしょうか。

　行動する本人が「わたしが〜する」「ぼくは〜したい」と自身の行動に対して考え，判断し，責任をとるようになることです。「この行為の，この感情の，この考えの主人公は私である。という実感をもち，この私に責任をもてるようになることが主体性の獲得でもあります」（『保育用語辞典 第8版』ミネルヴァ書房，2016年，308〜309頁）。

　自己決定を大切にしていこうと，保育者が意識しながら個々の子どもに向き合うことによって，『自分は尊重されている』『自分は自分のやりたいことをやれるんだ』という，3歳未満児に欠かせない自己肯定感や自発性の土台が形成されていくことは言うまでもありません。

3　ひとり遊びがこの時期にとりわけ大切なわけ

　園はかつて，この時期から，クラスの子どもたちみんなが「一緒に遊ぶこと」「みんなで同じことをすること」が主活動として展開されてきました。確かに，保育者や友だちと一緒に，ひとりでは楽しめないいろいろな遊びをすることは，人と楽しさや喜びを分かち合う経験や，社会性の育ちに意味のあることかもしれません。この時期はとくに追いかけっこや，リズムに合わせての表現，わらべうた遊びなどを一緒に活動する中で，顔を見合わせて笑ったりしながら「たのしいね」「おもしろいね」という共感が生まれてきます。こうした体験をする中で友だちを意識するようになっていくのだと思います。

　しかし，この時期は「一緒に遊ぶ」という活動だけでいいのでしょうか。そ

れと並行して，ひとり遊びが不可欠なのではないかと考えます。なぜなら，ひとり遊びは，自分（ぼく，わたし）を中心に世界をまとめていく行為だからです。だれからも干渉されず，自分の思いや興味に従ってやりたいことをやれる楽しさを生み出していけるのです。大好きな大人から少しの間離れても，自分が自分でいられるという自己存在を受け入れていくことでもあります。どんなに幼い子でも，自分の好きなことをしている時は強くなります。そこに自分としっかり関われる世界が開かれていくから，大好きな人からもしばし離れられるのです。

子どもは，自分の好きな行為の中で自分に出会っていくのだと思います。『ぼくはこんなことができる』『ぼくは自分のやりたいことをやってのける力をもってるんだ…』という思いが，自分らしさや自己肯定感を育んでいく礎にもなります。そういう意味で，ひとり遊びは自立と主体性の発達に欠かせない活動です。

ひとり遊びの多くは，自分の興味，関心，好奇心などを，その対象となる具体物（モノ）を自由にやりとりしながら能動的に展開させていく，思考行動として最も重要な活動です。ひとり遊びによって，子どもの思考が活発に促されるのは当然のことながら，「イメージする」「考える」などの精神活動が，一人ひとりの頭の中で独立して起こるからです。

ひとり遊びを十分楽しめる子は，自分の求めを実現することに執着するため，友だち遊びになった時も，たんに強い子の言うことに従ってしまうのではなく，自分のつもり，発想を友だちにぶつけ，表現できるようになります。

園では同年齢の，同じようなことに興味をもつ子どもたちが集まっているため，どうしてもひとり遊びが邪魔されてしまう傾向にあります。本来は，邪魔をするという行為ではなく，誰かが面白いことをやっていると，遊んでいる子に魅かれて，『ぼくもしたい』と手を出してしまう結果になってしまいます。まずは先に遊んでいる子が，他児に邪魔されずじっくり遊び続けられるよう守っ

ひとり遊びは主体性の発達に欠かせない活動

てあげることで，手を出しそうになった子も，その遊びをしたいわけなので，「○○ちゃんもしたかったのね」と，その子も同じ遊びができるように，ちょっと別の所で遊べる環境を整えてあげることを大切にしたいですね。トラブルになりそうな時，保育者が安易に「それじゃあ一緒に遊ぼう」とか「○○ちゃん，やりたいって言ってごらん。貸してくれるかもしれないよ」などと言うのはいかがなものでしょうか。今遊んでいる子に優先権があります。その子自身の遊びを保障しつつ，その子自身が，例えば「もっとやりたいの」などと，自己決定できるように促していくことも必要です。友だちが遊んでいるのを見てやりたくなっても，すぐにはできない時もあることを体験することも，生活の中では必要かもしれません。この時期は，ひとり遊びが楽しめるような環境構成をすることを心がけましょう。

4 他児への関心とトラブル

　個人差はありますが，子どもたちは1歳半を過ぎる頃から，自分の名前がわかり，それを基点に友だちの名前もわかるようになります。それによって自分と友だちの違いや区別がはっきりしてくるわけです。しかし，それと同時に自分のもの（自分の好きなおもちゃや絵本，椅子，ロッカーなど自分の場所）もわかるようになり，"じぶんの！"という所有意識が強まり，それに執着するようになります。

　いつも一緒に食事をしたり，同じ場で遊んだり，昼寝をしたり，暮らしを共にする他児がいる。そのような暮らしの中で，子ども同士がいろいろなやりとりを展開するようになります。

　保育者と一緒に追いかけっこし，ぼくも逃げた，あの子も逃げた。僕が積み木を高く積んでいたら，あの子がじっと見ていたのに，急に来て壊した。その子は先生に「お友だちがせっかく遊んでいるんだから壊さないでね」と言われて泣いた。お散歩に行った時，同じ散歩車の隣に立っていた子が「あっ，あっ」と指さして犬がいることを教えてくれた。

　このように自分以外の他児と生活を共にしながら，他児のイメージが豊かにインプットされていきます。やがて子どもたちの遊びに，あこがれたいろいろな人や他児の模倣が活発に見られるようになります。模倣は単なる模写ではなく，そこには自分のイメージに沿って能動的に行為する喜びが育まれます。他者やいろいろな活動のイメージがあると，子どもは，そのイメージを表さずにはいられないと言わんばかりに生き生きと活動するようになります。自我の芽生えと自己拡大は，友だち関係を育んでいきます。自分を意識し，自己主張するようになることは，他者も同じ存在だと気づくことを表しています。

事例1 "ここはあたしのお部屋なの"

　とも子（1歳9か月）ちゃんは，朝，友だちが登園し部屋に入ってくると，「だめっ」と言って怒ります。せっかく友だちが「おはよ」とあいさつしてくれても「だめっ」の一点張り。とも子ちゃんにとって「だめっ」は「わたしがここにいるんです。ここはともちゃんのお部屋なの。だから入ってきちゃっだめっ」と主張しているようです。

事例2 好きなものは"みんな自分のもの"

　すみちゃん（1歳10か月）がお気に入りの絵本『このラッパだれのかな？』（まどみちお作，フレーベル館）を絵本棚から取り出して「よんで」と保育者の所に持ってきました。そこで膝に座らせ，読みはじめると，そばにいたさきなちゃんも，りょうちゃんも一緒に見たいと寄ってきました。しかし，すみちゃんは「だめ，いっちょいやっ！」と拒みます。「そうか，すみちゃんは先生

と二人だけで見たいのね」というと，納得したのか，そばに友だちが来てもそれ以上は拒みませんでした。そこで読みはじめました。「このラッパ，ピカピカだなあ，だれのかな？」と言い終わるか終わらないうちに「すみちゃんのよ！」「さきなの！」「りょうちゃんの！」と，それぞれラッパが自分のものだと主張しはじめました。誰かが，絵本の絵のラッパをつかもうとすると，それを奪い返さんとばかりにつかみ合いのけんかがはじまってしまいます。（つかんだ子の手には何もありはしないのに…）

ところがこの本を読むたびに「○○ちゃんの！」と主張していた子どもたちが，何週間～1か月近く経つと，いつの間にか「ひよこちゃんのラッパ」とさわやかに答えるようになります。月齢の低いりょうちゃんが相変わらず「りょうちゃんの」と言おうものなら，「ちゃうの！　ひよこちゃんのもん！」と威張ってみせるすみちゃんです。

事例3　大好きなものがあればこそトラブルになる

入園したはじめのころ，自分のもっていたものを取られても取り返そうとしなかった1歳4か月のたいちゃん。大好きになったパトカーの乗り物を他児に取られたら初めて，『ぼくのだから返して』と言わんばかりに取り返したいという強い要求が表情などに表れるようになりました。その後は取り返そうとする行為が見られるようになりました。たいちゃんにとって，自分の好きなものができたことが引き金になって，他児に向かっていこうとする力が生じたのです。『気に入っているものは自分のもの』で，何度も他児に取られそうになるトラブルを体験し，彼は，他児の行動に関心をもって見るようになり，『あっ，また来た』と感じると，その場から逃げるなどしはじめました。そして保育者が時々「これはたいちゃんの大好きな大好きなパトカーなんだもんね。だけど，○○ちゃんもこのパトカー大好きなんだって。同じだね」と伝えることで，5回に1回ぐらいは○○ちゃんに貸してあげることも見られるようになりました。そして保育者が床に貼った道路で，パトカーと救急車を手にした二人が一緒に遊ぶようになったのは，1か月もたたないころでした。

他児と同じことをして楽しむ。他児は自分のモニター。同じ動作を介して他児と通じ合うことがうれしいという感情をもつようになります。

"あたしも見たい" "今，○○ちゃんに読んであげているからもうちょっと待ってね" "いや　まてないよ～"

[5]　独占・欲張り，それってわがまま？

　自分は誰々であるという自己確認が強くなってくると，子どもはたちまち自分の好きなものに執着するようになるから愉快です。もちろん，好きな対象はものだけでなく，お気に入りの場所や人にまで及び，かたっぱしから「自分のもの」にしてしまいます。子どもたちが気に入ったものを独占したり，欲張りになり，自分勝手な自己主張をはじめるので，1・2歳児クラスでは，相変わらずものの奪い合いが絶えません。

　「自分のものを確保することによって，自己拡大を試みている」のでしょうか。自分の気持ちをまだことばで言い表せないこの時期，ものは幼児のことばに代わる重要な自己顕示のひとつです。

　気に入ったものをみんな抱え込んで離さない子どもに，「遊ばないで抱えているだけなら，友だちに貸してあげなさい」と保育者が指示しても通用しません。好きなものはとにかく独占し，抱え込んで安心していたいのです。他児はそれでは我慢できません。ものの取り合いがあることによって，だんだんものには所有関係があること（いくらそのものが欲しくても，今使っている子のものであること，貸してもらえないこともあること）を知っていく機会になります。子どもたちはそんな辛さ悲しさも味わいながら，他児との関係を学んでいくのではないでしょうか。

　2歳になると，「もっともっと」「いっぱい」「大きいの！」を求めるようになります。好きなもの，ほしいと思ったものは，みんな自分のものにしたい欲張りの心が膨らんでいきます。「じぶんの！」「○○ちゃんの！」と名前に"の"を付ける所有権の主張もはじまります。園生活の中には，個々のものがありません。いつも「これはみんなのもの」「園のものでしょ」「だから順番こ」という言い方で，好きなものは自分のものにしたいという個々の欲求が抹殺されていないでしょうか。「自分のでいいんだ」という安心感と欲張りの心が満たされる保育，教育がなされないことに疑問をもちます。この時期，子どもが自分の手元にものを抱え込むこと，これは自分の領域を目に見えるもので満たすことによって力強さを感じ安心します。

　いずれにせよ，自我が芽生えてくると，どの子もみんな欲張りになります。この欲張りも自我が拡大していく過程では当然のことです。大人は『このまま放っておいたら，どんなわがままな子になってしまうだろう…』と，つい先を案じて順番を教えたり叱ってしまいがちです。

[6]　「欲張り」にどう対応するか

　みんなぼくのなんだから…と言わんばかりにものを独占している子どもに，「そうか，それは○○ちゃんにとってみんな大切なものなんだね」と，まずは，その子の主張したい思いを認め，言葉で表現してあげましょう。そうすること

"これ みんな ぼくの！"

によって，子どもは自分の思いが理解されたという喜びから，独り占めしながらも，『ちょっとなら貸してやろうかな…』という思いが生まれてくるようになります。

　好きなものはみんな自分のものにしたいのです。でも，そのような要求が認められると，人にも分けてあげようという気持ちが生まれてくるのが，ほほえましいところです。これは，いつも『自分が一番たくさんほしい』という気持ちの中に，他人の気持ちも受け入れていこうとする気持ちが芽生えている証ではないでしょうか。自分の欲しいものが，しっかり手中におさまる喜びを味わわせてあげると，やがて他人の要求もかなえてあげようという気持ちがわいてきます。『我こそ一番大事にしてほしい』という気持ちの訴えとみてあげたいですね。

3 ｜ わたしはかけがえのない大切な "わ・た・し"

1　葛藤（混乱期）と自我の拡大

　おむつもはずれ，ご飯もひとりで食べられる，どこにだって走っていける，もうお姉ちゃんになったんだもんと，２歳児は大人に保護されてきた時代に別れをつげ，「ひとりで」「自分で」と自立への旅に踏み出します。それなのに，「ひとりで外へ行ってはだめ」「ちゃんとお片付けしてから他のことをしましょう」などと，２歳児の行動を規制するような指示が相変わらず出されます。この大人の指示が強ければ強いほど，反発も強くなります。そして自己主張がますます激しくなっていきます。

　反面，大好きな大人の姿が見えなくなると，泣いて後を追うようになります。急に，「だっこ，だっこ」と求めたり，今までひとりで寝ていたのに，２歳になったら添い寝をしてもらわないと寝なくなったなど，１歳の時以上に甘えん坊になることがあります。自分とお母さんの距離が離れてしまうことへの不安がつのるのでしょうか。お姉さんになったり，赤ちゃんになったり，自立と甘えの狭間を激しく揺れ動くのが２歳児です。混乱期といわれるゆえんです。

　洋服のボタン掛けに時間がかかっているので，保育者が「やってあげるから」と手を出そうものなら大変，「ひとりでやりたかったの」「先生，きらい！」と，いつまでも怒り続けることがあります。ところが，次の日は「ボタンやって」「○○ちゃんできない」と，保育者に甘えてやってもらいたがります。「昨日と今日とまったく言ってることが違うんだから，わけがわからない」などと，思われてしまうのはもっともなのです。こうした自立と甘えの狭間を揺れ動きな

がら，2歳児は自己拡大を進めていきます。

　さて，心が揺れ動く不安定な時期を迎える子どもたちにとって，思い通りにならない様々な葛藤を体験することが多くなります。なぜでしょうか。

　自分の要求がはっきりしてくるからこそ，2歳児は他人の意図と激しくぶつかることになります。

　スーパーに買い物に行った時など，よくパニックになって親を困らせている2歳児の姿を見ます。自分の大好きなものを見つけて"買って，買って"と親にせがんでいます。「それはお家にもあるから今日は買わないよ」と拒まれると，怒ったり泣いたり激しく泣きわめきます。このような混乱状態を「葛藤」と呼んでいます。

　なぜ葛藤が起きてしまうのでしょうか。『自分はこうしたい』というつもり（考えていること）は，はっきりしているのですが，それをまだことばでは伝えられないのが2歳児です。自分の思いをことばで言わなければ，人にはわかってもらえないということが，まだわからないのです。

　自律（自分の思いが通らなくても，そこでどうすればよいのかを考え，判断し，我慢する力）が育つ過程には，2歳児のように，すぐには自己コントロールできずにパニックになってしまい，泣いたり，怒ったりして，自分と向き合う時期が必要なのだと思います。

　激しい感情を吐露することによって，やがて気持ちにある程度のおさまりが生まれ「こんなときはどうすればよいのか」という気付きが生まれてきます。

　「葛藤」は，子どもたちの育ちにほんとうに必要なのでしょうか。

　他者に気おくれすることなく自分を主張できる力，それを受け止めてもらう体験を積み重ねながら，子どもは思い通りにならなかった時，どうすればよいか，自分自身で葛藤を潜り抜け，立ち直れるようになっていきます。葛藤なくして子どもの育ちはありえません。自律が育っていく過程には，パニックになってしまったり，長泣きしたりして，自分と向き合う時が必要なのではないでしょうか。そういう意味で，この時期の子どものだだこねは，我慢を覚えるチャンスと言えるでしょう。

　それでは，葛藤している子どもに大人はどう対応したらよいのでしょうか。

　よく園でも，葛藤し大泣きしている子どもを，すぐに抱きかかえ泣き止ませようとする保育者がいます。その子はそっくり返って怒っています。『抱いてほしいんじゃないの。私がなぜ困っているのかをわかってほしいの！』と全力で訴えているようです。

　そんな混乱状態にある子を「困った子だ」と見てしまうのではなく「今，どうしていいかわからなくなって，困っているんだね」「何を困っているのかな？」という観方に転換すると，「子どももひとりの人間として，思い通りにならないいろいろな体験を味わうものなのだ」と，その子がいとおしく思えるよ

うになります。そしてなぜパニックになっているのか理解できるようになると，「早く泣き止みなさい！」とその葛藤を否定し，感情に蓋をしてしまうのではなく，「一生懸命自分と闘っているんだね。泣きたかったらたくさん泣いていいんだよ」と葛藤を支えられる大人になれるのです。

　河合隼雄が『子どもと悪』という本の中で次のように述べていたことがとても心に残りました。

　「「元気で明るいよい子」好きの大人は，子どもが怒ったり悲しんだりするのを忌避する傾向が強い。「泣いてはいけません」，「そんなに怒るものではありません」と注意して，子どもはいつも明るくしていなくてはならない。このような人は一年中「よい天気」が続いて一度も雨が降らなかったら，どんなことになるのか考えてみたことがあるのだろうか。子どもの成長のためには，泣くことも怒ることも大切だ。人間のもついろいろな感情を体験してこそ，豊かな人間になっていけるのだ」（岩波書店，1997年，120〜121頁）。

"ぼくの気持ち，誰もわかってくれない"

　人は，喜びや悲しみ，苦しみや楽しみなどの感情を誰かと共有し合う経験なしには，自分を形成していくことはできないのではないでしょうか。とりわけ困っている時こそ，大好きな大人に理解され，支えてもらってこそ，そのつらさを乗り越えられるのです。だだこねに代表される葛藤の多い2歳児が，親から「そんな子はごみに出しちゃうから」「そんなわからずやは，うちの子じゃない」などと怒られてばかりいると，せっかく築き上げてきた自己肯定感がたちまち崩れだすということにもなりかねません。

　この未熟だけれど，精一杯の子どもの葛藤を，肯定的に温かく支えることにより，子どもと心が通い合えるようになります。困難をくぐり抜け，再統合していく力です。そういう意味で，「葛藤は，闇から希望を見出す一種のトンネルのようなもの」だと思っています。

　今後，子どもたちはもっともっと長いトンネルに入り込むことになるでしょう。けれども，闇の向こうには光（希望）が射していること，共に苦しんだり悲しんでくれる大人がいることを信じられるようになることこそ，葛藤を乗り越える原動力となり，生涯における愛着の形成につながっていくのではないでしょうか。

2　好きな遊びを心ゆくまで楽しみ，自分に出会う

　2歳児が自己世界を広げていくもうひとつの要因は，「遊びが活発になり，自己実現していく力が養われること」です。この時期の子どもたちの自我の育ちには，自発性・すなわち自分の興味，関心，好奇心・憧れなど内発的な力によ

って発動し，自己表現するあそびが多彩になっていくことです。津守真は「子どもは，自分自身が心ゆくまで活動するときに，そのときの能力を最善に用いることができ，また自分自身に出会う。そのとき，子どもは，自己を実現しながら，自分自身の個性的な自我を作り上げていく」(『自我の芽生え』岩波書店，1984年，174頁) と述べています。「今，自分がやろうとしていること自体必要であり意味があること」だと実感し，自分の力や価値を知っていくのだと思います。そのためには，そばで子どもの活動を見届け，『よくやったね』『前にはやれなかったのに今はこんなこともやれるようになったんだね。大きくなったね』とその子のもっている力を受けとめ，支えてくれる大人の存在があってこそ，培われていくのだと思います。

　したがってこの時期，子どもたちの自我の拡大が進んでいるかどうかをしっかり見届けていきましょう。まず一つ目は，「いやなことはいや」という自己主張をしているかどうか。二つ目は，これまでに述べたように「お兄ちゃんになったり，赤ちゃんになったり揺れ動きながらも"じぶんで""ひとりで"という自立の芽生えが見られるかどうか。そして三つ目は，自ら遊びだし，自分の求めを実現していく活動に夢中になれることではないかと考えています。

〔**3**〕　こだわりの強さと自尊心の育ち

　お迎えに来た母親に，保育者はよくその日にあった子どもの失敗談などを，面白おかしく語ることがあります。「今日は，つい遊びに夢中になって，トイレの前でおもらししてしまったんですよ」などと，保育者は可愛さ余ってその子の姿を語っているのに，当の子どもは『そんな恥っさらしのことを母親に話すなんて…』と今にも爆発しそうな顔をして怒りだすことがありました。

　また，つい気軽に「今日はお散歩に行けなかったから，また明日行こうね」などと話し，翌日約束を守らなかったりすると，ひっくりかえって怒り出し，行けない理由を話しても納得してくれません。「そんなに行きたいのなら，予定を早く切り上げて行くから…」と話しても，もうおへそをまげて「行かない，行かない」と怒ります。

　そんな2歳児を見ていると，どうも散歩に行かなかったことに対して腹を立てているのではなく，約束を破られたことで，自分が尊重されなかったと傷つき，怒っているように感じます。

　自尊心というのは，「自分自身のことを，かけがえのない大切な存在だと意識すること」であり，1歳の頃のように，自分の要求さえ通ればコロッと態度が変わるというわけにはいかなくなります。「見て見て」を連発し，一つひとつのことをちゃんとやれたんだから，わたし，もう大きくなったでしょう，と言わんばかりに，自分が感じた価値を周りにもしっかり認めさせたい。つまり，『わたしは，もうお姉さんになったんだから』と何より自分の価値を主張するよう

になる2〜3歳児にとっては，自分の要求が通ったかどうかよりも，自分の思いやつもりが尊重されたかどうかの方が重要になってくるようです。

事例1　損しても守りたい自分の心の世界

　食事の時，手づかみが多かったきよちゃん（2歳4か月）が，その日も大好きなトマトを手づかみで食べはじめたので，保育者の私が，「きよちゃん，フォークで食べて」と彼の手を軽くたたき，トマトにフォークをつきさして渡したのですが，彼は大好きなトマトごと床に投げ捨て「もう食べない」と泣き出しました。せっかく喜んで食べはじめたのに，手をたたかれたことは，出鼻をくじかれるようなくやしさがあったようです。ところが私は，とっさに「負けてはいられない。ここでしっかり大人の思いを通さねば」と思い，「ちゃんとフォークを拾って食べなさい」と叱ってしまいました。きよちゃんは，椅子をずらし，手を机の下にもっていく行為はしたものの，本気で取る気はありません。泣きながら「取れないよ…」と訴えます。私はさらに「取れないのなら椅子から離れて取ってちょうだい」と挑発するように言ったので，彼は「ばかっ」と怒って，今度はおかずの入っていた自分のお皿までひっくり返して泣き続けました。

　『ぼくがせっかく大好きなトマトを食べはじめたのに…』という自分のつもりがあればこそ，それを無視されることにはがまんがならなかったと訴えたいきよちゃんの内面には，誰にも譲ることのできない自尊心が感じとれます。食欲旺盛なきよちゃんにとって，食事を拒んでまでも守りたかった自分の心の世界だったのです。

　なぜこれほどまでに自分の思いにこだわるのか。

　2歳児にとって，自分の思い（つもり）が認められることこそ，かけがえのない"自分"が大切にされたことになるのではないでしょうか。

　これまで子どもは，自分で決めたことは本当に大切にしようとすることを，多くの子どもたちから学んできました。自分がこうありたいと考えたことにむかって，それに近づこうと，自分の行動を律する意思をもてるようになるようです。人間のすばらしさは，この自尊心によって自分自身を支えていく内面が育つことだと教えてもらいました。

　自分にどこまでもこだわる頑固さこそ「自分が自分の主人公になっていく原動力」なのかもしれません。

（4）"友だちって，伝わるんだ"——つもりや思いが伝わる，社会性の育ち

　2〜3歳児には，いろいろなトラブルを経て，主張しつつも少しずつ友だちを受け入れられるようになっていく姿を見ることができます。

　かみつきは，1歳児の頃に比べると少なくはなるのですが，ものの奪い合いや，場の取り合い，お互いの思い込みの違いによるトラブルは，2〜3歳にかけて最も多くなるように思います。自分の好きなものや人への執着心が，ます

ます強くなるからです。

　この特定の大好きなものや人に対するこだわりは，裏返せば，「自分が大事に
したいものや人への強い愛着心」とは考えられないでしょうか。1歳児のころ
よりさらに自他の区別が明確になるため，周りの世界を私物化できるものと，
そうでないものに区分けしたい要求が強まるようです。

　先にも述べましたが，園のような集団生活の場では，個々のものや独占でき
るものがありません。いつも，「これはみんなのものよ」「園のものだから，順番
に使ってね」という言い方で押し切られます。この時期の子どもの自己拡大し
たい思いが，満たされないで終わってしまうことが多いのではないでしょうか。

　早い時期から順番を守り，貸し借りがスムーズにできるようにする。集団生
活のルールを身につけさせる。それが社会性の育ちではないと思います。まず
は，「大好きなものが自分のもの」として認めてもらえること，奪い合いの際に
は，「それは○○ちゃんにとって大事なものだったのね。こまったなあ，△△ち
ゃんもこれが好きなんだって」とお互いが認められる体験が，何より相手の存
在に気づく機会になります。

　2～3歳児特有の，特定の大好きなものや人に対するこだわりは，裏返せば，
「自分が大事にしたいものや人への強い愛着心」と考えられるでしょう。1歳児
のころよりさらに自他の区別が明確になるため，周りの世界を私物化できるも
のと，そうでないものに区分けしたい要求が強まるようです。

　「取り合いはやめて」と，子どもの自己主張を抑えるのではなく，自分も相手
の立場も大切にされることが必要です。それによって，自己主張の意義やその
限界を感じ取り，他児の存在に気づいていくことこそが重要です。

　いろいろなトラブルを経験しながら，いつまでもひとり占めはできないこと
を感じ，ゆずるということを知る機会になります。取るばかりではなく返すこ
とも経験します。自分の主張ばかりでなく，友だちの主張も知らされることに
なります。子どもたちの自己主張が，自己確認と他児に関わる力（相互理解を促す
力）になっていけるよう対応することが，大人の大切な役割ではないでしょうか。

5　友だちを感じ，友だちや仲間と育ち合う子どもたち

　自分を意識し，ここは自分だけの大切なものや場所なんだから…と自己の領
域を守ろうとしてトラブルになったり，"貸して" "いや" と激しくぶつかり合
う経験をし，他児も同じように自分が大事と主張していることを感じ取ってい
く機会を重ねていきます。また好きな絵本やおもちゃが "おんなじだねえ" と
他児との共通項を見つけると，それだけで他児と繋がってお互いに相手を受け
入れ合う関係ができてきます。また追いかけっこやわらべうたあそびなどをし
ながら楽しさを共有し，お友だちと一緒って楽しいという実感をもつようにな
るのが，この時期の子どもたちです。

"ばあっ" お友だちといっしょ　　　　　"いっしょだね" "おんなじ" が楽しい子どもたち

事例1　ふたりともだもんね

　ともふみくん（3歳）と，けんやくん（2歳9か月）は，登園し顔を見合わせると，「二人ともだもんね」と言って，他の子から離れた場所（保育者の机の下など）にもぐりこんで，なにやらひそひそ話をして，出てきません。二人だけの居場所，関わりを楽しみたいようです。2歳児クラスの1月にもなると，ちょっと気にかかる子や，気の合った友だちが，あそこにもここにも生まれてきます。

　　　　　人が自分以外の他者を知り認め合う，いわゆる「相手を受け入れるという関係」は，二人からスタートすることが多いように思います。二人の関係において，とことん自己を表出し，相手を知っていくからでしょうか。話す―聞くということばのやり取り（会話）も，二人を基本に身についていきます。好きなお友だちとの関わりを通して，子どもたちは相手の思いに寄り添うことも身につけていくようです。

事例2　友だちと体を寄せ合っていたい気持ち

　みんなより早くおやつを食べ終わったゆみちゃん（2歳11か月）が，大型積み木を窓のところにはこんで行き，それを台にして雨降りの外を眺めていました。それを見ていた子どもたちは，「ごちそうさま」とあわてて立って，ゆみちゃんの隣に積み木をくっつけ，うれしそうに外を眺めだしました。後から来たひろしくん（2歳10か月）も，無理やり同じ窓から首を出そうとするので，隣のまさこちゃん（3歳）がきつくなり，「やだ，やだ」と泣きだしました。保育者が「ひろちゃん，こっちの窓も開いてるよ」と，ひろしくんを抱いて別の窓に移そうとすると，「だめ，だめ」と窓にしがみついて離れません。「それじゃあ仕方ないから，窮屈でもそこにいてね」というと，ひろしくんに，まさこちゃんが「ひろちゃんおいで」と呼んでくれたのです。

保育者は,「外を見るのならどこでも,よく見られるところがいいのに」と思い込んでいましたが,ひろしくんは友だちと同じ窓で,お友だちと同じように体を寄せ合って見たいという一念だったようです。友だちの中に自分も入っていたいという願いが芽生えていたのでしょうか。「子どもが友だちとの共通項をたくさんもつようになることによって,興味や関心も似たものになり,同じところにいたい」「同じことがしたい」「同じものを持ちたい」などと求めるようになっていきます。やがて同じめあてをもって遊べるようになっていく姿を見るのも,そう遠くないようです。

事例3 4期を迎えた 2歳児クラスの日誌から
—— 友だちとの気持ちの通い合い

1月19日曜日	天気 晴れ 出席数 12名 欠席数 3名	子どもの姿と保育者の関わり
		まき(3歳2か月)がロッククライミングをしていると,それを下からずっと見ていたさとし(3歳4か月)。まきは昇り降りはできるのだが,途中で「こわい,できないー」と,くじけてしまう。すると,さとしが「まきちゃん,まきちゃんがんばれ! まきちゃんならできるよ! ちゃんと上,つかまって!」と励ましはじめた。それを聞いたまきは,なんとか登ることができた。さとしは「やったね,やったね,すごいよ,まきちゃん!」と,自分のことのようにジャンプして喜ぶ。さとしは「さとちゃんもやってみる!」とやる気になり,今まで挑戦しても登れなかったのに,初めて登ることができた。本人も自信がついたようだ。
〈内容〉 寒くても園庭に出て体を動かして遊ぶ		〈評価〉 日頃,保育者が子どもたちに呼びかけることばを,すっかり自分のものにして,友だちを励まし,よびかけるさとしの姿に胸が熱くなった。自分と友だちのまきを一体化して捉えているような関わりが,とても尊いことだと思った。

他人の気持ちがわかるようになることは,人間にとって偉大な能力だと思います。けれどもその力は,最初に養育される大人から愛されることによって培われるわけです。愛された子どもは,他人に対する関心を育むことができるからです。この他人への関心が,人と繋がろうとする原動力だと思います。

特定の大人から愛されること,自我が芽生え,自己主張しながら他児と様々なトラブルを起こすこと,好きな活動に没頭し自分の力を知ること,気の合う友だちと一緒に過ごす喜びを得ること,子どもたちのそうした活力を生き生きと支えていくことが,社会性の育ちにつながり,集団が育っていく礎になることを学ぶことができました。大事なことは,一人ひとりの子どもの自我や感情

が豊かに育っていくことに，社会性の育ちがあることを再認識できたようです。

(6) 友だちのイメージしていることが理解できるようになり繋がり合う

　いつも散歩に行って遊ぶ公園が見えてくると，子どもたちは友だちの手を振り切って公園へ走っていきました。とおるくん（2歳9か月）は地面に縄がくねって落ちているのを見つけ「あっ，ヘビみたい」と言いました。それを見たゆきちゃん（2歳6か月）も，はやとくん（2歳10か月）も「ほんとだ，ヘビだ，ヘビだ」と言いました。ほんとうは縄（ヘビではない）だとわかっているのですが，とおるくんがそう想ったことを理解し，同調したわけです。いたずらっ子のとおるくんは，いかにも気味の悪いものをつかむように縄の端っこを持ち，「ヘビだぞ〜ヘビだぞ〜」と言いながら2人を追いかけます。2人は「きゃあ〜」と言いながら逃げ回りました。こんなことがきっかけで，ヘビごっこがはじまりました。

　とおるくんは，「縄をへびに見立てて追いかければ，友だちはこわがって逃げる」ということを承知していて，自分のイメージを表現しながら，友だちが逃げることを楽しんでいました。こんなところにごっこがはじまります。友だちとイメージを共有し合いながら，うそっこの世界を楽しめるようになってきたのです。もし誰かが「そんなのヘビじゃないよ。縄だよ」と言ってしまったら，楽しいヘビの追いかけっこは成立しません。とおるくんと一緒になってイメージを共有してくれる子どもたちこそ，同じイメージで繋がる友だち関係になっていきます。まさに「伝わる心がつながる力」です。

　イマジネーションが豊かになっていくこの時期の子どもたちの育ちが，ごっこ遊びを通して仲間関係を形成しています。他の人とイメージを共有することは，お互いに目に見えないつもり（考え）を理解し合う体験であり，それは相手の思いを大切にすることに繋がります。

(7) 主体が輝きだす3歳児に向かって

　月曜日，保育者の顔を見るなり，3歳ののぶひろくんが「ぼく，きのう，おとうさんと恐竜展に行ってきたの」とうれしそうに報告してくれました。つい1か月前までは自分のことを「のぶちゃんがね」と言っていたのに，代名詞で話すようになってきたことを感慨深く聞きました。3歳を過ぎるころから，子どもたちは「あたしもやりたい！」「ぼくが先だったんだよ」など自分のことを代名詞で話すようになります。いろいろな人との関わりの中で，自己認識が確実になり，自分を表現することばも変化していくことを意識しはじめたようです。

　また「ぼく，きのう泥んこやったんだぁ。そいで今日もやったの。泥んこ面白かった。だからまたあしたもやるんだぁ」。

"いっしょに　見ようね"　"うん"

　過去，現在から未来へ，時の流れの中で自分が一貫した自分であることを自覚できるようになってくると，子どもは自分の未来（明日）に向けての自分の考え（つもり）をことばで表現し，その言葉に向かって自分の行為を方向づけていくようになります。まさに "めあて" に向かって行動するようになっていきます。なんといったって "自分が自分の主人公なんだから" と言わんばかりです。"大きくなった自分を認めて！" 誇り高き自我をふくらませながら，子どもたちは3歳の世界に駆け出していきます。

引用・参考文献

「0，1，2歳児の世界」第1巻　『愛着形成と自我の芽生え』今井和子，自費出版，2018年。

『集団ってなんだろう』森上史朗・今井和子編著，ミネルヴァ書房，1992年。

『乳幼児の発達と子育て』佐々木正美，子育て協会，2005年。

「赤ちゃんの自己表現」大藪泰（月刊『赤ちゃんとママ』赤ちゃんとママ社，1997年4月号）。

『発達の扉〈上〉』子どもの発達の道すじ　白石正久，かもがわ出版，1994年。

『自立への旅立ち──ゼロ歳〜二歳児を育てる』高橋恵子，岩波書店，1984年。

『自我の芽生え』津守真，岩波書店，1984年。

『乳幼児の社会的世界』小嶋秀夫編，有斐閣選書，1989年。

『子どもと悪』河合隼雄，岩波書店，1997年。

『保育用語辞典　第8版』森上史朗・柏女霊峰編，2015年。

第3章 幼児期の子どもたちは集団の中でどう育つのか

1 │ 自己中心的な生き方をする3歳児の集団

1 　一緒だけど一緒じゃない

　5月の中旬，線路を繋げて列車遊びをしているゆうちゃんのところに，しんちゃんが黙って線路を繋げました。この様子を見ていた保育者は，ゆうちゃんが怒りだすかと思ったようですが，この時，ゆうちゃんは見て見ぬふりをしながらそのまま一緒に遊び続けていました。「おおすごい，もうなかよく遊べるんだ」と思った矢先，2人の列車が近づいたところで，どっちが場所を譲るかで電車をぶつけ合い，何かのスイッチが入ったかのように激しくケンカがはじまりました。放っておくとそのままつかみ合いのけんかがはじまりそうになったので，とりあえず止めて，列車の線路をもうひとつ隣につくりました。すると，二人は何事もなかったかのように，一人ずつ離れた場所で列車遊びの続きをしていました。

おもちゃ確保！　ひとりじめできる安心感

　このような遊び方は，3歳児のはじめのころにはたくさん見られます。この時，大事なのは，順番や優先順位などという大人の考えたルールで解決するのではなく，二人の遊びが安心して継続できるような遊び環境をつくることがポイントになります。なぜなら，一緒に遊んでいるようでも，ゆうちゃんとしんちゃんは遊びのイメージを共有していないので，相手に自分の遊びを邪魔されていると思ってしまうからです。その結果，相手の列車を自分の遊んでいるエリアから追い出そうとして，激しくおもちゃをぶつけて追い出そうとしていたのでした。このような争いの瞬間だけを見て仲良く遊ぶように伝えても，基本的にお互い納得していないので，長い間繰り返しトラブルは起こります。そのたびに保育者が叱るという形で問題解決をしてしまうと，子どもも相手の気持ちを考えるチャンスを逃すため，仲良く遊んでほしいという保育者の願いに行きつくまでにはとても時間がかかります。さらに，繰り返されるトラブルに対して，保育者も，かける言葉のはじめ

に「何度言ったら」とか「いつも」というような気持ちになって表われてしまいます。

　子ども同士が仲良く遊べるようになるには，衝突しないようにスペースを考えたり，保育者が間に入ったりしながら一緒に遊ぶと，楽しいというイメージをもてるように関わることがポイントになります。こうして自分の遊びを安心して続けられる力が育つと，仲間から見ても魅力的な遊びをしているように見えるので，興味をもった子が集まってきます。とにかく3歳児は面白いことを探して右往左往していますので，そのエネルギーを活かしながら，小さな集団でやり取りが楽しめるような保育を心がけることで，だんだん仲間と繋がっていきます。

［2］　思いのすれ違いは人のことを考えるチャンス

　子どものもつイメージが一致しないトラブルではこんなこともありました。食事中に突然泣きはじめたちいちゃん。その横では怒った顔をしてパクパクと給食を頬張っているしゅんちゃんの姿。さっきまでニコニコしながら食事をしていたので，一瞬何が起こったのかわかりませんでしたが，その時しゅんちゃんが「ミッキーマウスなんてぜったいいないし！」と言ってちいちゃんを叩こうとしました。そこでやっとトラブルだとわかったので，担任はちいちゃんに「だいじょうぶ？」と声を掛けながら，しゅんちゃんにミッキーの話を聴くことにしました。すると「ミッキーなんていないのに，ちいちゃんがミッキーがいるっていうから」と強気の弁。そこで担任は，ちいちゃんにどこにミッキーがいるのかを聴き出しました。すると大きなお皿と小さなお皿がミッキーの隠れマークのように並んでいたのでした。「本当だ，ミッキーに見えるね」と担任が言うと，同時に「そうか，横にいるしゅんちゃんのところからは見えないよね。でも上から見ると，ミッキーがいるね」と言いました。するとちいちゃんは，自分が間違ったことを言っていないということが理解されたので納得したのでしょうか，叩かれたことも忘れ，機嫌を取り直して食事をしはじめました。担任の介入はこれだけでした。

　するとしばらくして，叩いたしゅんちゃんが「さっきはごめんね」とちいちゃんに自ら謝りにきました。担任は，ここではじめてしゅんちゃんに，何を謝ろうとしたのかを聞き，ミッキーがいないと思って叩いたことをいけないと感じて謝ったことがわかりました。感情的になっている時に「叩いたらいけません！」といって，さらに「ごめんなさいは!?」と謝ることを強要しても，しゅんちゃんは納得しないまま，大人に言われて謝ることになるので，自分の中に何が起こったのか理解できず，考えるチャンスを失ってしまいます。しかし，担任はしゅんちゃんの気質をよくわかっていて，ここで正しいことを伝えても，反抗するだけで決していい結果にはならないことがわかっていたのでしょう。

しゅんちゃんの怒った気持ちはわかっているというメッセージを込めて「そうなんだ，ミッキーが見えなかったんだよね」で終わらせました。その対応の後で，しゅんちゃんはいろいろな葛藤を乗り越えて，自分から「ごめんなさい」を言うことができたのだと思います。ここで初めて「すぐに手を出すのは相手もびっくりしちゃうから，次は違う方法を考えてね」と言ったのでした。

　担任は，この時のしゅんちゃんの自ら謝った行動にものすごく感動していましたが，子どもへの理解と集団への願いがあってこそ生まれた対応だと思います。この後もトラブルは毎日何度も起きますが，周囲の子どもたちも担任のこうした対応を見ているので，しゅんちゃんの失敗はみんなも許すようになりますし，他の子も，自分が嫌だと思ったことはしっかり伝えることも大切なんだという表現力を育てることになります。こんな小さな積み重ねが民主的な集団を創っていくと思います。

③　他の子の遊びの邪魔をしない育ち

　早朝の保育室は，順次登園する子どもたちの異年齢集団になっています。そのため，遊ぶ場所，おもちゃや仲間，担任まで，いつもと環境が違うので，この時間に来る子どもたちが自分の居場所をできるだけ見つけやすいように配慮し，安心して集団に加われるようにする保育者の役割はとても大きいものがあります。

　ポイントは，日常の中で他のクラスの子どもの理解や関係がどのくらいできているのかということと同時に，保育者たちが日頃どんな集団を創ろうとして繋がっているのかが試される時間帯でもあります。なぜなら，各クラスの集団のルールのあり方や遊び方などが，子どもを通して一挙に混在する時間帯でもあるからです。おもちゃを乱暴に扱ったり片付けをしなかったり，折り紙や紙を粗末に扱ったり，仲間の遊びの邪魔をしたりといった，子どもの本来の姿が，担任がいない朝夕の異年齢集団の中で自然に現れるからです。

　一方，クラスを離れた時の生活は，遊び方や人間関係など子どもの体験を大きく広げます。ですから，この部分とクラスの保育を繋げて考えることで，子どもの集団はさらに広がっていきます。例えば，朝の時間帯に一緒に遊び，その楽しさを続けたくて，5歳児のクラスへ遊びに行ったり，逆に大きい子が小さい子のクラスへ遊びに来るという関係も生まれます。大きい了の魅力的な遊びを見たり，その姿にあこがれたり，優しくしてもらった体験は，子どもの人間関係をどんどん広げていきます。

　そんな異年齢の集団の中で3歳児がひとり，周囲の状況もあまり考えず部屋の真ん中を占領して，積み木や線路を並べて町のようなものをつくって遊んでいました。途中，トイレに行ってそこを離れたり，別の遊びをしたりしている時もあります。しばらくしてその部屋を再び訪れると，誰ひとりとして占領さ

苗木を植える手伝い。役立つ遊びも子どもたちを
繋げます

れている部屋の中央の場所を使おうともせず，積んだ積み木も壊されずに残っていたのでした。これは子どもたちが自分の遊びに没頭する中でも，一人ひとり他の子が遊んでいる場所を理解していて，邪魔をしないように調整しながら遊んでいるという子ども同士の育ちの姿であり，社会性と言われるものなのかもしれません。そして，このような集団の中にいると，大人まで心地よさを感じるから不思議です。これが平和な時間なのかもしれません。

4　ヒーローごっこからのケンカ

　ヒーローごっこの大好きな男児3～4人は，毎日恒例のように戦いごっこをしています。この日は，ブロックを長くつなげて剣にしてヒーローごっこをしていました。剣が壊れやすいということを知っていたので，初めのうちは剣がぶつからないように，ごっこの世界で遠慮がちに戦っていました。しかし，そのうちに熱が入り，剣がぶつかってしまいました。すると当然，ブロックが外れて剣が壊れてしまい，ケンカがはじまりました。そして，さんざん悪口を言って，本当のケンカになり，もう絶対許さないというような強烈な言葉のやり取りで終わってしまいました。しかし，このあと外に出ると，またこのグループで集まって，落ちていた木の棒を持って，再び戦いごっこがはじまりました。男児の中にはこうした戦いごっこが好きな子が必ずいます。本能的なものなのかもしれませんが，時々女児も加わっていますので，気質なのかもしれません。見ていると危なっかしい感じもしますが，子どもながらに手加減し，コントロールしようとしている気持ちは伝わってきます。しかし，本当にちょっとしたミスで，相手に悔しい思いをさせてケンカになります。ほとんどが，トラブルと同時にその遊びは一度終了しますが，しばらく時間がたつとまた一緒に集まって繰り返します。それだけ好きだということなのでしょうが，このような身体を使ってじゃれ合う遊びも，その子にとっては，相手のことを理解し，仲良くなるために必要な遊びではないかと思います。保育者から見ると危なっかしい感じもするため，すぐにやめてほしいし，二度とやらないように言う保育者が多くなりました。しかし，3歳児のヒーローごっこは，みんながヒーローという感じで戦いごっこをしているので，みんなうれしいのだと思います。このように体当たりで仲間と遊ぶものは，かつてなら相撲だったと思いますし，プロレスもはやっていた遊びです。このように身体を使って相手を理解することも，集団形成にはなくてはならない遊びだと思います。こうした社会を反映した遊びが繰り返されるとしたら，次はラグビーもはやるのでしょうか。

5　遊ぶ力の強い子が友だちを引っ張りまわす

　3歳児の女児は，みんながヒーローの男児の遊びと違い，自己中心的に遊びたいのと同時に，イメージを共有して一緒に遊ぶ楽しさも一足早く知りはじめています。この年齢の集団と言うと数人の遊びになりますが，お母さんごっこやお医者さんごっこ，アイドルごっこなどの遊びを楽しむようになってきます。しかし，よく注意をして見ていないといつも同じ子と遊ぶようになりますし，ごっこ遊びの中の役割も，上下関係がはっきりし，仕切る子も決まってきます。そこに興味をもった他の子どもが入ろうとすると，自分たちの遊びが壊れると思うようで，仲間に入れないということも起こります。その時，側にいた保育者が「仲間に入れてあげていっしょに遊べないかなあ」と言うと，ちょっと固まって考えたあと，「本を見ている人だけだったらいいよ」と言いました。本を見ているだけの人って，結局は仲間には入ってこないでというメッセージと同じなので，保育者に言われたから仕方なしに仲間に入れる方法として，いてもいなくてもどうでもいい「本を見ている人」という役を提案したわけです。もちろんそれを聞いた子は，お母さん役じゃなければやりたくないと怒りました。それはそれで，後から入るのにいきなり主役をやりたいなんていう無理なお願いをしているわけですから，お互いに空気が読めていないんだということがわかります。そうなると，たとえ保育者の指示で一緒に遊びはじめたとしても，この遊びはすぐに空中分解してしまうのは目に見えています。

　3歳児はひとりで遊ぶこともできますから，相手の遊びに入るのが無理だったら，邪魔をしないように，保育者と一緒に，自分が主役になれる遊びをはじめればいいという気持ちに切り替えられるように，保育者が仲介し続ける必要があります。ここで，なんとか短時間で仲良くできる方法を決めて丸く収めようとすると，子どもたちには納得がいかない問題解決になってしまいます。そこで別の視点から，多様性をもった問題解決の方法を子どもと見つける必要があります。こうした子どもの心に対する理解を示しながら問題解決する大人の姿は，他の子どもたちにとっても，ものすごくよい環境，体験になるはずです。さらには，このような出来事があった時には，そのエピソードを記録し，仲間と自分の対応について話し合うというふり返りができれば，自分の保育に気づくよい機会になります。

6　しっぽを取られて怒り出す気持ちに共感する

　集団の繋がりを深めるために，保育者が中心になってゲームをすることがあると思います。その時のルールが子どもの思考回路を働かせる内容なのかということを，よく考える必要があります。そうでないと，保育者主導で子どもを遊ばせていることになってしまうからです。

　運動会も近づき，親子で行うゲームでしっぽ取りをやってみたいという提案

がありました。決める前にとにかく子どもと一緒に遊んでみて，喜んだら取り入れてみたらと言うと，子ども同士でさっそくしっぽ取りをしました。すると，大変なことが起きました。仲間にしっぽを取られて怒った子が，相手を突き飛ばしてケンカになってしまいました。しっぽを取られて怒る子は3歳児なら何人いても不思議ではありませんが，何度か繰り返したらそれはゲームだということが理解でき，しっぽを取られる悔しさも楽しさに切り替えられるかどうかを見つめていくことが大切になります。そこで，しっぽを取るのが子どもで，逃げるのはお母さんたちにしようということになりました。取られることを受け入れてもらうことは，今の3歳児にとってはまだ早すぎた課題のようでした。

　　ルールはわかっていても，自分のことになると許せないという子どもは毎年いますが，どこでそのことを乗り越えられるかどうかはあまり焦らなくてもいいと思っています。それはみんなで一緒に遊ぶには，いやでもルールを守らなければ仲間に入れないということは，遊びの中でだんだん習得していくのでしょうが，このことに時間がかかる子も随分多くなった気がします。しかし，ここは焦って育てるより，子ども同士の遊びの中で，時間はかかっても，だんだん本人が受け入れられるように納得していく姿をずっと見守りながら，子どもが獲得していく小さな心の変化を応援するしかないのだと思います。

2 「やりたいけどうまくできない」と葛藤する4歳児の集団

1 表現する喜び

　　3歳児の集団創りの大変さは，自分勝手な子どもたちが多いということをおさえつつ，のびのびと育てることにあるとその重要性を述べましたが，その豊かな体験を踏み台にして，4歳児は自分や人のことをだんだんと考えられるようになってきます。つまり，周囲の人のことや自分のことがだんだん意識できるようになると，人の気持ちや周囲に対する配慮ができるようになるところまで成長してきたということであり，集団としてのまとまりを少しずつ期待できるようになります。しかし，それと同時に，自分のもっている能力に対して疑心暗鬼になり，「自分の力ではどうにもできない」という葛藤の世界に入っていきます。この状態で集団の中にいるということは，比較するものがたくさんあるだけに，ますます不安感が増幅されていきます。つまり「わかっていてもできないつらさ」を常に感じてしまう年齢だともいえます。だからこそ，いろいろなことを考えられるようになってきた能力を

触れないけどこれならありを捕れる。慎重に相手との距離を縮めるのは人もアリも一緒です

競い合い失敗しながらできることを
増やし，自信をつけていきます

生かして，少人数での話し合いもできるようになります。つまり，子どもが決める体験が多くなっていきますので，仲間との話し合いや，自信をもって豊かに過ごす体験が重要になってきます。そして，このことが5歳児の積極性にもつながっていきます。

　4歳児の子どもたちには，「表現してよかった」という体験がたくさんできるような保育をすることが重要になります。この年齢における集団への配慮は，子どもたちに集団行動をさせる時の保育者の声掛けがポイントになります。例えば，競争に敏感な年齢ですから，必要以上に「誰が一番早く準備ができるかな」とか「最後までうるさいのは誰かな」とかいうような声掛けや，恥ずかしさも感じる年齢ですから，みんなの前で子どもを叱る時などの配慮などがとても必要になってきます。その意味では，子どもの権利条約を基本に人権意識をもった保育が求められる年齢ともいえます。

　もうひとつ配慮することがあるとすれば，集団に対して話す保育者のことばです。全体に話をしても一人ひとりが自分に向けられたものだという意識が育つように，日頃から丁寧なコミュニケーションをとる必要があります。

　子どもに声を掛ける時に「誰がお利口さんかな」と比較したり，「誰が早いかな」などと競争させたりする声掛けは控えた方がいいと思います。自分に自信をもつことが大切な年齢の子どもに対して，誰がいい子とか，いけない子という外部からの評価は，自分で判断する力を奪うことにもなります。

2 　子どもの姿を同僚と話す

　集団の活動の面白さを知ってもらうという思いから，担任が椅子取りゲームを提案しました。すると，すぐに子どもたちは大喜びしてピョンピョン跳ねていました。ゲームがはじまり，初めのうちは椅子を減らしながら順調に進んでいきましたが，椅子が5つ残った状態で8人が競い合い，偶然ひとつの椅子に2人が同時に座り，お互いゆずらない状態になり，担任がジャンケンで勝負をつけるよう提案しました。2人はそれを受け入れてジャンケンをしましたが，負けた子の方が納得がいかずカンカンに怒り，椅子を蹴ったり投げたりしたので，クラスが騒然となり，何とも後味の悪い結末になってしまいました。

　夕方，担任とこのことについて話をしました。トラブルがなぜ起きたのかを考えるより，できるだけ早く問題解決をしようとしていなかったか，激しく怒った子は，この後クラスでの評価は大丈夫なのか，保育者がリードして遊ぶ椅子取りゲームの選択は，このクラスにとって正しい選択だったのかなど，気になったことを次々に出し，話し合いました。そこから，保育の設定や仲裁の仕方など，どんな選択肢があったのか，子どもの心の成長にとってこのゲームはタイムリーなものだったのか，子どもたちの心の成長に合わせて椅子の減らし

方も子どもと話し合って決められたのではないか，子どもたちとルールを決めるとか，ストップの合図も子どもがやれば，より主体的な遊びになり，やがては子どもたちだけで遊べるようにもなるのではないかという様々な意見が出ました。さらには納得のいかない子に審判をやってもらったらどうかなど，担任の対応を批判するのではなく，もっとよい対応の方法があるのではないかといういろいろな案が次々に出てきました。そしてこの話し合いを通して，ものすごく怒った男児の気持ちを考えることにもつながりました。

　もしこのような話し合いがなければ，また同じような保育を繰り返していたかもしれません。椅子取りゲームのような勝ち負けを決める活動は，表現力の盛んな4歳児の集団創りにおいて，どのくらい効果があるのかも考えていなかったと思います。ここにも子どもの参画は考えられます。

　4歳児の子どもたちに，人の気持ちをわかる想像性をどう身につけてもらうかという課題は，この時期にはとても大切です。自分の思いを表現したい子どもたちの欲望を無理やり抑え込むことはできませんし，その力でいろいろと試したり気づいたりしていく大切な時期でもあります。その意味では，4歳児の問題解決能力は今の私たちの社会とそう変わらない気がします。子どもたちはそのことを全身で表現してくれているとも考えられます。ですから，集団の中で育つ子どもを何とかしようということではなく，子どもが育ち合うクラスの人間関係をどうつくっていこうかということが，同僚との話し合いの中心になっていきます。

③　自分たちで決める

　先に紹介した椅子取りゲームなども含め，保育の中で子どもたちが決められることはたくさんあります。お散歩先や，その日の遊び，園行事，生活でいうと食事や運動，睡眠，排泄など，自己決定できるものがたくさんあります。4歳児という自己コントロールが難しい時期にそのことを取り入れると，収拾がつかなくなると考えられがちですが，実は自分たちで決めたことは不思議とよく守ろうとします。そのことを信じないと，自己中心的に動き回ることを警戒して，ルールや約束事で子どもたちの活動を規制したくなります。しかし，自己表現が認められないと，それを求めてかえって手が付けられなくなり，集団がまとまらなくなります。

　子どもたちが園生活の主体者であることを考えれば，その決定権は子どもの方にあるのですから，もっと子どもの方へウエイトを置いてもいいのではないでしょうか。そのためにも，子どもが正しい自己決定できるような情報提供や，自分たちの願いをしっかり伝えることも必要だと思います。さらには，周囲の仲間がそのことを理解して，温かい目で担任をサポートすることも必要になってきます。

ここで子どもが決めるという事例を紹介します。それは以前から取り組んでいた地域活動のひとつで，定期的に高齢者の施設を訪問する行事です。はじめは交流の方法がわからず，大人がプログラムを決めて，歌を歌ったり，プレゼントを作って持っていくというような交流だったのですが，どことなくよそよそしく，子どもたちもなつかなかったので，だんだん訪問する回数も減ってきました。そこで翌年は，交流の仕方を決める時に子どもの参画を求め，やりたいことを子どもたちに聞くようにしてみました。するとお手玉や折り紙をして遊んだり，絵本も読んでもらいたいというような意見がいろいろと出てきました。そうなると，帰ることを伝えても「もっと遊びたい」と言う声が出るほど，楽しみな行事になっていきました。

4　人には言われたくない

　4歳児は周囲がよく見えるようになるので，人のことも気になってきます。そのため，保育者の言うことや約束事を守らないことに対して，すぐに保育者に言いつけたり，直接注意をして，ケンカになったりします。

　こうしたお互いを刺激する言動は，4歳児のはじめのころにはとくに多くなりますが，自分がルールを守ろうとしているところに他の仲間がやらないという状況は，融通のきかない4歳児にとっては腹立たしいことなのだと思います。一方で，「先生に言いつける」ことが，認めてもらいたいとか，ちゃんとやっていることのアピールだったりするので，放っておくわけにもいきません。そして，このような声がたくさん出ている時には，クラスも落ち着かない状態に見えるのかもしれません。

　このような言いつけに来る子どもは，ある意味きちんとしようと考えている子なので，保育者はいろいろな子どもがいるということを感謝をこめて丁寧に伝える必要があると思っています。感謝をこめてというのは，その背景にせっかくできる力をもっているわけですから，みんなの見本になるような存在になってくれることを期待しているからです。

　こうしたいろいろな仲間がいることを，不快なことではなく楽しい関係が生まれるようにするには，保育者が子どもたち一人ひとりのよいところを認めて，ことあるごとにクラスには素晴らしい仲間がいることを伝えていくことが集団を育てます。

　4歳児の集団はかなりいろいろなことがわかるようになった子どもたちですから，そこを活かして，数人のグループで遊びを続けられる仲間づくりが重要になります。そのためには，おもちゃやソファー，図鑑，ボードゲームなど，子どもたちの遊びが発展する環境にも配慮し，充実させていく必要があります。

5　絵を描かない自由

　画用紙を目の前にしてずっと固まっているこうちゃん。母の日に贈るプレゼントとしてお母さんの顔を描いてみようという時間だったようですが,「自分は上手に描けない」ということがわかっていて, しかも, それをお母さんにプレゼントしても喜んでもらえないということまで心配しているみたいでした。4歳児はいろいろなことがわかりはじめる反面, 自分への自信をなくしていく時期でもあり, そこに比較される集団があるということが非常に強いプレッシャーを与えているわけです。ですから4歳児にとっては, 自分を素直に表現し, そのことを認めてもらったり, 喜んでもらったという体験が重要になってきます。また, 人の役に立つという体験も4歳児の自信を育てます。

　園では子どもが絵を描くということにどこまで配慮しているでしょうか。4歳児でも頭足人間や殴り書きのような絵になってしまう子もいますが, それは子どもが残した足跡のようなものですから, それを評価しても絵の好きな子は育ちません。絵のうまい下手は写実的であるかどうかで判断されますが, 子どもの表現は, その時間をいかに楽しめたかという点につきます。

　子どもの作品は, 園内によく一斉に展示されていることがありますが, その時の子どもの気持ちを考えたことがあるでしょうか。絵は心の表現だと捉えるなら, そこでは上手, 下手が一目瞭然でわかってしまうような展示の仕方をしないよう, 配慮が必要です。子どもたちは実際に声には出しませんが, どんな絵が先生や大人から喜ばれるかを知っています。「集団」の中で学ぶには, こうしたいやな体験をすることもあるわけですが, 子どもの絵の扱いについてはいまだに保育者たちの配慮が足りていないというか, 気づいていないのではないでしょうか。それは集団の中にいる子どもへみんなと同じ成長を求めることにもつながっているのではないでしょうか。

　ちなみに, こうちゃんには無理に絵を描かなくてもいいという対応をし続けて, ようやく自分から描くようになったのは, 小学校に入ってから随分先のことでした。

　自尊感情は, 集団の中での自分の存在価値を見つけないと獲得できません。とくに絵や作品などは, 一斉に活動させる場合が多いので, 子どもが意欲をもって取り組みたくなる時間を十分保障する必要があります。環境をつくり, 子どもの方から描きに来るようにすることが必要だと思います。

6　子どもを信じる

　毎年800人も入るホールを借りて, 当日にぶっつけ本番で行っていた劇の発表会を開催しています。その練習も佳境に入り, あと2週間足らずとなり, いよいよ大きなスペースを体験できるよう園庭で活動することになりました。そんな中, ひとりの女児がすべての活動をボイコットしているので, どう対応し

たらいいかと，私のところに担任が相談に来ました。そこで劇の活動を見ると，たしかにその子はフラフラと漂うように劇あそびをしている周りで遊んでいました。私はそばでチラチラと見ている子どもの姿を見て，まるっきり興味がないわけではないことがわかったので，やらなくてもいいから近くで見ているようにアドバイスしました。劇の活動がはじまる前までは，集団に属して一緒に生活していた子です。担任がその子と話をすると，本番ではやると言っていたそうです。しかし，一度も練習しないで，しかも初めての場所でできるとは思えなかった保育者は，保護者にその子の状況を伝え，当日は本人がやりたくないといったらその通りにしようという話までしていました。

　そしてその子は，とうとう本番まで一度も練習することなく，衣装を着てうれしそうに大きなステージに立っていました。そして，音楽がかかると，誰よりものびのびと大きな舞台を走り回り，見事に自分のグループの子どもたちと一緒に活動していたのを見て，一番驚いたのは担任だったのかもしれません。改めて，子どもの見て学ぶ能力の高さにも驚きましたし，それを何事もなく受

誰も見ていなくても自ら挑戦する子どもは，できた時に「見て」といいます

け入れた他の子どもたちの心の広さにも驚きました。「あの子だけいつも練習しないでずるい」と考えても不思議ではないのですが，一人ひとりが周囲に惑わされずに自分のやることを考えていたということなのでしょうか。そしてこの子は，「本番はやる」といった約束をずっと考えていたのかと思うと，集団の中で育ち合う子どもたちのすごさには驚かされます。やらなかった本当の理由はわかりませんが，もしかしたら，完璧に覚えて自信がつくまではやりたくなかったのかもしれません。集団で行う活動はいつもみんなが一緒に頑張らなければできないという考えが，一瞬で崩れた出来事でした。これ以来，この保育者は，みんなで一斉にやる活動に対しては，いつも子どもたちの気持ちを尊重するようになりましたが，お互いを認め合う気持ちがこの集団の中に生まれていることを感じました。

[7]　多様な環境から生まれる役立つ喜び

　4歳児のクラスに途中入園の子どもがやってきました。早生まれで身体も小さめの大人しい子どもでしたから，元気のいい子どもがたくさんいるクラスになじめるか心配でした。そして園で初めて給食を食べる日のことでした。バイキング形式の給食スタイルに戸惑っていた新入の子どもに対して，怒るとすぐに手が出るわんぱくなこうちゃんが，誰に頼まれるでもなく，優しくその子の面倒を見ていました。どんなスイッチが入ったのかはわかりませんが，担任は今まで感じたことのないこうちゃんの内面にふれてうれしくなりました。同時にその保育者は，このような優しい面をもっていたことに今までほとんど気づ

かなかったことに対して，申しわけない気持ちになってしまい，先輩の保育者にそのことを相談しました。すると，子どもたちは環境によって，いくらでもその内面を変えることができるので，乱暴とか意地悪とか，ネガティブな方向で決めつけて見ないようにアドバイスをもらいました。

　そう思って，こうちゃんのことを丁寧に見ると，朝の異年齢保育の時にも当初のわんぱくな様子はなく，小さい子に対してとても丁寧に接していました。それから，他のクラスと連携を取り，こうちゃんが望むなら，小さい子のクラスでも遊べるようにしてみました。すると，クラスに戻っても同年齢の仲間とも仲良く遊べるようになっていきました。

　これこそ，集団がこうちゃんのもっていた優しさを目覚めさせ，伸ばしていったのではないでしょうか。同年齢のクラスだけで生活していたら，自分の優しさを発揮するにはもう少し時間がかかったでしょうし，仲間と一緒にいることが苦痛になっていたかもしれません。現に，クラスの中で仲のいい友だちは誰かと聞いても，「友だちはいない」と答えていました。集団は，その子のよいところを伸ばす役割をしますし，その逆に孤独な環境もつくってしまうので，注意が必要です。4歳児が競い合う中で，こうして多様な環境の中から自分のよいところを発見することができる園全体の集団を育てていくことが大切です。

8 クラスという集団を離れる自由

　劇の発表会まであと1週間足らずとなり，各クラスが園のホールに集まり，リハーサルをするようになりました。そこではちょうど2歳児の子どもたちが，舞台の上で保育者と一緒にごっこ遊びを展開していました。劇遊びについては，できるだけみんなに見てもらえるようにして取り組むようにしています。その理由のひとつは，完成形を目指して密室で取り組むと，保育者の方に熱が入りすぎて，子どもとの関係が一方的になる可能性が高まるからです。

　そのホールの中で4歳児の女児がひとりで座って見ていました。理由を後から聞くと，「だってみんなかわいいから」という返事が返ってきました。2歳時のごっこ遊びですから，流れも内容も，その日によって変わったりするので，完成度はそんなに高くないと思いますが，その活動を見て「かわいい」と感じる感性がすごいというか，たったひとりでも，自分が見たいと思ったらその気持ちを担任に告げて見学をした4歳児の気持ちが「自立している」と思いました。そして，2歳児から「劇を観てくれてありがとう」とお礼を言われてニコニコしていたところに，さらに感想を求められると「とっても大きな声で上手だった」というコメントをちゃんと言っていました。これも違う年齢集団での所属感につながりますし，大事な自己発揮だと思いました。

　園の中では子どもたちに，クラスという集団を離れて，自分で選択した別の集団に入ることも可能にしていますが，そのことを保育者たちに理解してもら

うまでには随分時間がかかりました。それはクラスの子どもは自分の目の届く
ところに置いておきたいという保育者の責任感を理由に，自分のクラス集団の
中に子どもを囲い込んでおきたくなる現象だと思います。しかし，その枠を外
して，子どもの自己決定を尊重すると，かえってクラス集団との繋がりがわか
りますし，その子が集団に求めているものが見えやすくなります。子どもは自
己発揮のできる新たな集団をいつも探しています。

　このような子どもが違う集団の中で役立つ体験をすることは，その子の自己
肯定感を育てることにも大変役立ちます。同年齢クラスという決まった人間関
係の中では自己発揮できなくて，自分の居場所が見つけられずにふてくされて
いるという4歳児にとっては，大切な環境づくりであり，自分を認められる絶
好のチャンスだと思います。

　4歳児というのは葛藤の年齢だといいましたが，こうしたうまく自己発揮で
きる場をつくることで，5歳児に向けたより広い育ちの場をつくることが可能
になります。そんな後押しをされた子どもたちは，紙芝居をしに行ったり，ダ
ンスを教えに行ったり，自分の存在を肯定的に捉えるチャンスに繋がっていく
はずです。

3 ｜ 仲間と自分たちの生活をつくっていく5歳児の集団

［1］ 主張をすることで学んでいく仲間の気持ち

　自分の食べられる量を自分で取って残さず食べるという配膳の仕方を，ここ
ではバイキング形式と呼ぶことにします。このような配膳の仕方は，食育の一
環として子どもが自分で食べる量を決めるという自己決定を促すよい機会にも
なる配膳です。しかし，好きなものだけとってしまうので好き嫌いがひどくな
るという意見もあります。しかし，もっと自由な園では，食べる時間まで子ど
もが決められるように考えている園もあります。

　また，食事の時間は，いつも決まった家族のようなグループをつくって，い
つもその集団で食事をしている園もあります。ランチルームをつくって，食事
の時間を大切に考えている園もありますが，その活用については園によって
様々です。

　ここでは集団という視点でこの給食について考えてみたいと思います。なぜ
なら，大勢の人が一緒に食事をする場所には，集団で衛生的に楽しく食事をす
るということを中心に，食文化も含め多くのルールが発生するからです。ここ
で決めているルールこそ，その園の保育観であり，食べる時間，好き嫌い，マ
ナー，会話等，保育者の人間性が一番出るところでもあります。

　私の園では3歳児からバイキング形式の配膳に少しずつ取り組んでいますが，

年齢が上がるにつれて，子どもたちは食具の扱いに慣れてきて上手に扱えるようになっていきますが，ねらいはここだけではありません。3年間のバイキングを通して5歳児の子どもたちに期待したいのは，次の人たちのことを考えて食べ物を取るという心がだんだん育っていくことです。それは毎日繰り返すことなので，ルールを決めただけでは人のことを考える気持ちは育ちにくいと思います。ある時，非常食メニューを提供した時に，珍しくミカンの缶詰が出されました。すると，最初の方の子が喜んでたくさん取ってしまい，足りなくなってしまいした。担任がそのことを子どもたちに伝えると，みんなハッとした顔をしていました。失敗があったからこそ，みんなでそのことを考えるよい機会になったと思うと，集団は子どもたちを育てるよい教育の場であるというのは確かなことですが，その時の正しいと思う結論を子どもたちがみんなで考えて出せるようになっているかということを大切にしていきたいと思います。

　バイキングは嫌いなものは食べなくてもいいのかという問題も発生しますが，そこでも本人の意思を尊重するとともに，そのことをどう考えているのかを知ることが大切です。その子の中にどのくらい「なんでも食べられるようになりたい」という気持ちがあるのか，それを育てるためにはどんな集団教育が必要なのかということを考えることが，「一口食べさせる」という結果以上に大切にしたい保育観です。

② 待ってやりなおす

　5歳児は，教えたり，やらせればかなりのことができるので，私たちは集団の力を見せる方法として，組体操や跳び箱，鼓笛隊，劇などに取り組み，立派な結果を見せようとしています。しかし，本当に見てほしいのは集団の力ではなく，集団の中で育つ一人ひとりの子どもの姿であり，みんなで一緒に力を合わせようとするその姿です。確かにその動機には保護者に見てほしいという願いがあることも確かですが，そのことを利用して子どもたちに頑張らせるという活動ではないはずです。なにより力を合わせることの面白さであり，それは2人でも感じることはできますし，そこを基本に広がっていくと思います。

　5歳児には行事の花形としての期待が高まりますが，子どもたちより担任にかかるプレッシャーの方が大きいので，子どもの主体性に任せてのんびり取り組むという行事にはならないようです。そして，幼児の活動として鼓笛隊や組体操を入れた運動会，劇の発表会など，5歳児には花形の活動としての集団活動が多くなり，その完成を目指して繰り返し何度も練習をやってしまう保育になっていきます。

　ここに子どもの参画を考え，担任が悩んだら常に「どうしようか」と子どもに相談しながら保育をすることによって，子どもたちの意欲を引き出します。どんな活動をするにしても，子どもたちの意欲がないと何も継続しません。子

どもたちが「ああしたい」「こうしたい」と言うことをみんなで決めながら日々を過ごす中で，人と繋がりながら，うまくいった喜びや失敗した悔しさを共有する経験をすることにこそ，行事を行う一番大きな意味を感じます。

そう言いながらも，私の園では鼓笛隊の活動があります。太鼓を叩きながら行進するということがいかに大変なことかと毎年思うのですが，子どもたちが感じている憧れの気持ちは非常に強く，毎年「やりたい」という声が上がってきます。これも集団保育の影響だと思います。しかし，そのような取り組みにも子どもたちが主体的に取り組むことを考えると，面白いことがたくさん起きるのです。

子どもたちのやる気を信じて見守っていた太鼓の活動でしたが，なかなかリズムが合いませんでした。しかし，合わないことは子どもたちにもわかるので，「合うといいよね」ということを言うだけで，子どもたちは一生懸命合わせようと頑張るのでした。これは，いやいや何度も練習するより，遥かに短時間で音が合っていくことを，長年取り組んできた保育者が発見しました。しかし，ある程度揃ったところで行進を取り入れると，途端に難しくなり，思うように叩けない悔しさを訴えてきます。もともと，この活動のハードルはかなり高いので，その年の子どもたちの育ちに合わせるだけで充分だという考え方が大切です。それは「みんなで合わせようとする気持ち」を獲得するよい機会になるからです。鍵盤ハーモニカも立候補して決めていますが，歩きながら吹くのも大変です。それも主体的に取り組むことを大切にすると，「なかなか合わないねえ」という心配を担任が呟くだけで，登園すると同時に子どもたちが自ら鍵盤ハーモニカを持ち出して練習をはじめます。その時には必ずと言っていいほど友だちを誘い，小さな人数で一緒に合わせようとしていました。

そのような日常の取り組みがあってこその活動ですが，ある日突然，鍵盤ハーモニカの音が合いだしました。どうしたのかと担任に聞くと，みんなが一生懸命やっているので，途中でつまずくと，それをとり返そうとして焦ってズレた音をいっぱい出していたので，「できなくなったら一度待って，一緒にできるところから入ってきて」と言ったそうです。

これはものすごいアドバイスだと思いました。それは子どもに，「一生懸命やっている中で失敗したら，一度待ってやり直す」という，ものすごく大切な人生勉強をしてもらう言葉だと感じました。このような声掛けができるのは，保育者たちが子どもたちの意欲を大切にした活動を子どもたちと連携しながらつくってきたことの結果です。

元国立音楽大学の繁下和夫氏が「ピアノは誰かに聞かせたいと思った時に上手になる」という話をしてくれました。この誰かこそが子どもの意欲の向こうにいる子どもの大好きな人たちの存在であり，集団を創っていく時の大きな原動力になるはずです。

[3]　相手のことを考える力

　この絵は5歳児の造形活動が好きな子どもたち十数人が，芸術家の先生に見守られながら2時間近くかけて描いた絵です。大きさは180×90 cm もある大きなベニヤ板です。子どもたちの中にはどんなものを描こうという目的意識もなくはじまった色ぬりですが，子どもたちに伝えたことは「人が描いた上に描くときには下の絵がもっとよくなるように描いてね」という約束でした。そして中央からはじまったこの絵は，隣の子とほとんどおしゃべりをせず，一人ひとりが自分の描きたいと思ったところで，下の絵を気にしながら，色を考えて描いていきました。

絵を描くことで仲良くなる時間を共有する

　もし教育的な考えがあったとしたら，「人の描いた絵は消さないでね」と言ったかもしれません。人の描いた上に描いてもよくて，しかも下の絵がもっときれいになるように描くという指示は，簡単そうで非常に難しい内容です，そして隣の人との関係も考えながら色を塗っていく必要があります。このような調整力が5歳児たちにきちんと育っているということがわかり，とても感動しました。なぜならここに来ている子どもたちは，集団の活動がそんなに得意な子どもたちではなかったからです。しかし，このキャンパスの上では明らかに気を遣って描いていましたし，違う動きをしている子どもに対しては，個々によく考えて描くように指示していました。そしてこの絵の終わりは，誰が声をかけるでもなく，塗る場所がなくなった時点で静かに終わったのでした。その時の子どもたちの満足そうな表情は忘れることができません。

　目的もなく共同作業をはじめる子どもたちが，となりの子や下に描いた絵を気にしながら，個々に調整をしながら楽しく描いている姿こそ，集団の中で生きていく力を日常の中で自然に学んでいるということの発見であり，その時間を大切にするのが大人の役割だということを学んだ実践でした。

[4]　「好き」という気持ちが生み出すえこひいき

　遊びの中で合奏ごっこをはじめようとした女児が，グループの中で誰がどの楽器を使うかでもめていました。するとそこにひとりの元気のいい男の子が加わり，「それじゃあこのおもちゃを取った子から好きな楽器を選ぶのはどう」と提案しました。すると女児たちもこの提案を受け入れ，みんな横一列に並んでその子が投げるボールをキャッチしようとしていました。楽器を決めるのに，

このような第三者の提案した遊びを受け入れて楽しめる子どもたちの人間関係が面白いと思いました。しかし，よく見るとその子には好きな子がいたようで，ボールを投げる方向を他の子に気づかれないように調整していたことがわかりました。誰かが気づくかと思って見ていましたが，投げ方に文句を言う子はおらず，その結果に素直に従っていました。

　自分の好きな子が取れるように，わからないようにえこひいきをする5歳児の発達に驚きましたが，疑うことをしない他の子どもたちの育ちも，この年齢が仲良く遊ぶために必要な力だと思いました。一方，自分の好きな子に行ったえこひいきについてはどう考えたらよいでしょうか。子どもたちにはわからなくても，そのようなことは平等ではないということを伝えて，やり直させた方がよかったのでしょうか。それとも好きな子にボールを投げる子に注意をする必要はなかったのでしょうか。

　集団の中ではこのような好きな子に対するえこひいきは常に起こっています。逆に，嫌いな子に対する排除的な行動も数多く起こります。これらの一つひとつの出来事は，子どもたちの育ちにとってとても意味のあることだと思いますが，その関わり方は，子どもたちのことを理解していないとよい対応にはなりません。保育者が日々の様々な葛藤を大切にしていくのと，トラブルが起きないようにルールを決めて問題が起きないように生活するのとでは，子どもたちの考える力の獲得に大きな差が生まれると思います。人に見られていなくても仲間のことを考える力をもち続けることも必要ですが，見て見ぬふりをすることもあります。その時，ヒントになるのが，子どもたちの中に考えるチャンスをつくっていくということです。

5　みんなと一緒は大好き，だけど私は私

　園見学に来た人にとてもフレンドリーに話しかけている子どもがいました。「なんで来たの」「その子何才」などと質問しながら，初めての人との距離をどんどん縮めていきます。私はこの初めて来た人を信用して話をする子どもたちの姿を見るのが大好きです。その子はやがて，クラスにはどんな友だちがいて，どんなすごい仲間がいるのかということを次々と紹介していきました。「ほら見て，この子は絵がとっても上手なの」「この飛行機すごいでしょ。えいちゃんは飛行機作るのが得意なの」というように，こちらが感心するほど友だちのよいところをたくさん褒めながら紹介していました。すると，帰り際，見学に来た人から「友だちのことをあんなに自慢できるなんて凄いですね。とても素敵なクラスだと思いました」という感想をいただきました。これは保育を褒められる以上にうれしいことばです。

　言われてみると，仲間のことを人に自慢できるというのは，その子にとって仲間がとても大事な存在になっているということなのでしょう。自分が所属す

るクラスのことが好きだと言えるような集団は「仲良くしなさい」と言っても
できるものではありません。それはこのようにお互いのよいところを知ってい
て一緒に遊ぶことがものすごく楽しいという体験があるからだと思います。

　集団を創るということは，こうした子どもたちが仲間の中で育ち合う関係を
つくることなのですが，そのためには子ども同士を繋げたり，グループをつく
っての生活や，遊びの環境を豊かにしていく配慮が求められているということ
がわかります。いくら主体性が大事だといっても，そこに一緒にいる大人が空
気になることはできません。もしそうなったら放任された集団ということにな
ってしまいます。

　集団の繋がりは子どもの遊びが広がることによってさらに強くなっていきま
すが，そこには子どもの願いを広げてくれる保育者の存在も必要です。例えば，
ハロウィンがはやった時には，子どもたちは朝から夕方まで，自分たちが変身
する衣装やグッズを，誰に言われるのでもなく1か月近く作り続けるという保
育になった時がありました。すると，そこにいる保育者は，ただ子どもが欲し
そうな材料を出しておいたり，セロテープやのり，テープなどを言われるまま
に用意するだけの毎日が続きました。そこで，保育者はその姿を写真やエピソ
ードで記録していきました。その中で発見したのが，子ども同士の伝え合い，
教え合いであり，一人でできないところは協力し合ったりする中で育ち合う子
どもの姿でした。そして，いよいよハロウィンの日，子どもたちが計画してい
た衣装をつけての園内行進がはじまりました。どの子も自慢げで嬉しそうな顔
をしています。ここまで制作する遊びが続いたのは，一緒に活動する仲間がい
たからです。もちろん出来上がった衣装は，誰ひとりとして同じものがありま
せんでした。

　集団という場で心地よく過ごしながら，教えたり，真似をしたりしながら自
分の個性を出すという見事な表現活動に，集団のもつ教育力と，人と違うこと
をめざす個性の素晴らしさを感じます。

大きなサンタを作りたくなり，折り紙をつなげる
ことを考える

折り紙をつなげて大きなサンタを作り始めた子に
仲間が集まる

4 一人ひとりのよさが響き合う集団を育む
——集団を育てる保育者の役割

〔1〕 どういう集団をめざすのか

　核家族や少子化が進む今日の環境にあって，同年代の子どもたち同士が，地域で多様な体験をしながら遊ぶ経験がまったくもてない状況の中，子どもたちが，園という環境で保育者や友だちと一緒に生活しながらいろいろな人との関わりについて学ぶ場として，園の役割は今後ますます重要になってきます。

　本書の第2章と3章の第3節までは，子どもたちの発達要求から，どのように集団が育っていくか（「集団になっていく過程」），及びそこでの保育者の役割について述べてきました。

　子どもたちの「集団の育ち」は，保育者の適切な働きかけがあってこそ可能になります。

　例えば3歳未満児の生活では，安心して自己のありのままを表せる保育者との信頼関係のもとで，保育者が一人ひとりの子どもと温かい関わりを育んでいくことで，子どもたちは他児への関心を向けるようになっていきます。その様子を見守り，待つこと。さらに，子どもたちが互いをわかり合うための共通体験を重ね，感動を共有し合う生活を進めていくことが，保育者としての役割でした。

　鯨岡峻は「幼児になると3歳未満児の生活を礎に，ａ自分の思い通りを貫いて自己充足したいねがいと，ｂ友達と一緒に活動する楽しさを共に味わいながら，葛藤しつつも少しずつ他者と繋がれる喜びを感じ取っていく」ということを講演などでよく述べていました。さらに，「みんなの中の自分という感覚を培うものでありながら，"みんな"の中に個が埋没してしまったり，"みんな"に合わせるばかりで自分の思いを引っ込めてしまったり，それでは自分の思い通りを貫くという一面が消失してしまいます。従って前述のａとｂの二面性をバランスよく充実させていくことこそ，一人の主体者として生きるということではないか」と幼児後期の子どもたちの育ちのポイントについて述べていました。

　集団が育っていく過程は，子どもたちの成すがままに任せればよいというのではなく"こんな集団を育てたい"という保育者，及びその共同体の，集団創りの目標（またはイメージ）が，子どもたちに強く反映します。"一人ひとりが輝いていると，とてもいい集団が育っていく。だからまずは一人ひとりが輝く保育をしたい""子ども主体の生活を目指し，決して保育者の管理，統制に陥らない集団を形成したい""強い子，弱い子が支配，被支配の関係にならず，対等な友だち関係を築く集団にしたい"など，保育者が子どもたちに求める集団の質が最も重要になります。そのためにも，一人ひとりの子どもにとって集団が

どういう意味をもつのかを，常に検証していく必要があるようです。

2 保育者の子どもへの対応が子ども同士の関係性のモデルになる

　子ども同士の関係性を繋いでいくもの，その土台はやはり保育者と子どもの関係性にあると考えます。子どもたちがそれぞれに，自分は保育者から受け入れられているという安心感があると，他児のことも認められるようになっていきます。反対に保育者が，例えばトラブルメーカーの子どもに対して『Aくんさえいなければ，クラスはもっと平穏になれるのに…』などと疎外感をもって見ていると，「先生，Aくんまたけんかしてるよ。A君なんていなければいいのにね」などと周りの子どももそのように見てしまう傾向があります。また遊びのルールを守れない子がいたりすると，保育者はみんなを引き合いに出して「B君はまたみんなが困ることばかりしている」と注意します。そうなるとBくんは友だちから「いつもみんなをこまらせるBくん」と思われてしまいます。Bくんが困らせている友だちは数人だけなのに。ともすると，みんなから嫌われているBくんというメッセージを与えてしまうこともあります。保育者が全体ばかりを見ていると，全体がうまくいっているかどうかに関心が移ってしまい，一人ひとりの子どもの感情が読み取れなくなります。

　また4歳児クラスになると，言いつけが多くなります。「先生，みっちゃんはまた，お友だちに乱暴したんだよ」と訴えてきました。「みっちゃんは，本当に乱暴で困っちゃうね」などと保育者がその子に同調して答えてしまうと，言いつけに来た子は『やっぱり先生もそう思ってるんだ』などとその友だちを乱暴な子と決めつけてしまいます。そんな時「なんで乱暴しちゃったのかしら？　聞いてみた？　みっちゃんが乱暴してしまったことには，何かわけがあったかもしれないわ」と話すことで，乱暴に至った心の理由に気づかせ，友だちに対して決して否定的にならない理解を進めることができます。よい集団は，互いに分かち合い，人間的な感情が交流し合っていくかどうかではないでしょうか。

　一人ひとりの子どもは，みんな違ってみんないい。違いを大切にしながら一人ひとりを集団の中で位置づける。それぞれが違うからこそ存在する意味があることを思い，子どもたちと丁寧に関わっていきます。また個々の子どものよさもしっかり見届け伝え合っていくと，友だちのいい所をわかり合う関係性が生まれていきます。「それぞれのよさや価値を認め合えること」が，一人ひとりが輝く集団になっていく"原動力"になっていくことは言うまでもありません。

　ここでは，3歳児クラスから年長児クラスまで，保育者が子どもたちの育ちや実態を踏まえながら，一人

捕まえたい気持ちがひとつになって

ひとりの子どもがその存在を大切にされる「集団創り」と，その過程・道筋をどう育んでいくかについて考えてみたいと思います。

3 3歳児クラス──"一緒にいたい"仲良しの友だちができてくる

　第一の心の基地である親から自立し，少しずつ離れていこうとするようになるのが3歳児です。「親離れの時期」とも言われます。

　「友だちは第二の心の基地」と言われ，大人から離れた分だけ，友だちと一緒に遊ぶことを求めるようになります。

　いろいろな活動に興味を広げながら，やがて自分の好きな活動を見つけます。砂場なら砂場という自分の大好きな遊びができる所で，いつも一緒になる子に関心をもち，"一緒にお山を作ろう"と声をかけ遊ぶようになります。場の共有，好きな遊びの共有が友だちを繋いでいくようです。一緒に遊ばなくても，お互いの相性がよくなって結びつくこともあります。

　気が合うようになった友だちと一緒に遊んだり，散歩で手を繋いだりしながら"一緒って楽しい！"と友だちと一緒にいることで心が安定し，喜びの気持ちが湧いてきて，友だちと関わる楽しみを実感していきます。仲良しの友だちが登園するのを待って遊びはじめたり，真似をしたり，教えてあげる，やってあげるなど，友だちが喜ぶことは自分も嬉しいと気持ちの通い合いを体験します。また一方で，一緒にいることが多くなればこそトラブルも多くなります。保育者に仲立ちしてもらいながら，自分と友だちの考えていることの違いについて知っていきます。『違っていいんだ』『違っても話をすると分かち合えるんだ』ということを体験していき，友だちの気持ちやつもり，イメージを理解し合うこともつかんでいきます。

　〈保育者の役割〉まだ友だちができない子への援助

①　わらべうた遊びや鬼ごっこ（誰が鬼になっているかがわかりやすい「狼さん今何時？」とか，園庭に○△□などを描いて保育者の掛け声で引っ越しをする「お引越し」など）遊びを通して，何より『友だちと一緒に遊ぶって面白い！楽しい！』をたくさん実感することだと思います。まだ友だちと一緒に遊ぼうとしない子へは，その理由を考えながら適切な対応をし，一方で，保育者が仲立ちとなって友だちと一緒に遊び，その楽しさを十分に体験させたいものです。

②　保育活動の中で，「集まりっこ」の遊びを取り入れ，そこで偶然生まれる2人組をつくり，その2人で一緒に協力して何かをやり遂げる活動を楽しめるようにすることも一案です。

　例えば音楽に合わせて3人組になったり，4人組になって，偶然生まれるグループづくりをし，さいごに「2人」になるよう促します。2人組ができたらそこで船をつくって漕いだり，シーソーになったり，なべなべ底抜けをしたり，2人で楽しめる遊びをいろいろ体験します。最後に「園庭に宝を隠してあるの

で，これから今の２人で協力して一緒にその宝を探してきてください」などと楽しみの多い活動を組み入れ，２人で一緒に活動することを促します（もちろん２人にこだわるものではありませんが，最初の時期は２人組が効果的です）。

こうした偶然生まれた友だちとの活動を通して，まだ友だちができない子も『友だちと一緒に遊べてよかった』『楽しかった』という思いを実感し，友だちを求める気持ちを養っていきます。活動が楽しいと，子どもたちが互いに「またやろうね」「また一緒に遊ぼうね」と言う声が聞かれるようになります。

4 　4歳児クラス──仲間をつくり，楽しみ，葛藤し，もまれながら育つ

まだひとりでも夢中になって遊ぶ姿は見られますが，一方で「ドーンじゃんけんするものこの指とまれ」などと，自分たちがやりたい遊びを拠点にして仲間を集めて遊ぶようになります。「仲間とは，一緒に物事を行う人，気持ちの通じ合う相手を見つけて仲良しになっていく者同士」を指します。来る日も来る日も「また○○やろうね」といつも仲間と一緒にやりたい活動を繰り返すことによって，友だちのことがよくわかり，自分と友だちを関連の中で見るようになります。「ぼくは練習してやっと縄跳びが跳べるようになったけど…○○ちゃんはもう連続跳びができるようになった。縄跳びが得意なんだよ」。時には「××ちゃんは，誰かができないって困ってるとすぐ手伝ってやって，やさしいんだよ。だけどあたしは，できないとすぐ怒っちゃうの」などと，友だちを通して自分を振り返る力もついてきます。また仲間同士の中で競争心や自負心が芽生えてきて，自分と友だちの能力を比較し，自信家になったり沈んだり，いろいろな動揺を見せることもあります。仲間との活動を通して，相手のことがよくわかり，感情体験も豊かになっていくわけです。

やがて，目標に向かって仲間と力を合わせる活動を展開し，"やったー"という充足感を味わえるようになります。ただ，その過程では，やはりトラブルや仲間はずれなどもあり，つらい思いも体験します。そういう意味で4・5歳児は「仲間の中で楽しみ，もまれて育つ」時代といえるかもしれません。

〈保育者は，仲間関係を支え，友だちや仲間ができない子どもへの援助を〉

① 　保育者は，様々な遊びを拠点に生まれる仲間関係，例えば，虫探しグループ，泥だんごグループ，サッカーグループ，お母さんごっこグループ等を支え，仲間の遊びが充実，継続していくような，十分なまとまった時間の保障をしたり，仲間の中での一人ひとりの子どもたちの立場や，関係性，役割，育ちなどを見届けていきます。

② 　生活グループをつくる

まだ友だちや仲間ができない子どもたちの，安心できる居場所をつくるため，4～6人ぐらいの生活グループをつくって，その中で，共に生活し，共に活動しながら，友だちとの相互理解ができていくよう促します。自分の思いやつも

りを伝え，友だちと思いを共有することで関わりを深めていく援助が，この時期には何よりも求められます。生活グループをつくることは，親しい友だち関係を育くんでいくための礎です。

　また時には，グループの仲間と目的を共有して活動することの喜びを実感できるよう，子どもたちと相談しながら楽しいグループでの共同活動を実施していきます（例えば夏まつりのおみこし作りとかお店屋さん，運動会などではグループの結束を強めるいろいろなグループ競争など）。

　グループの結束を図るのに，このグループ対抗の運動遊びは大変効果的でした。自分たちのチームの勝利のためにみんなが力を合わせて戦います。チーム・グループの一員として精一杯の力をふりしぼる体験こそ，無条件に仲間意識を高めていきます。それ以外にも，各グループで考え合って，係の仕事を進めていきます。

③　グループ単位の係活動や当番等の共同活動を体験する

　子どもたちが自分たちの手で主体的に生活を築いていけるようになるために，自分たちでできることはなるべく自分たちで行っていく，そのために係活動や当番活動が設定されてきました。当番は，クラスの全員が順番に交代しながら必要な仕事を果たしていく活動であるのに対して，係は，自分たちがその仕事の必要性を感じ，率先して任意的に取り組んでいく活動です。例えば，昼寝の際の布団を敷くとか，飼っている亀の世話をするとか，絵本棚の絵本を点検し，破れているものを修理するなど，やりたいと思っていた子どもたち，やる必要性を感じていた子どもたちが，一定期間進んで行ってきたことを，今度はグループごとに取り組んでみるなど，その方法は様々に考えられます。ある園では，食事の配膳の準備，人数報告などは，当番活動としてみんなが交代で行い，それ以外の仕事，部屋の掃除や布団敷きなどは，グループ単位で係活動として1週間交代で行っていくというような進め方をしています。

　いずれにしても，グループでひとつの仕事をする場合，仕事の分担や伝達などが必要になりますが，手分けして，手順よく仕事を済ませることはなかなか容易なことではありません。同じメンバーで繰り返しやってきたことも，メンバーが変わったり，仕事内容が変わったとたんに，時間ばかりかかってしまいスムーズに進められなくなってしまうということもありました。少人数のグループ活動といえども，一人ひとりの子どもの行動の表し方，繋がり方などで様々に変化していきます。保育者は，係活動をしっかりやったか，やらなかったかなど結果だけにとらわれず，子どもたち同士の糸の引き具合，関係性，仕事への意欲，責任感などを見届けながらアドバイスしていくことが求められます。

お花やさんの看板づくり

〈共同活動はなぜ大切か〉

　共同活動（一緒に事を行う活動，同等に関わる）の中で，互いの気持ちを理解し合えるようになった子どもは，友だちの話を聞いたり，見たりした時，それに似た自分の経験を呼び起こして，友だちの状況がより理解できるようになります。友だちを理解できるようになるには，友だちの経験が自分の経験に重なる・伝わる形で受け止められると，より確かな理解に繋がっていきます。この時期は，楽しい共同活動を積み重ねながら，友だちとの相互理解や繋がりを育んでいくことが，保育者の大切な役割のひとつです。

　どのようにグループをつくるか。グループ活動の土台になる話し合いをどのように進めていくかなどは，第4章第2節をぜひ参照してください。

⑤　年長児クラス──一人ひとりを生かしたクラスづくり

　幼児にとってクラスとは，心地よく生活するのに必要な場，一人ひとりが安心して自己実現できる拠点であり，友だちと一緒に暮らす喜びを実感できる生活の場だと考えます。

　「集団の中で友だち関係を育てる」というと，「クラスのみんなと一緒に活動できたか否か」という結果ばかりに目が向けられがちです。しかし，決してそうではありません。子ども同士，「どれだけ心が触れ合う関係・お互いをわかり合う関係になっていくかどうか」に保育者の眼差しを向けてほしいと思います。その中で一人ひとりの存在が大切にされ，認め合える関係に育っているかどうかです。そのためのクラスづくりがなされなければなりません。

　とくに年長児になると，クラスのみんなで支え合って自分たちがやりたかった活動，例えば協同活動などを経験しながら友だちの範囲が広がっていき，その目標をみんなで達成していく過程で，友だちへの新しい気づきや出会い直しが築かれていくことが多々あります。今まであまり触れ合っていなかった友だち，例えば「いばってばかりいた○○ちゃんが，一緒のグループになったらやさしかった」「△△ちゃんとは，あんまり遊ばなかったけど，一緒に遊んだら，いろんなことを教えてくれた」など一人ひとりの友だちの多様性を知り，人の多面性に気づくようになります。このように，年長ぐらいになると，思考を巡らせながら複数の判断を結び付けて自分なりの考えを引き出していけるようになります。子どもたちに求めたい「思考の育ち」とは何を意味するのでしょうか。それは，自分たちの生活に生じた様々な出来事に対して，自分の，自分たちの判断で解決策を見つけていくことではないでしょうか。5・6歳になると，直面している事態に，様々な経験からよりよい判断をし，何らかの結論を導くことができる「知性＝よりよく生きる力」が育っていきます。

　例えば，運動会に忍者ごっこで登り棒や跳び箱，スロープの板のぼりなどをやることになりました。『ぼくは跳び箱が苦手なんだけど…年中組の時，苦手な

縄跳びを練習して跳べるようになった。だから今度だって練習すれば跳べるようになるかもしれない』。過去の経験に基づいて，成長を実感し，自分を認める気持ちが育っていきます。それが意欲になって，苦手な活動にも向かう気持ちが膨らんでいきます。このように思いを巡らせながら，判断する力が養われていくようです。

6　協同活動を進めながら，クラスとしてみんなで支え合う集団創りをする

　協同的な学び・活動とは，幼児同士が，保育者の援助のもとで共通の目的，挑戦的な課題など，ひとつの目標をつくり出し，協力して解決していく活動を意味します。クラスの一員としての意識をもち，みんなで協力し合いながら自分たちの目標をやり遂げていくために，年長児には必要性の高い活動として，年間指導計画の中に位置づけてほしいものです。

　2011年に東日本大震災が起きた際，ある保育園の年長さんがテレビや新聞のニュースを見て「自分たちはまだ子どもだからお手伝い（ボランティア）に行けないけど，何かできないかな？」とクラスのみんなで話し，考え合い，自分たちがやっていたこと，すなわち手編みでマフラーや帽子を作っていたから，それをたくさん作って送ってあげようということになり，来る日も来る日も編み物をしてたくさんのマフラー，帽子を送ったという実践を聞かせていただきました。協同活動の中から，なぜそうするのか，それぞれがどんな気持ちでいるのかを分かり合う気持ちが広がり，仲間意識が育っていきます。もちろんその目標を達成した時の喜びが，クラスの一人ひとり，みんなの結束を確かなものにしていきます。

　発達とは友だちとの生活の中で築き上げられていくもの，一人ひとりを変えていく力になるものだと思っています。クラスの中で，一人ひとりが自分の思いや考えていることを表現できること，それによって話し合いや伝え合いが成立し，クラスの中で自分も大切なひとりなのだと実感し，誇れるようになっていきます。これまでは信頼できる大人から「してもらうこと」が多かったけど，自分も人に「してあげること」ができる。

　うまくいかなかった時，友だちが助けてくれた。私も友だちが困っている時，助けてあげることができる。「友だちと会えてよかった」と思えるようになり，卒園しても友だちを求める心が育っていきます。

　コミュニケーションとは，分かち合いを意味します。保育者は，クラスとしての集団創りを進める中で，一人ひとりの子どもが自分の価値を発見し，人に認められる喜びを実感し，目を輝かせるような実践を心掛けてほしいと願います。

　幼児の友だちや，仲間関係を支え，コミュニケーションの喜びを豊かにしていく集団を育くんでいく保育者の役割は，子どもたちの未来に虹をかけること

です。頑張ってください。

引用・参考文献

『「わたしの世界」から「わたしたちの世界」へ』今井和子・神長美津子，フレーベル館，2003年。
『3歳から6歳』神田英雄，ちいさいなかま社，2004年。

第4章　日常の実践に繋がる対話や話し合い

1 ｜ 伝わる喜びが繋がり合う力に

1　日常会話や対話の激減

　現代は，親も子も電子メディアに強い関心があり，それに夢中です。電車に乗っていても，どこかの待合室でも，親子がそれぞれにメディア機に向かい何の会話も交わされません。子どもの心身の健康に最も大きな影響を及ぼすもの，それは親子の情動の相互作用，気持ちのやり取りだと言われます。会話というのは，話す人と聞く人の間にことばが往復し両者の心が交流すること，すなわち心と心が行き交うことだと考えています。経済学者の暉峻淑子は「会話は"いいお天気ですね"など挨拶や雰囲気を和やかにさせる雑談のことで人間社会の潤滑油のようなもの」だと述べていました（『東京新聞』2017年3月25日朝刊）。

　『国連から見た日本の子どもの権利状況』（日本弁護士連合会子どもの権利委員会が2011年3月にまとめた冊子）は，親子の会話が極めて少なくなっていることを警告しています。家庭こそ，人が最初に出会う情動・気持ちが通い合うことを体得する学びの場です。人と会話をすることは，大脳の前頭前野を活発に働かせます。相手の話す内容だけでなく，ニュアンスも読み取るためには，言い方，声の大きさ，顔の表情など多くの情報を統合しなければなりません。ところがテレビやビデオをひとりで見る時は，映像が一方的に流れ会話など双方向のやり取りがないので，前頭前野があまり働かないといわれます。

　親も子もメディアとの接触時間が多くなり，さらに，両親は，長時間労働などで家族間のふれあいの時が奪われ，子どもの日常的な訴えを親身になって聞いてやる機会も激減しているのではないでしょうか。子どもが「ねえ，聞いて聞いて」と訴えても「今忙しいから後でね」とか「ふんふん…」といい加減に聞いていると子どもはだんだん話さなくなっていくことは目に見えています。親身になって聴き取られる経験をした子が，他の人の話をよく聴くようになるのだと思います。

　小さい時から自分の思い（ことばにならないことばを含め）を聴いてもらうという体験をしていないと，人に自分のことをわかってもらえないのが当たり前

だと思い込んでいきます。"自分に関心をもってもらえない""わかってもらえない"という不満や怒りが，伝える喜びを失わせ，コミュニケーション力の弱さに影響してしまうのではないでしょうか。

2 会話や対話は「ことばの共同行為」

「幼児期のコミュニケーションの大きな特徴は，言語活動が，相手との"ことばのやりとり"の中で展開されるという点にあります。その性質は ①相手との一対一的・対面会話的関係の中で働きます。自分と相手が，話し手，聞き手としての役割を交換しながらことばを投げ交わす中で，話のテーマが展開しコミュニケーションが深められていきます。②その相手は，不特定多数の匿名の人ではなく自分とよく知りあった特定の親しい人であるのが普通です。（中略）③話のテーマが具体的で，その対話場面に直接関係することやものについて話し合われます。（後略）そういう意味で対話や会話は「共同的思考」と呼ぶのがふさわしいようです（傍点引用者）」（『幼児期』岡本夏木，岩波新書，2005年，168頁）。

親としての最大の責務は「子どもの言い分を聴くこと」であり，そこで交わされる会話や対話・感情交流の豊かさこそが子どもの成長の原動力です。子どもたちは，親子で日常的な会話や対話をしながら生活に根ざした意味や思考を形成していくからです。そして子どもと大人が対話をするということは，お互いが人格を認め合い，対等な立場で話すことでもあります。前述の暉峻は，さらに「ドイツには『対話が続いている間は殴り合いは起こらない』という言葉もあります。平和とは，努力してつくるもの。その努力の一番大きなものが対話です。民主主義社会の出発点であり，基本です。（後略）」と述べていました（『東京新聞』2017年3月25日付朝刊）。

3 対話力を育む保育者の役割

まだ相手にわかるようには話せない3歳児との会話を例に，会話や対話を育くむ大人の役割について考えてみましょう。

3歳を過ぎるころから対話能力が発達し，大人がうまくリードしてやればことばのやりとりも可能になってきます。しかし同年齢の子ども同士の対話はまだまだ難しいようです。保育者が仲介しながら相方の言わんとする内容をつなげていく援助も必要です。

事例1 まだ成立しない子ども同士の会話

さとし（3歳4か月）「さとちゃん，きのうパパとシェイントシェーヤ見たんだあ」

よしお（3歳2か月）「よっちゃんも，シェイントシェーヤ　見た！」
さとし「ちがう！　よっちゃんは見てない！　ぼくはパパとふたりで見たんだから！」
よしお「よっちゃんも見たもん！」
さとし「よっちゃんは見てない！」
　大人から見るとこんなたわいもないことで，2人はけんかになってしまいます。そこで保育者が，さとちゃんの家にもよっちゃんの家にもテレビがあって，別々に同じ番組を見ていたことを説明すると，やっと納得しました。

　　　　　　　　この時期，子ども同士の会話が成立するようになっていくには，大人が子どもの会話の意図を汲み取り，表現内容を補いながら，子どもが会話に参加しやすい状況をつくっていくなどの援助が必要です。子ども同士の会話が成立するのには，大人と子どものやりとりがモデルになっていることを考え，一人ひとりの子どもとの会話を楽しんでほしいものです。

事例2 　保育者は，子どもの言おうとすることに対して先取，代弁をしない

　よしお（3歳5か月）「せんせい，きのう行ってきたんだ」
保育者「知ってるよ，お母さんと動物園行ってきたんでしょ，さっきお母さんに聞いたよ。よかったね」
よしお「うん…」
　＊　子どもがこれから保育者に話そうとすることを保育者が先取，代弁してしまうと，子どもは，『話さなくても先生，わかってるんだ…』と思いこみ，それで会話が途絶えてしまいます。先取，代弁をしないで，まずは子どもの言いたい思いを聴き，子どものことばをくり返したり確認しながら，少しずつその子の言いたいことを引き出していきます。

よしお「せんせい，きのう　行ってきたんだ」
保育者「そう，よしお君は昨日どこかに行ってきたのね。誰と行ったの？」
よしお「パパとママと行ったんだよ」
保育者「そう。パパとママとよしおくんと3人でどこかに行ったのね」
よしお「そうだよ3人でいいとこ行ったんだよ」
保育者「そう，よしお君が行ったいいとこってどこかしら？　先生知りたいな」
よしお「うん。いいとこってね，どうぶつえんだよ」
保育者「そう。動物園に行ったわけね。それで，よしお君は何を見てきたの？」
よしお「う～んとね，ぞうさんときりんさんと，それから…かば！」
保育者「たくさんの動物さんを見てきたのね。何が一番面白かった？」
よしお「う～んと，う～んと…あのね，カバさん！」

保育者「そう。かばさんの何が面白かったのかしら？」

よしお「あのね，おくちがこ～んなにおおきかったの，そいでおおきなキャベツ，パクって食べ
　　　　ちゃったの」

保育者「そうだったの。こ～んなに大きなキャベツを丸ごとパクって食べちゃったのね。すごい
　　　　ね」

＊　保育者が子どもと向き合って（顔を見て）興味深く聞きながら，その子の伝えたい思いを
　　共有しながら，発話の意図を引き出していきます。〈誰と？　どこで？　いつ？　それでどう
　　なったの？〉　そうすると，子どもは次々と言いたい思いが溢れて話を続け，自分の思いが伝
　　わる喜びを感じ取るようになります。これこそが繋がる力・コミュニケーションの成立を意
　　味します。

〈大人が子どもの話を聴く時は〉
　①話し手の顔を見ながら，「そう～」「ふ～ん」「うんうん」など上手なあいづちを打
　　つこと。対話においては何よりも，相手の思いやつもりを聞き取ることが大切に
　　されてほしいです。
　②軽い驚きの表情や聞く楽しさを表情で示すことで，話し手の心も躍動していきま
　　す。
　③時々「○○だったわけね」「それが悔しかったのね」などと子どもの話した気持ち
　　に共感し，繰り返すことで，話し手の思いがしっかり伝わっているという安心感
　　になります。

4　保育者や友だちとの気楽な会話で「共同思考」を楽しむ

　　日常生活の中で，子どもは親しい保育者や友だちといろいろな話題について
質問したり話したりしながら，自分たちの思いを伝え合い，思考を深め，分か
ち合える関係性を築いていきます。まずはこの日常会話や対話を豊かにしてい
くことが，今後の「話し合い」を活発に展開できるようになる原動力です。

事例1　給食を食べながらの会話

　一日の園生活の中で，年中組の子どもたちの会話が一番活発になるのは，給食の時間です。

あい（5歳）「子どものつぎは，おねえちゃん？　子どもがおわったらおにいちゃんなの？」

けい（4歳）「男の子はおにいちゃんだよ」

ゆたか（5歳）「おにいちゃんやおねえちゃんがおわったら，おとなだよ」

たく（4歳）「えっ！　ずっとおとなじゃなくて，おとうさん，おかあさんだよ」

あい「ちがうよ，たくちゃん。けっこんだよ！」

　お互いに言いたいことは表現するのですが，まだまだ友だちの発言とかみ合わないようです。

　保育園の4歳児クラスの子どもたちが「なぜ僕たちには夏休みがないのか？」を問題にし，話し合っています。

　7月後半のある朝のこと，お兄ちゃんお姉ちゃんがいる子どもたちが話しはじめました。

Kちゃん「お兄ちゃん夏休み」

Sちゃん「うちのお姉ちゃんも」

Kちゃん「お兄ちゃんは夏休みで，学校行かなくていいんやって」

Sくん「小学生っていいなー」

　この子どもたちの会話から，周りの子どもたちも集まりはじめ，小学校では夏休みというものがあって，学校はお休みで自由に遊べると聞いてきたことから，

　「私たちの夏休みはいつや」

　「どうやったらボクたちも夏休みになるのか」

と話が広がり，そこにいた数人それぞれが意見を言い合っています。

Hくん「園長先生が休んだら休みになるのでは」

Kちゃん「園長先生にアイスをいっぱい食べさせてお腹を壊させたらどうやろ」

Tくん「園長先生にいっぱい体操させて疲れさせよう」

Sくん「イヤイヤお金あげたら休まはるん違うか」

Hくん「園長先生にずっと夜の時計をあげたら」

Tくん「そうしたら僕らも遊べなくなるのでは」

Sちゃん「それやったらお父さんお母さんにお金あげたら休みになるん違うか」

　などなど実に思い思いの意見を言い合っていました。

（この事例は京都のたかつかさ保育園の子どもたちの会話をそのまま記録したものです）

事例3　アリジゴクのこと

　自分たちでとってきたアリジゴクを飼育ケースで飼いながら，年長児たちが友だちと話しています。

ゆたか（5歳）「アリジゴクってさあ，にんげんでいえばドラキュラじゃないの？」

ひびき（5歳）「ちがうよ，蚊だよ」

たく（5歳）「あなはって，あなのしたにいてさ，おとしあなにして　ぶすってさすから，アリジゴクは天才じゃないの？」

ゆたか（5歳）「そうだよ，たくちゃんのいうとおりだよ。確かに虫の天才だね」

　年長児になると，さすがに友だちの話を聞いて，自分の考えと比較し，納得すると自分の考えを変えるということも可能になってきます。

 ちょっとした子ども同士の会話から（年長児）

友だち（5歳）「みためとちがうって，どういうこと？」

ふくきち（5歳）「みためとちがうってさー　たとえばさー，かゆさん（担任のこと）は，やさしいかおをしているけど，よくおこるじゃん。それが，みためとちがうっていうことだよ」

（東京あけぼの保育園）

　　　　子どもたちは，日常生活の中で，大人が思いもよらないようないろいろなことに疑問をもったり感動したりして，周囲の混沌とした世界から何とか真実をつかもうと，身近な友だちに聞いたり，話したり，ものの見方や感じ方，考え方を意識化していきます。このような，日常の気やすい語り合い・共同思考を重ねながら，子どもたちは，友だちの思いや考えを理解し，人と気持ちや考えを交わし合う喜びを広げていきます。

2 心の結びつきを実感できる「話し合い」を

1 なぜ話し合いか

　　日常生活の中で，個々の子どもと話しながら，その子の真実の要求やことばに触れ，コミュニケーションを築いていくことの意義は，これまで述べてきた通りです。しかし，毎日一人ひとりの子どたちと丁寧に関わっていくことはなかなか難しいことだと思います。限られた園生活の時間の中では限界もあります。そこで人間だけに与えられた"ことばによるコミュニケーション"を成立させ，共によりよく生き合う仲間として，喜びや悲しみ，悔しさや，辛さなどを共有し合う関係性を確立していくために「話し合いの教育」を幼児期の生活に位置づけていけたらと，実践を重ねてきました。

　　子どもたちが，自らの力で自分たちの生活をつくっていき，自分たちで取り組んでいくこと。そのためにも，自分の目や耳で捉え，体で感じたこと，頭で考えたことを仲間に表現し，伝え合う。それが「話し合い」だと考えています。そして仲間たちとかわるがわる「話し，聞き，話す」中で，子どもたちは意識をことばにかたちづけ，確認していきます。

2 3・4歳児クラスの話し合い──保育者を交えて少人数で

　　先に述べた3歳児の会話にみるように（事例1），この時期の子どもは，まだまだ大人との会話がやっと成立してくる時期です。ところが園では，幼児クラ

スに進級し，保育者も２歳児クラスの時の６対１から15対１になっていくことで，急に幼児クラスとしての集団的な関わり方（扱い）をするようになってしまいがちです。

例えば，進級した４月からさっそく「朝のお集まり」で，クラス全員の子どもたち（15人なら15人，もしくはそれ以上の子どもたち）を椅子に座らせ，保育者が子どもたちみんなに話をはじめます。一斉型の話し合いといわれます。３歳児はまだ，大人が子どもと向き合って膝を突き合わせ，片手を伸ばせば肩に届くような近い距離で話をすることが望ましいのです。これを親密帯で語り合う関係といっています。

ところが朝，夕の会だけでなく，例えばお散歩に行く時なども，「散歩に行く時のお約束を話します」と全員を集めて結構長い時間，保育者が一方的に話すというようなことはないでしょうか。子どもたちは保育者の話を聞く素振りをしていても，実際その内容を理解できている子は何人ぐらいいるでしょうか。理解できないまま，後で「○○ちゃんは，約束を守れない」などと決めつけられてしまうことはないでしょうか。

３歳児クラスに進級して集団規模が多くなったとはいえ，一人ひとりの子どもたちは，２歳児から生活してきた同じ子どもたちです。幼児クラスになったとはいえ，まだまだ個別の，もしくは少人数での話し合いが必要だと思います。「話し合い」といっても，ひとつのテーマについて討論するというようなことではなく，ひとつの話題について友だちとかわるがわる話すことを意味します。

この時期の子どもたちに育ってほしいことは「自分のしたこと，考えたこと，感動したことを自分のことばで言う」「身近な人や友だちが興味をもった話を聞けるようになる」ことです。保育者の話をクラスのみんなと一緒に聞けるようになり，それについてみんなで話し合うというようなねらいは，時期尚早ではないかと思います。

③ 生活グループをつくり，グループごとに話し合う

そこで，例えば生活グループをつくります。１グループの人数は４人（多くても６人）まで，ひとつのグループごとに，保育者の周りに集まってもらって，保育者がそれこそ膝を突き合わせて，子どもの目を見ながら話をするということを，すすめてみてはどうでしょうか。

子どもたちも，一方的に保育者の話を聞くだけでなく，わからなかったことは安心して保育者に質問したり，友だちの言うことに耳を傾けたりして，要するに，いつも一緒に食事をしたり生活の身支度をする，よく知っている友だちと，自己発揮をしながら，共に考えたり，語ったりすることが活発になる生活が展開できるようになってほしいと考えます。

4 少人数の仲間の中で自己発揮が活発になる

　保育における集団とは，子ども同士が一人ひとりの違いを超えてお互いを受け入れ合うところからはじまります。「集団＝クラスの枠組み」ではありません。

　一人ひとりの子どもたちが，自分たちの生活や遊びの必要性から友だちに手を差しのべ，繋がっていく集団・仲間関係が生まれます。例えば自分たちのやりたい遊びを拠点に，“おうちごっこする人この指とまれ”“鬼ごっこする人この指とまれ”などと仲間を集め，来る日も来る日も同じメンバーで同じ遊びを継続し，仲間をつくっていきます。いつも一緒の活動を繰り返しながら『今，○○ちゃんは何をしようとしているのか』『○○ちゃんは何を怒っているのか』『○○ちゃんは，ぼくが困っていたら助けてくれた』など，子どもたちは遊びながら自他の心を意識するようになり，自分と友だちを関連の中で見るようになっていきます。やがて仲間との活動を楽しみながら，仲間と一緒に目的に向かって頑張る中で，小集団が育っていきます。

　とはいえ，なかなか遊びを拠点にした仲間関係に入れない子もいます。とくに自己発揮の弱い子などは，誘われることはあっても，なかなか自分から仲間に入っていこうとはしません。集団の中に自分の居場所を見つけられない子どもたちです。そこで保育者は，生活グループをつくって，クラスのみんなが，小グループ，すなわち仲間の中で自分の居場所を見つけられるよう促していく必要があります。

5 生活グループをつくることがなぜ重要か

　集団には，前述の通り，子どもたちの遊びを拠点にしたグループ，保育者が意図的につくる生活グループ，異年齢のグループ，クラス集団，園といった様々な規模の集団があります。子どもたちは，それらの集団生活の中で，友だちの考えも知り，ぶつかり合ったり，共に協力し合って生活していく，自分はその集団（グループ）のひとりなのだという存在感をもてるようになることが，社会的人格を育くむのではないでしょうか。

　長瀬美子は『幼児期の発達と生活・あそび』（ちいさいなかま社，2015年）の中で，生活グループをつくることの意味を次のように述べています。

　「①居場所をつくる。安心できる場で，自己発揮ができる。自分の存在や居場所を確証できる。子どもは他児との相互承認的な関係の中に居場所をつくる。

　②生活の主体として育っていく。生活に見通しをもって過ごすことができるようにする。自分たちで主体的に生活に関わりながら，生活を創っていく（グループ活動や当番活動など）。」

　グループで相談し，何かを決めることで，一人ひとりが平等，対等な関係のあり方を経験し，話し合って解決する力が育つことは言うまでもありません。

[6]　生活グループを中心にした少人数での話し合い——進め方のポイント

　民主主義の社会を大切にしていく人をめざし，話し合いができるようになることを，幼児後期の保育の柱にしていけたらと考えます。

　ところが昨今では「これから○○について話し合いましょう」と保育者が呼びかけると「えっ？　また話し合い，いやだな」とか「話し合いなんてつまんないよ」と言って，嫌な顔をする子どもたちがいます。なぜでしょうか。話し合いというと，いつも発言する子が決まっていたり，輪になって順番に話をすることが求められるため時間が長引き飽きてしまう，さらに，話し合う内容について，子どもたちはその必要性を感じていないのに保育者が一方的に進めるため，子どもたちは受け身になり，致し方なくその場にいるだけになってしまう，などがその理由として考えられないでしょうか。

　そして，子どもたちがつまらなくなっておしゃべりをはじめると，"○○ちゃん，静かに""ちゃんと話している子の顔を見て聞きましょう"などと言ったり，時には"大事なことが決まらないと，お外で遊べないよ"などと言ったり，話し合いは閉ざされた場となり，子どもたちの思考が働かなくなってしまうことも考えられます。また話の途中で，聞けない子に対して保育者が頻繁に注意をすることがよくありますが，それは逆効果です。中には話を聞いている子どもたちもいるわけですから，その子たちの話の腰を折るようなことになることも考えてみなくてはなりません。つまり，いかに子どもたちが「話し合って考えてみよう」という気になっているかどうかです。話し合う意味を考え，子どもたちが受け身になるようなパターン化した話し合いに終わらないことを念頭に進めてほしいと思います。

[7]　1グループごとに話し合う意味

　いずれにしても少人数の生活グループでの話し合いでは，次の事柄に留意してほしいと思います。

　①一人ひとりの子どもが安心して言いたいことを言う。

　②いつも食事を共にする親しいグループの，少人数の仲間同士なら，日頃のおしゃべりや会話と同じように気楽に話し合うことができる。比較的おとなしい子も話しやすい。

　例えば，クラスに4グループできていたとします。その4グループが同時進行で話し合いをするということではなく，1グループずつに，保育者が入り，司会者としてモデルを示しながら，話を進めていきます。

　そこで大切にしたいポイントは，

ア　何を話し合うか。話し合うことを共通理解する。
イ　一人ひとり，そのグループのみんなから考えていることを聞き出し，わかりづらい箇所は確認し，友だちの言ったことを，グループのみんなが共有できるようにする。
　　なかなか発言できない子がいたとしても，周りの子どもたちに“○○ちゃんはどんな考えをもっているか知りたいね，楽しみだね”などと期待をもたせながら，話したくなるような助言をし，待ってあげる。そして発言した時は，グループのみんなで喜び合う。
ウ　意見の違いを大切にする。“違う意見が出て話し合いが面白くなってきたね”と，なぜそう考えたか理由や原因を話してもらう。
エ　安易に多数決やじゃんけんなどで先を急ぎ決めないこと。
オ　反論されてもいいから，その子自身の考えを言ってもらう。保育者はそれを支える。このことは，自分らしさを培っていくうえでとても大切なことである。
カ　対立した意見であっても，共通点はないか，なぜそう考えたか，それぞれの考えのよい点はどこか，など考え合い，時には図にしたり絵に描いたりしながら共通理解をしっかり進める。
キ　話がそれてしまった時，おしゃべりに流れていく兆しが見えた時などは，話のピントを合わせ確認する。
ク　グループのみんなが言えたこと，友だちの話を聞けたことを認め，喜び合い，話し合ったことで新しい考えなども出て，グループでの考えが発展したことを確認する。

　1グループずつ保育者が入って，話し合うのは時間もかかるし，その間，他のグループの子どもたちはどうしているのかなど，考えなければならないこともあります。しかし複数担任であれば，ひとりがグループでの話し合いに入り，もうひとりが他の子どもたちが遊ぶのを見守ることは可能です。ひとり担任であれば，子どもたちに「保育者が1グループごとに入って話を聞かせてもらうけれど，他の子どもたちは，室内のいろいろな遊具や教材で遊んでいてね」と伝え，全体が見通せる位置を考えて話を進めます。

　なぜ，そこまでして少グループでの話し合いを重要視するのかといえば，今，年長クラスでも，小学校でも，中学校でも，はたまた園の職員会議でも，発言する人が決まっていて，黙っている人はいつも何も語ろうとしません。それでは話し合いにならないと考えるからです。「一人ひとりがみんなそれぞれに自分の考えや思いを発言し，違いをぶつけ合ったり，折り合ったりしてこそ，話し合い」といえるのですが，その話し合いの基本が，どこでもすっかり崩れかけています。

　幼児期のうちに，子どもたちには「話し合いというのは，一人ひとりみんなが大切だからこそ，みんなが自分の本当の願いや考えを発言し，お互いに何をどう考えているかを理解し合うこと」を実感してほしいと願います。

　いまや恥ずかしいかな，政治を司る国会のありようを見ても，民主主義社会とは名ばかりで，人の話をまったく聞こうともせず，ヤジばかりとばしているあのような大人たちの姿を，子どもたちには見せられません。見せたくありま

せん。子どもたちが将来，本当に民主主義社会を大切にできる人を選択できる
よう，その礎となる話し合いができ，なおかつそれを尊重できる人に育っても
らえるよう，今からその根を育てていくことが重要なのだと痛感しています。

8 園での実際の話し合いから──京都のたかつかさ保育園の実践より

事例1 4歳児クラスの名前を決める話し合い（子どもたち12名）

　4歳児クラスの4月中旬の一場面です。当園ではきりん組と呼ばれる4歳児クラスが3クラスあるため，子どもたちと話し合って，それぞれ「○○きりん組」と，名前を決めることが慣習となっています。

　少しずつ話し合いをする時間をつくりました。はじめのうちは「うんこきりんがいい」や「おならきりんにしよ〜」とふざける子どもたちで，担任が「避難訓練の時に，園長先生がクラスを呼ぶ時に，「うんこきりんさん」と呼ばれたらはずかしいやん」など，冗談を言い合いながら，2回ほどそういう機会をもってきました。

　3回目となったその日，全員出席したので担任が話を切り出すと，Kくん「ジョウきりんがいい，ぜったいジョウきりん！　あっ，へいせいきりんや，へいせいにしよ」とみんなを圧倒する勢いで戦闘ヒーローの名前をつけたいと主張しました。保育者は「K君はそう思っても，みんなにも気持ちを聞かないと，ジョウやへいせいってみんな知ってる？」と問いかけると，「知らない」「わからん」との意見が多く出ました。するとKくんはみんなの反応を見て「みんなだいきらいやー」と目をつり上げてどなって，みんなをにらみました。いつもこういう時は保育室から出て行くのですが，この時は出て行かず，部屋の隅で「ふんっ」と怒って後ろを向きつつ聞き耳を立てていました。

　名前決めの話を再開すると，クラスのそれぞれの子どもたちから，虫や動物の名前など様々なアイデアが出されました。I君がそれらをまとめて「いきものきりんは？」と，意見を出してました。その後Nくんは，「ねぇ，にこにこきりんは？」と，先ほどのKくんのことを思いながらなのか，そんなアイデアを出してくれました。すると保育室の隅でじっとみんなの話を聞いていたKくんが気持ちを取り直して，「なぁ，みんなきりんは？」と発言してくれました。担任はうれしくなり，「Kくん，さっきから考えていたの，すごくいいね，それええやん」と伝えると，Kくんは目をキラキラさせて話し合いに参加しました。他の子どもたちも刺激を受けて，次々に意見が出てきました。最後の方になると，Kくんは調子に乗ってきたのか「じゃあ，おひめさまきりんは？」と柄にもなくサービス的な意見も出していました。クラスの一人ひとりが発言して，たくさんアイデアは出ましたが，この日はまとまりませんでした。

担任のその日の業務日誌には，「4歳児になりたての4月に「クラスの名前を決める」ことは難し

いと思っていた。今日決まらなくても，それぞれに考え，アイデアを出せたことは面白く，波乱もあったが，それについていろいろな思いが交差して面白かった。それぞれがその時間どうしようかと考えてくれたことに感謝」と記されていました。

その後もなかなか決まらなかったので，担任は保護者にも伝えて，シール投票をすることにしました。子どもたちとも相談して，「テレビのものではなく，みんなが知っている名前で，食べ物や生き物のひとつだと，好き嫌いがあるのでやめておこうね」と話し，「ともだちきりん」「みんなきりん」「にっこりきりん」「ゆめきりん」「いきものきりん」「ラララきりん」「にこにこきりん」「なかよしきりん」「きらきらきりん」「ふわふわきりん」が最終候補に選ばれました。それを保護者に伝えて投票してもらいました。そして最終的に「ともだちきりん組」に決定しました。Kくんは結果を聞いて，「えーっ，みんなきりんじゃないの～」と，自分の考えた名前が選ばれなかったので，当分不満を言っていたそうです。

それから少しして，家の近くでカタツムリを見つけたNちゃんが，園にもってきてくれました。クラスで飼うことになり，またみんなで名前を決めることになりました。この時はクラス名ほど難航せず，「スイカちゃん」と「メロンちゃん」に決定しました。

Kくんは，それらの時間をすごしてきて，みんなで名前を決めたり，話し合うことが楽しくなってきたようで，山好きのKくんが園庭でセミをつかまえたり，家からカブトムシをもってくるたびに，「みんなで名前決めよう～」と言っています。

クラスのみんなから，名前の候補があがったことはよかったですね。最終的に，保護者にも伝えてシール投票ということになったようです。しかし，それは子どもたちと話し合ってのことだったでしょうか？　子どもたちみんなの関心が高まってきたことを保護者にも伝え，一緒に相談して投票になったという家族も巻き込んでの関心事に広がっていったということであれば納得です。とくにクラスの名前をどのように決めたのかを，保護者にも知っておいてもらうことは大事だと思います。ただその過程で，保育者が「テレビのものではなく，みんなが知っている名前で，食べ物や生き物のひとつだと，好き嫌いがあるのでやめておこうね」と話されたことについては，保育者も子どもたちと同じ生活者のひとり，仲間のひとりとして「わたしはこう思うんだけれど…」という考えを述べることはいいと思うのですが，保育者として上記のような意見を述べることは，子どもたちの発想をかなり限定してしまうような気がします。例えば，ひとつの食べ物の名前であっても（例えばバナナキリンであっても），みんなが“それがいい！”と思えば，それでもよかったのではないかと思います。

話し合いの後，自分の思い通りにならず拗ねていたK君が，気持ちを取り直して少しずつ友だちの仲間に加わり，自分がつかまえてきた虫などの名前を決めようと呼びかける様子，その育ちが目に浮かびます。担任が業務日誌で述べられていたように，話し合うことが本当に楽しみになってきたからなのでしょ

う。そこにこの実践の意味を感じました。

9　年長児クラスでの話し合い

　年長児になると，言語発達により，思考による自己抑制力が育ってきて，感情が安定してくる時期を迎えます。自分たちで植えた花壇の花を見て「あっ，いけねえ，この花元気がない。水やるの忘れてた」と言うと，5歳のたっちゃんは，急いで水を汲みに行きました。花が枯れそうという結果を見て，その原因（水をあげていなかった）を考えること，すなわち因果関係を捉え，すぐに水をあげなくてはという情操的行動がとれるようになっています。

　この時期，思考行動の育ちとして，因果関係を捉えられるようになることは，自己抑制が養われるうえで最も重要なことです。夢中で活動していても，思うようにいかず失敗してしまうことがよくあります。年齢が低い時はそれだけでパニックになってしまうのですが，年長ぐらいになると「なんでうまくいかなかったんだろう？」とその原因や対策をいろいろ考えることができるようになります。仲間と一緒に活動している時などは，友だちが，自分だけでは思いつかなかったようなよい考えを提示してくれて，"○○ちゃん，すごい！"と感動し，仲間活動に充実感をもてるようになります。

　年長組になっても，話し合いを活発にしていくために，クラス規模が大きすぎる場合は，2つのグループに分かれて話をするなどの配慮が必要になります。しかし，年中組の時，生活グループに分かれ，少人数でどの子も発言し，話し合うことを経験してきた子どもたちは，人数が多くなっても，その話し合いの根底や意味，進め方を身につけているので，「今度は○○ちゃんの思っていることを話して」などとメンバーみんなの話を聞くことを大切にできるようになります。

　話し合いの場は，いつも室内で席についてなどにこだわらず，園庭や散歩先の公園の木陰，原っぱでシートを敷いてなど，開放感のある心地よい雰囲気で進めていくのも一案です。

　また，何を話し合うかについて，高橋さやかは次のように述べています（『子どものことばと文学』新読書社，1966年，77〜78頁）。

　「(a) 思い思いに別にテーマを定めずに話し合う

　(b) テーマを決めてそのテーマについて話し合う

　(c) 誰か一人が提出した話題をもとに話し合う

　(d) 行事，その他の経験を話し合う

　(e) 童話などについて話し合う」

　以上の他にその日の活動（遊びやみんなで取り組んだ保育活動について）で発見や感動，困ったこと，ルールについて，分からなくなったこと，次回に向けて考えたいことなどを話し合うことも考えられます。

10 子どもたちの活動をクラスのみんなに伝え合う「生活ニュース」

　筆者は，年中組の3期頃から，「生活ニュース」として，その日の活動でとくに楽しかったことや発見したこと，やり遂げたこと，失敗談などを発表する機会を，子どもたちと相談し進めてきました。子どもたちは，それぞれのグループで遊びに夢中になっていますが，同じクラスの友だちがどんな遊びを楽しんでいたのか，そこでどんな体験をしたのか知らないことも多いです。友だちの活動，体験したことをクラスのみんなが理解し，共感し合い，学び合うことが，クラス集団を育てていくうえで不可欠ではないかと考えました。

　子どもたちと一緒に電気やさんから大きな冷蔵庫の箱をもらってきて，それで大型テレビをつくりました。そこに入って，その日ぜひみんなに知らせたいことをニュースとして発表する時間です。その日の当番の子がアナウンサーになり「今日のニュースは何ですか？」と聞きます。すると3人の虫取り仲間が「今日は，こんなに大きなカマキリをつかまえました」とみんなに見せてくれます。

　テレビから本物のカマキリがニューッと飛び出してきます。「うわー！」テレビの前に集まっている子どもたちは，大喜びです。

　年長組になった時には，当番と発表する子どもたちが前もって相談して，楽しい発表の仕方を工夫するようになりました。生活発表をとても楽しみにするようになってきたからなのでしょう。

　アナウンサーが「さてこの泥団子はだれが作ったのでしょうか？」とみんなに聞きます。さらに「この団子は今までで一番よく光っています。どうしてこんなに光る団子になったのか，聞いてみたいですね。この団子を作った人出てきてください」と言うと，見ているみんなの期待に応えて，団子を作ったメンバーが出てきます。

　この「生活ニュース」を通して，話すことにやや抵抗のあった子どもたちも，

テレビに入って「今日のニュース」を語る

動く画面を見ながら「今日のニュース」を伝える

積極的に話すようになったことは言うまでもありません。子どもたちはテレビが好きですから，テレビのアナウンサーのような口調をまねるので，普段話すときと異なり，丁寧な言葉づかいになります。「時，場，状況」に合わせてことばを使い分ける力も育ってきました。

そして年長組の3期になると，子どもたちは，自分たちがテレビに出てくるばかりでなく，巻紙に絵や文字を書き，それを動画のように動かして本物のテレビのように見せる工夫もするようになり，その絵を動かしながら語ったり，その日に起きたちょっとした事件，ウサギのミミが逃げ出してなかなか捕まらなかったことなどを絵に描いて伝えたりして，聞いてもらい，伝わる喜びを確認し合ってきました。

みんなの中で，自分の抱えている悩みや感動したことなどを聞いてもらう。そういう体験を，卒園してからもずっと友だちに求め，共に支え合う仲間として繋がっていけるのではないでしょうか。

現在は，自分の喜びや悩みなどを聞いてもらう仲間をもったことがない子どもたちのことが心配です。温かい気持ちで自分のことを聞いてくれる，受けとめてくれる友だちや仲間の存在が，今，本当に求められているのではないかと思っています。

引用・参考文献

『こどものことば——心の育ちを見つめる』今井和子編著，小学館，2017年。

『ことばと文字の教育』今井和子，小学館，2000年。

『子どものコトバと文学』高橋さやか，新読書社，1966年。

『幼児期——子どもは世界をどうつかむか』岡本夏木，岩波新書，2005年。

『幼児期の発達と生活・あそび』長瀬美子，ちいさいなかま社，2015年。

第5章 遊びを通して広がる 社会性・人間関係

1 遊びと友だち──仲間関係の原動力

1 遊びで繋がる子どもの世界

　遊びは，その子自身が主人公で，その子の「やってみたい」や「好き」という興味関心からはじまり，誰かに強制されてするものではありません。遊びはドキドキワクワクする面白いもので，勝敗や結果を求める場合もありますが，プロセス自体が大切だと考えます。子どもは，遊びの中で自分を知り，人を知り，自分らしさをつくり，人との関係を学び，社会的な人間になっていきます。子どもにとって，遊びはとても重要な意味をもつものです。結果を求めるものではないと書いていますが，結果的に遊びを通して子どもたちの中に育つ力がたくさんあります。しかし，その力をつけてあげたいというのは，大人の勝手な願いや期待であって，やはり遊びは，その子のものでなければ意味がありません。またそれらの力は，ことばで伝えることや勉強で教えられるものではなく，実際に遊び，経験しないと理解できない力だとということも付け加えておきます。

　子ども時代に夢中になって遊ぶ姿こそ，「保育所保育指針」の目標にも記されている「現在を最も良く生き」ている場面ではないかと考えます。そして遊びは子どもの権利です。日本が1994年に批准した「子どもの権利条約」の第31条第1項では「締約国は，休息及び余暇についての児童の権利並びに児童がその年齢に適した遊び及びレクリエーションの活動を行い並びに文化的な生活及び芸術に自由に参加する権利を認める」と記されています。そのような背景の中で，どの園でも「遊び」が子どもたちの中心的な活動になっているかと思います。

　乳児期のひとり遊びから平行遊び，そして徐々に同じ興味がある友だちとの関係ができていきます。好きな友だちができた時のあの気持ち，恋心にも似たような甘酸っぱい気持ち，子どもたちの心にうれしい感情

遊びは面白い！

が広がっていき，「明日もあの子とあれをして遊ぼう」と楽しみにしている気持ちが想像できます。「好きな友だちと好きな遊びを目一杯」そんな時間を考えるだけでうれしくなってくる幸せな時間です。しかし，いいことばかりが続くわけではありません。人と何かを一緒にするとなると様々なぶつかり合いや矛盾もあり，時には大ゲンカになることもあります。しかし，それらを経験しながら，そこから友だちとの関係のあり方や自分，そして社会性について学んでいきます。

　遊ぶことによって，子どもたちの世界にどんなことが起きるのか。ここでは，しょうくんの3歳児からの2年半を追いながら，日々の遊びの中での変化について，「遊び」と「友だち」というキーワードで考えていきます。

② 友だちと遊べなかったしょうくん

　しょうくんは3歳児から保育園に入園しました。それまでは短期間，幼稚園に行っていましたが，馴染みづらく保育園へ転園してきました。入園当初はお母さんと朝の別れがしづらく，泣いてバイバイすることがたびたびあり，その状態が秋頃まで続きました。登園後も，常にリュックを背負い「帰る」と言い，よく保育室から出て行こうとしていました。友だちと関わろうとする姿はあまり見られず，保育室では部屋の隅に自分のスペースをつくり，椅子，積み木，カードなどを集めることが遊びになっていました。高いところが好きで，アンバランスな刺激を楽しむような姿もありました。園庭ではキックバイクを好んで，ひとりでよく乗っていました。人とのやりとりはまだ苦手で，思いが通らないとすぐにどこかへ行っていました。給食も苦手なものが多く，だいたいのものは「食べない」と拒否し，白ご飯を少しだけ食べていました。人と一緒に食べることが嫌で，はじめの頃は机の下に入って食べていました。少しずつ担任の膝の上に座れるようになり，5月ごろにはひとりで座って食べるようになりましたが，人と対面して座ることができなくて，壁に向かってひとりで食べる状態が1年以上続きました。昼寝も苦手で，寝転ぶことも嫌で，担任が根気強く付き合っていました。

　そんな春頃の姿でしたが，6月にホールで遊んでいた時に，担任にとって印象的なことがありました。ホールでクラスの14人みんなで「トントントン何の音」をして遊んでいました。保育者がオオカミ役になって，子どもたちが「キャー！」と大きい悲鳴をあげて逃げます。しょうくんは，ホールの隅のろく木の上に見るともなしにいましたが，みんなが遊んでいる様子に聞き耳を立てており，大きな悲鳴やその追いかけ合いに魅力を感じて段々と近づいてきました。そこで担任がしょうくんに「何の音？」と問いかけると，「うんち！」と答えました。するとみんなが大笑いしました。そのみんなの反応がうれしくて，しょうくんもニヤッと笑っています。そこから追いかけっこにも参加しましたが，

叩いたり，ぶつかったりしてしまい，うまく遊べません。そこで，ぶつかり合いから「すもうごっこ」に展開したところ，すもうの体当たりの刺激がしょうくんにもマッチして，この日は30分近くクラスのみんなと遊びました。この時，すもうごっこをしてよく遊んだのが，ひろとくんでした。

　夏頃から，しょうくんは積み木やままごとなど，ひろとくんが好きな遊びに興味をもち一緒に遊ぶことが増えてきました。園庭では，好きなキックバイクに乗って園庭を周り，先々で少しずつ友だちと関わるようになっていました。後半には保育者も含めて追いかけっこを楽しめるようにもなってきました。室内ではお絵描きが好きになり，絵を描いてひろとくんにプレゼントする姿も見られました。保育室が騒がしくなると，自分で廊下に出てひと休みして戻ってくるような方法も見つけられました。

　しょうくんは，工作も得意で，紙や箱を組み合わせて自動販売機や電車の操縦席を作っています。それらを使って友だちとのごっこ遊びのやりとりも楽しくなってきました。その時は，しょうくんの方からうれしそうに友だちに関わっていました。前半には，散歩では友だちと手をつなぐことが苦手だったしょうくんですが，11月にはひろとくんと手をつないで歩けるようにもなってきました。

　そのように揺れ動く３歳児クラスでのしょうくんの姿でした。入園当初は周りの人に対して見えない壁をつくるかのように緊張していたしょうくんでしたが，何をどう感じて変化していったのでしょうか。記録を見ていると，まず担任との信頼関係を少しずつ築きながら安心感が積み重なってきたように思います。自分だけのスペースが必要だった時期に，その思いを尊重して整えてもらったことで，まず居場所ができました。そこから周りの雰囲気を感じながら，どこかで人との関係を求めていたのだと思います。ひろとくんが好きな積み木遊びやままごとなど，いくつかの共通項が見つかり，友だちと過ごす時間の楽しさを少しずつ感じ，遊びを通してしょうくんの世界が広がり，友だち関係が少しずつ積み重なっていった３歳児クラスでの１年だったと思います。しかしその一方で，友だちとの関係が広がってきたことに伴い，葛藤も現れるようになってきました。

［3］　遊びから広がる葛藤──４・５歳児クラスでの様子

　しょうくんは，３歳児クラスの時から大切にしていた段ボールの囲いを持って４歳児クラスへ進級し，囲いを保育室の隅に置いて，そこを拠点に活動を広げていきました。囲いの周りでごはん屋さんごっこをしたり，窓ガラスに紙テープを貼ってTVゲームごっこをしたり，など，ひろとくんを含む少人数で楽しむ姿が日常となってきました。園庭では鬼ごっこが楽しくなってきました。しかし，鬼になるのは嫌で，じゃんけんに負けると怒っていましたが，経験を

好きな遊びを一緒に，幸せな時間

重ねる中で，だんだんと鬼の面白さや遊び方も理解して，鬼役も受け入れられるようになっていきました。

「夏のうた」という歌がクラスで大流行しました。歌の途中で「かみなりさまもゴロゴロどん！」という歌詞に合わせてジャンプする振りがあるのですが，それをみんなとするのが楽しくて，毎日のように数人で楽しんでいました。そんなふうに遊びの共通項を仲介にして友だちとの距離もずいぶん近くなり，心を許せる友だちが増えてきたように見えました。

しかし，鬼ごっこで，心構えができておらず思ってもいない瞬間にタッチされた時や，午睡から1番に起きたかったのに他の友だちの方が早く起きた時など，自分の思い描いていたイメージと違った時には，受け止めきれずに「時間を戻せ〜!!」とヒステリックに泣いて，なかなか立ち直れないことも少なくありませんでした。そんなしょうくんに対して，担任は実際に時計の針を戻したり，じっくり話を聞いたりして，受け止めて対応してきました。

7月ごろの姿も印象的でした。しょうくんの段ボールの囲いスペースが保育室の隅に設けられていますが，友だち関係が広がっていくと，そのスペースに入りたがる子も増えてきました。最初はひろとくんと2人でそこでカード遊びをしていましたが，楽しそうに遊ぶ様子を見て，他の子どもたちも，入れてほしくてやってきます。入れてあげようか悩むしょうくんでしたが，そうこうしている間に数人が入ってきて，囲いがつぶれてしまいました。しょうくんはそれを見て大泣きして，「みんなのせいでつぶれた！　元に戻せ！　も〜」と激しく怒っていました。このエピソードは，この時期のしょうくんの気持ちを表しているような気がします。しょうくんは，少しずつクラスの子どもたちに心の扉を開きたいけど，まだ全開ではなく，慣れてきた人はゆっくりと心の中に入ってきてもいいけど，まだ慣れてない人は段階を踏んでから入ってきてね，と思っていたのではないかと想像します。でもそんなアクシデントがありながらも，毎日の遊びや生活を集団で過ごす中で，友だちとの関係が少しずつ豊かになってきているように感じます。

そんなふうに葛藤する時期も過ごしながら，8月にしょうくんの誕生日がやってきました。クラスのお誕生日会では質問コーナーがあり，誕生日の子は子どもたちからの様々な質問に答えます。この日もいくつかの質問の後，「好きな友だちは誰ですか」とよくある質問が出てきました。ひろとくんが目の前にいるのですが，しょうくんはとても悩み，「決められへん」と言いながら時間をかけて考え，そして「ぜんいん」と言いました。うれしい回答です。しかし，なんとなくもっと本心を聞きたい担任は，お誕生日会のあと，こっそりと「本当は，一番は誰なん」と聞いてみると，やはりこの時も「ぜんいん」と言ってみ

んなの名前を順番に言っていったそうです。

　４歳児クラスになってもまだ給食は壁に向かってひとりで食べる状態が続いていましたが，うれしいハプニングがあり大きな変化が起こりました。９月に保育の実習生がしょうくんのクラスに入りました。給食時にその実習生は，しょうくんがいつも座っている特等席に気づかないで座っていました。少し遅れて食堂にやってきたしょうくんは，いつもの自分の席に実習生が座っていたので一瞬困った顔をしていましたが，すぐに周りを見渡してひろとくんを見つけました。そしてひろとくんの隣の席が空いているのを確認して，すぐにそこに行って座って給食を食べはじめました。その日からいつもひろとくんの隣の席に座り，他の友だちとも机を囲んで給食を食べられるようになりました。ひろとくんの隣にうまく座れない時は怒ってしまう時もありますが，ちょっとしたハプニングから，それをなんとか受け入れ新しい形をつくったしょうくんの姿に，大きな成長を感じました。

　そんなしょうくんも５歳児になりました。クラス集団の動向をうかがいながらひとりでフラフラと事務所に行ってクールダウンする時もありますが，気持ちはクラスにある様子です。友だちと過ごすことが楽しいようですが，年長児になってくると，友だち関係に微妙な変化も起こってきます。ひろとくんのことは大好きですが，少しずつ遊びの興味が変わってきて，別のグループで遊ぶことも増えてきました。最近では，保育室で遊びはじめる時には，しょうくんはまず保育室のあちこちで遊んでいる小集団を見て，少し考え，トイレに行きます。トイレに行っている間に熟考して，どこで遊ぶか決めているのでしょうか。戻ってくると，自分の好みに合う遊び集団に入っていきます。以前はそこに入ろうと思うと，突入していくような感じで割って入って行きトラブルになっていましたが，今は「な〜な〜寄せて」と柔らかく話しかけながら遊びに参加しています。得意の工作も上達して，ドラゴンを作ったりマンションを作ったり魅力的な遊び方をするので，周りに友だちが集まって，しょうくんを中心に遊びが盛り上がる場面もよく見られるようになって自信に繋がってきました。

　秋の運動会のリレーの練習では，アンカーに立候補する時もあるほど積極的になってきました。ある日の練習では，しょうくんは中盤でバトンを待っていましたが，相手チームにリードされる形でバトンを渡されました。しょうくんの思い描いていたイメージとは違います。以前のしょうくんなら，走ることをやめてしまいそうな場面です。しかししょうくんは，今にも泣きそうになりながらも，必死に涙をこらえて一生懸命にバトンをつなげるために走ります。次の友だちにバトンを渡した瞬間に，座り込み大泣きしていましたが，チームの一員としての役割や責任，みんなの期待を感じて走りきったしょうくんでした。仲間の中のしょうくん，しょうくんの中の仲間を感じました。

　３〜４歳児のころは，自分が思い描くような状態でないと怒って「時間を戻

自分たちでつくったお家で「おやすみなさい」

せ！」とよく言っていましたが，その言葉も5歳児になるとあまり聞かなくなりました。イメージしていた結果と違っても「なんとかなる」と，しょうくん自身が毎日の遊びや生活の中で感じ，学び，「時間を戻さなくても」どんな現状からでも友だちと一緒に，もしくはひとりでも，「これから」をつくることができると考えるようになったのだと思います。

　入園時からしょうくんのことを近くで見ていたベテラン保育者は，最近のしょうくんの様子を見て「居心地がよくなったんでしょうね」と言っていました。シンプルですが本当に大事な要因です。一人ひとりに居心地のよい場所をつくることが保育者の役割でもありますが，居心地は勝手によくはなりません。居心地のよい場所，居場所も，勝手にできていくものではありません。しょうくんは，まずは保育室の隅っこのひとりの居場所から周りをじっくり見回すことから出発して，興味ある遊びを仲介にして少しずつ扉を開き，友だちを招き入れ，少しずつ外にも出て様々な居心地のよい関係をつくり，安心できる居場所を様々な所につくってきました。そのように安心して過ごせる場所があり，そこを拠点に力を育んで，苦手なことをクリアできるようになりました。実習生が間違ってしょうくんの席に座ってしまうようなハプニングもありましたが，偶然の出来事でも，しょうくんの今までの成長が何かのフックになり，その偶然をひっかけて成長の機会をつかむことができました。そのような成長の物語を保障できるような緩やかな時間の流れとタイミングが，子どもにとって大切だと考えられます。よく3間と言って子どもの遊びにとって「時間・空間・仲間」が大切だと言われます。時間も重要な要因です。しかし，それをつくるのは簡単なことではありません。

　理学博士の中村桂子は，著書の『科学者が人間であること』（岩波新書，2013年）で，近代文明を背景に「人間は生きものであり，自然の中にある」と述べ，続けて「速くできる，手が抜ける，思い通りにできる。日常生活の中ではとてもありがたいことですが，困ったことに，これはいずれも生きものには合いません。生きるということは時間を紡ぐことであり，時間を飛ばすことはまったく無意味，むしろ生きることの否定になるからです」と述べています。

　しょうくんは，これだけの時間と空間の中で遊び，そこから仲間をつくって関わりながら成長してきました。もちろん効率を考えて成長してきたわけではありません。遊びを通しての友だちとの関わりを糧に，少しずつ変化・成長しながら，その時その時に必要な偶然と思えるような必然を活かしながら成長してきたと

たのしー　きもちいー

思います。また友だちと思えるみんなの中で過ごすことで，仲間としての責任なども感じるようになったからこそ，その期待に応える振る舞いをしようとする姿にも，仲間の中で生きるしょうくんの成長が見えます。

　極端な話で考えにくいことですが，もし，しょうくんの生活に遊びがなかったらどうなっていたでしょうか。そんなことがあるわけはありませんが，しかし，今の子どもたちが過ごしている遊びの時間や質は，子どもたちにとって本当に満足のいくものなのでしょうか。その遊びの時間や質の中で得られる体験が少なくなっていくと，どんなことが起こっていくのでしょうか。私たちのように子どもに関わる大人は，本当によく考えなければいけないことだと感じています。

2 ┃ 葛藤やトラブルを乗り越えて育つ子どもたち

1 　遊び，葛藤し，育つ姿

　Ｔ園の大型すべり台はかなりの急斜面で，滑り口から斜面を見下ろすと垂直のように見えて，大人でも滑るのを躊躇します。まだ小さい子は登れないように，あえて階段を外し１ｍほどの段を２回よじ登らないと上には行けないようにしてあります。３歳児のこうじくんは，その段を何とか登りきり，滑り口にやっと到着しました。

　滑り口に座り，いざ下を見ると，その高さと角度に顔がこわばります。

　そこでそのまま５分ほど考えます。

　滑れる友だちがやってきてアドバイスをしてくれます。

　しかし，こうじくんは斜面をじっと見て，アドバイスにも上の空です。

　迷いながらも横で滑っている子の滑り方をつぶさに観察しています。

　少しすると，急にうつ伏せになって滑り口から少し顔を出し，斜面を確認します。

　また少し考えます。

　次はおもむろに靴下を脱いで下に放り投げました。

　彼なりに高さを測っているようです。

　できる限りの情報収集をして一生懸命に分析しています。

　保育者は声をかけずに見守ります。

　そして５分後，彼は勇敢な決断をしました。

　今日は滑らずに降りる決断です。

　その英断に拍手を送りたいです。できることも大切ですが，「できる・できない」よりも，そこまでのプロ

"こわ～い" "だけど　すべってみたい" 大切な葛藤
の時間

セスが彼を成長させます。悔しい思いもあったでしょうが，それも実際に経験することが大切です。様々な情報を集め，葛藤を繰り返し，「今日のところはやめよう」と自分で決めた判断はとても素敵で賢いものでした。そしてその十数分に及ぶ葛藤の時間がとても重要だと考えます。そんな真剣な遊びの時間を繰り返しながら，いずれ滑れた時の喜びは忘れられない財産になると想像します。「やってみたいけど，ちょっぴり怖い」「できなかったらどうしよう」と自分の中の自分と向き合い，自分と語り，闘い，決着をつけることが葛藤です。そして「自分で決める」という力はとても大切な力です。子どもたちの成長も人生も，何も前に進むことばかりではありませんし，結果や成果だけが価値とされ，生産性ばかりが求められる社会は生きづらいです。「イヤな時はイヤと言える」「怖い時は逃げる」「ひとりでできない時は助けてと言う」などはまったく恥ずかしいことではありません。それを言えることが本当に大事な力です。自己責任で片付けず，それを受け入れ合える社会こそが，豊かな社会だと考えます。

2 トラブルを通して育つ対人力

　天野秀昭は，著書『よみがえる子どもの輝く笑顔』（すばる舎，2011年）で「遊ぶことの主役は，本人でなければならない。人は誰だって，自分でしか育てられない自分を持っている。自分でなければ超えられない自分もいるし，自分でなければ救えない自分もいる。自分に対して自分が主役であると言うのは，そういうことだ」と述べています。まさに子どもたちは，遊び，葛藤する中で自分を知り，自分を育てていきます。一人ひとりが自分の中にいろいろと葛藤を抱えますが，友だちとの関係が含まれてくるとより複雑になっていきます。自分の葛藤とも向き合いながら，想像力をもって相手の気持ちも少しずつ考えながら，また自分の思いを調整していきます。

　繰り返しになりますが，遊びはその子の「やってみたい」と思う興味や関心が中心となってはじまり，展開されます。同じ興味をもつ友だちと遊ぶ時に，その子の核となる興味や関心が集まるわけですから，惹かれ合う時もあれば，激しくぶつかり合う時があるのも必然です。そう簡単に相手に譲るわけにはいきません。他にも，思いが上手く伝わらなかったり，タイミングが合わなかったり，正義感の行き違いなどトラブルの種はあちこちにあります。遊びがあればトラブルもあります。そしてその葛藤やトラブルを乗り越えていくことで，子どもたちは様々な力を培っていきます。

　余談ですが，大人も生きていくうえで力が必要で，本屋さんには「○○力」という題名の本がたくさん並んでいますが，子どもたちは毎日の遊びの中で，結果的にたくさんの「○○力」を学んでいます。○○にはどんなことばが入るでしょうか。いくつもの言葉が入りそうです。

　社会で生きていくことは，人と関わること抜きには考えられません。次々と

問題は起こりますが，なんとか人と折り合いをつけながら，一緒に何かをつくっていくものだと思います。その中で自己主張も必要ですし，無関心ではなく相手と綱引きをしながら，引っ張りすぎず，引っ張られすぎず，お互い納得のいく一致点を見出せるようにやり取りをすることでしょう。互いの主張のぶつかり合いを経て，初めて一致点を見出せるようになる，そこにトラブルの意味があると思います。

　ある園の5歳児の男の子は，トラブルが起きた時「ごめんって言っておけばいい」と言います。揉め事や話し合いは面倒くさいからと避けて，手っ取り早く終わらすためだそうです。ひとつの知恵なのかとも思いますが，トラブルにどう向き合うかを考えさせられます。毎日の関わり合い，時にはぶつかり合いの中で，子どもたちは解決策を学んでいきます。下記のエピソードからその様子を見ていきます。

エピソード　「降参」の意思表示

　正太郎（4歳）に靴をとられた美樹（5歳）が「返してよ，あたしの靴返してよ」と叫びながら園庭で正太郎を追いかけていました。裸足でさんざん逃げまわって息ぎれがしてきた正太郎は，持っていた片方の靴をわざと遠くへポ〜ンと放りました。それを見た美樹，放った靴は取りに行かず，正太郎の靴が脱いであったすべり台のところに走り寄り，彼の靴を二つ取るとすべり台にあがり「こっちにおいで」と呼びました。それをみた正太郎，あわてて今，自分が放ったばかりの美樹の靴を拾い，そして，さっきかくしたもう一方の靴を取りに石垣の所に走り，といの中から彼女の靴を取りだして，すべり台のところにきちんと二つ並べました。「まいった。申し訳ない」のサインです。それを見た美樹「勝利は私」といわんばかりに，嬉しそうに彼に靴をわたしました。

　見ていて，何とも爽やかなけんかであることか，とすっかり感心してしまいました。4，5歳になると，けんかに「智恵くらべ」が加味されます。相手の智恵に「まいった」のサインが出せることも大切なことだと思います。力と力のぶつかりあいに対しても，もう自分はこれで限界だ，降参した方がいいと思ったら勇気を振るってそれを表すことによって，けんかが終結します。「まいった」のサインを出せないために，いつまでもいがみあっているけんかが何と多いことでしょう。

　クラスの皆なに，愉快だった二人のやりとりを伝え，それぞれのよさを学びあいました。とくに，自分が“負けた，まずかった”と思った時，何らかの意思表示ができることこそ，勇気のある子どもであること，けんかの潮時がわかり終結させることもけんかの上手な闘い方であることを確認し合いました。

（『集団ってなんだろう』森上史朗・今井和子編著，ミネルヴァ書房，1992年，188頁から抜粋）

　最近は，子どもたちのトラブルやケンカが少なくなっているとの話も聞きます。もしかしたらそれを望んでいる保護者も少なくないのかもしれません。わ

時には，こんな時もあるけれど…

が子と友だちのトラブルでその保護者との適度な関係を崩さないようにと思う気持ちもわからないではありません。保育者としても，トラブルや激しいケンカなどは穏やかに見ていられる場面ではありません。怪我も気になり，保護者対応も頭に浮かびます。しかし，保護者とも，トラブルを経験してこそ子どもたちは成長していくという意味を共有して，子どもたちにとって大事な一場面と捉え，理解し合える関係をつくりたいものです。

　京都大学総長の山極寿一は著書『京大式　おもろい勉強法』（朝日新書，2015年）で「「おもろいことをやりましょう！」二〇一四年一〇月に京都大学の総長に就任したとき，これをキャッチフレーズにしました。「おもろい」という発想についてはのちに詳しく述べますが，簡単に言ってしまえば，自分だけが面白がるのではなく，創造的な発想を練って相手に「それ，おもろいな」と興味を持たせるように伝える，言ってみれば「対人力」のようなものです」（3頁）と述べています。つづけて，以下に要約します。——最近の学生たちは自分の意見は割合口にできても相手の意見を聞けず，気持ちの袋小路に入ってしまい対話が不得手なようです。——そして実りある対話をするための「対人力」というものは次の3つが軸と記されています。

- 相手の立場に立って物事を考える
- 状況に即して結論を出せる
- 自分が決定する

　つまり，自分がしたいと思っていることに対し相手が違うことを望んでいたり，望むことが重なって取り合いになったときは，どんな結論を出せるかを相手と共に考える必要が出てきます（5〜6頁）。

　ここで書かれていることは，子どもが友だちとの遊びの中で結果的に得るいくつかの力と同じであるように思います。「おもろい」遊びを展開させるには，魅力的にそれを伝えるプレゼンテーション力も必要になります。ひとりよがりでは誰も参加してくれません。そこから対話を積み重ねて，より「おもろい」遊びを展開させます。

　子どもたちには，たっぷりじっくり遊んで，友だちともたくさんぶつかり合って，ケンカも，そして仲直りもたくさん経験できることを願っています。保育者は，一人ひとりの子どもが感じている遊びの面白さを一緒に感じながら，トラブルが起きた時には，その子がどう向き合って，何を感じ心を動かしているのか，子どもたちの成長を喜び，保護者ともそれらを共有し

さぁ遊ぶぞ！

て，子どもが力一杯に遊べる環境を整えることが，保育の大きな仕事の中のひとつだと考えます。

3 ルールのある遊び

[1] ルールのもとでは，人は皆，平等

　1歳児同士のままごとを見ていると，お互いの経験から緩やかな枠組みがあって，暗黙の了解のもとで遊びが展開されていきます。2歳児の追いかけっこにしても，参加者の共通するイメージのもとで，追いかける役と追いかけられる役になって楽しみます。子どもたちは，毎日の遊びの中でだんだんと約束事がある楽しさを覚えて，ルールがあることで遊びがより楽しくなることを経験していきます。4，5歳になってくると，よりルールがはっきりした遊びが楽しくなってきます。鬼ごっこ，ドッジボールなど，集団遊びといわれる遊びにはルールがあります。そこでいうルールのある遊びとは，一定のルールに基づいて行動し，その結果，勝敗がついたり，役割を交替したりする遊びです。ルールのもとでは人は皆，平等です。強い子も弱い子もどんな子も，ルールのもとにあっては皆が平等です。

　ルールとは平等なものですが，子どもたちの経験が浅いうちは，自分の思いや願いとルールを天秤にかけて葛藤します。そして様々な姿を見せてくれます。鬼ごっこを例にあげると，鬼にタッチされたのに「タッチされてないも〜ん」と言う子，タッチされたことが悔しくてタッチを「叩いた！」と言って，悔しさを怒りに転換してしまう子，逃げる範囲を決めているのにそれを超えて逃げる子，ズルを指摘されると怒る子，正義感が強く，絶対にどんな小さなズルも許さない子，途中で何も言わず抜けてしまう子など。ルールや勝ち負けに対して，現実が受け入れられない時に，いろいろな表現をします。しかしルールはルールです。守ってこそ面白みがあることを，何度も繰り返し遊ぶ中で経験して学んでいきます。この繰り返しの時間が重要であることは言うまでもありませんが，毎日の遊びの中で，立ち戻れる約束（ルール）の意味を理解していきます。

[2] ルールのある遊びはなぜ面白いのか

　ルールのある遊びの面白さのひとつは，「思い通りにならない」ことを楽しめることだと思います。ルールのある遊びは，仮の敵対関係をつくって遊びます。相手，もしくは相手チーム，そして味方が存在します。勝負に勝ちたい，上手くやりたい，失敗したくないなど強い思いがあります。しかし，相手あっての遊びです。相手がどう出てくるか，強い相手かも，負けてしまうかも，様々な

憶測や想像がふくらみます。

　実際に遊びはじめると，また「思い通りにならない」たくさんの葛藤が出てきます。しかし，その遊びを継続していくには，その葛藤を飲み込める力が必要になってきます。逆転の機会があることや，仲間に助けてもらえるかもしれないこと，負けても次があることなど，経験を重ね，自分の感情をコントロールできるようになっていきます。その余裕というか，力が土台となって，ルール遊びの楽しさをより理解して学んでいきます。

　遊んでいて，何でも自分の思い通りではハラハラドキドキは感じられません。ピンチがあるからこそチャンスもあり，一進一退のドラマを演じながら勝った時の喜びはより大きなものになります。そしてそれを仲間と共有できる瞬間は，本当にうれしいものです。もちろん負ける時もあります。悔しいけれど，チーム内でなぐさめあったり，愚痴を言ったり，そんな中で今までになかった友だち関係が生まれることもあります。これらは絶対にひとりでは感じられない，味方や相手，仲間がいるからこそ感じることができるルール遊びの醍醐味だと思います。自分が思いっきり喜んだり，悔しがったりすることで，相手の気持ちも感じ考えられるようになると思います。

　逆に，自分の思いだけで相手のことを考えず，ひとり勝ちで自分だけ満足するような姿勢で遊ぶ子には，徐々にその子の周りには友だちが集まらなくなります。勝つことに向かう気持ちはもちろん大切ですし，それも楽しさのひとつです。しかし子どもたちは，ことばにはしませんが，心の中で，それよりもみんなで楽しむことの方が大切だと感じて，ルールのある遊びを楽しんでいるのだと思います。やっぱりみんなが楽しくなければいけません。

　あわせて，今までの毎日の遊びや生活，運動などで獲得してきた「知恵」と「身体能力」を存分に使い，それらを総合して，その子のもてる力を全開にして楽しめることが，ルールのある遊びを面白くしていると考えます。

　河崎道夫は著書『あそびのひみつ』（ひとなる書房，1994年）でこんな風に述べています。「ルールのあるあそびの基本的なおもしろさは，“対立すること”にあります。対立の中に身をおき，そこで精いっぱい自我を発揮し，試しあい，競い合うことにこそこのあそびの喜びの根源があるのです」（82頁）。中略しますが，その後こんな風に続きます。

　「ルールのあるあそびのもう一つの本質的要素は“対立を楽しむ”の“楽しむ”ということです。まさにこの“対立する”ことと“（対立を）あそびとして楽しむ”ことという，一見相反することがらの絶妙なバランスのうえにルールのあるあそびが成り立つのです」（88頁）。

　ドッジボールで見てみると，2チームに分かれ勝敗を競います。ボールをキャッチしたり，投げたり，ボールから逃げたり，避けたり，身体全体を使って遊びます。そしてうまく避けられた時のスリル，相手を当てた時の爽快感，当

てられた時の悔しさ，でもその「悔しい！　外野には行きたくない」という気持ちを飲み込みながら外野に行き「くそ〜すぐに戻ってやる」と奮起します。外野へのパスのタイミングや適切な逃げ方，相手チームの誰から順に当てるのが得策かなど，知恵を絞って最善の方法を考え実践します。それらを同じチームの仲間と共有して戦います。助けたり，助けられたり。ゲームの中では相手のことを憎らしくも思います。勝ちが決まった時にはチームの仲間と跳び上がって喜びます。負けた時には悔しくて涙が出ることもあります。しかし「もう一回！」とまたやりたくなります。

　ゲームが終わった後には，ドッジボール中にあった仮の敵対関係は終わり，普段の友だち関係に戻り，また違う遊びがはじまることだと思います。

　園で様々な遊びを積み重ねていくと，子どもたちはルールのある遊びを求めるようになってきます。子どもたちは「ルールを守る」ために遊びたいのではありません。その遊びの中に子どもたちが何を求めているのかをよく考えて保育していきたいものです。

③　順番のルールを考える

　ある日，園庭に，砂場で遊ぶショベルカーが2台やってきました。操縦席に乗ってハンドルを操作するとアームが動き砂を運ぶことができる魅力的な遊具です。5歳児クラスで話し合ってルールを決めることになりました。

　　ひびきくん　「交代でケンカしないで使おう」
　　ゆうこちゃん「誕生日順で使ったらどう」
　　けいこちゃん「順番を紙に書いて，順番が来るまで他の遊びをして待っとく」
　　はるとくん　「前に乗っていた人は次の人に教えてあげたらいいな」
　　そうたくん　「ルールを守らなかったら1週間使えないことにしよう」

など話し合って，自分たちで「紙に順番を書いて，その順通りに交代する」ルールを決めました。そして決めた通りに紙に順番を書いて遊びはじめますが，制限時間などを決めていなかったので，初めに乗った2人がなかなか代わってくれません。保育者は少し離れて見ていましたが，あまりにも長すぎたので見

「そろそろ代わってや〜」

ていられず，2人に声をかけると，やっと代わってくれました。けいこちゃんが順番の紙を持ってきて「はい，次ははるとくんやで」と次の人に教えてあげています。そうたくんは自分の順番が待ちきれず「早く代わってよ〜」と言いにきますが，「順番がまだやで」と言われていました。ずいぶん待っているので不服そうでしたが，一応納得して違う遊びをしに行きました。その後も，順番交代で揉めそうになると「みんなで決めたやろ」とルールを大切にしていました。ルールに

はとても厳しいみんなでした。乗っている時間については，秒数制限などは彼らには合わないようで，そこはルールを設けずに，適度な時間感覚と節度をもって上手く交代していました。

　社会の中ではみんなが気持ちよく過ごせるように，私たちはルールをつくります。ここでもお互いが納得して決めたルールという前提があることで，誰もがそれを守ろうとしています。生活の中でも様々なルールがあります。それを守ることによって自分たちが気持ちよく過ごす経験をすることで，社会でどう振る舞うことが大切かも学びます。そしてもしつくったルールが自分たちに合わない時は，もう一度話し合って，ルールは変えてもいいものだということも，園の生活や遊びを通して学んでほしいです。先のエピソードでも，数日後にはまたクラスで話し合って，時間制限について「100数えたら交代」など新たなルールが加えられていたのかもしれません。幼少期にルールのある遊びを仲間と体験してこないと，少年期，思春期，青年期になってもルールが守れないといわれます。社会の中で必要な道徳観は，遊びや生活の実体験を通して育っていきます。逆にいえば，実際の遊びの中でそれらを体験しないと，教科書や大人の言葉だけでは，本当の意味でのルールの理解ができないと思います。

〔4〕　特別ルール──ルールは大切，でも仲間も大切

　5歳児クラスでは，秋頃からドッジボールをはじめました。少し幼さが残るたけるくんも，一応ルールを理解してドッジボールに参加しています。ボールから逃げるスリルが面白くて楽しみにしています。しかしボールに当たってしまうと，一転してかんしゃくを起こしてしまいます。当たったら外野に行くというルールは理解しているのですが，悔しすぎて受け入れられないようです。外野に行かず，内野のコートで手足をバタバタさせて怒りを表現しています。その状態ではドッジボールが再開できません。友だちが説得したり，保育者が話を聞いたり，時には無理やり外野に連れて行ったり，いろいろと対応してきましたが，ボールが当たってしまうことを，たけるくんはなかなか受け入れることができません。困ったみんなは「ルールを守らないたけるくんは参加させ

対立を楽しむ

ない」という選択肢もあったと思いますが，そうはせずに，クラスみんなで相談して，たけるくんは3回まで当たっても OK という特別ルールをつくりました。たけるくんもその特別ルールを受け入れ，ボールに当たるとかんしゃくを起こしそうになりながらも「まだ2回当たっても大丈夫」と余裕をもち，自分の気持ちと向き合い考えることができたようです。冬ごろになると，ボールが当たったらルール通りに一回で外野に行けるようになってきました。その間に，たけるくん

はルールについて彼なりに考えてきたのだと思います。

　ルールは大切ですが，仲間も大切です。たけるくんのことを排除するのではなく，たけるくんの理解に合わせて，自分たちの楽しさもあまり変わらないように計算して少しルールを変えて，たけるくんも一緒にドッジボールを楽しめるようにした賢い子どもたちでした。自分たちに合ったルールをつくっていく力も，「ルールのある遊び」を遊ぶことによって結果的に学べる大きな力です。

　自分たちより小さい子が参加した時はどうするか。耳が不自由な子が来た時はどうするか。外国の子が来た時はどうするか。そんな時，子どもたちはどうするでしょうか。きっとまた子どもたちは，参加したい子のことや遊びの内容を臨機応変に柔軟に考え，その子を排除するのではなく，むしろ，その子の違いを上手く取り入れ，みんなで一緒に楽しめるルールをつくってくれると思います。多様性を大事にする時代の中で，このような力を遊びの中で学んでいってほしいです。

4 遊びにおける保育者の役割と援助とは

　「子どもに「遊び」が必要だというのは，その身体の発達上の問題だけではない。子どもの内なる世界に眠る，その人間のあらゆる可能性を，知らせるためでもある（傍点引用者）」（『現代の児童文学』上野瞭，中公新書，1972年，206頁）。

　子どもの遊びは自己表現。子どもたちが自由に，主体的に遊びを展開し，自己発揮できたという充実感をもてるようにしていくことを基本にした遊びにおける保育者の援助について考えてみましょう。

1 　子どもたちの興味，関心が実現に向かう応答性のある環境の整備，構成

　人の心の扉は，どんなに幼い子どもでもみんな，体内からほとばしり溢れる力・興味，関心，好奇心によって，内側からの扉が開かれます。人はみんな，自由意思という内なる心の扉をもっていて，その自由意思に従って，自ら外なる環境に働きかけ，行動していきます。それが自発性です。「その子が今，やろうとしていること自体，その子にとって必要であり意味がある活動」です。他人からやらされることとはまるでわけが違います。子どもたちは，自分の心の成長に必要なものを敏感に感じ取って，環境に働きかけ遊びだします。

　そして，主体的とは自発的に取り組んだかどうかだけでなく，めあてや自己課題が生まれ，その取り組みの過程や結果が重要になってきます。すなわち自分自身（主体）の判断で行動し，その行動から得られたことを，自分自身のものとして受け入れていく。したがって自分の行動に対して責任をもつようになることを意味します。

「ガソリン入れて下さ～い」

　保育者は，一人ひとりの子どもたちが自ら環境に働きかけていって，自分のやりたい遊びを見つけ，楽しみ，自己実現していけるよう，子どもたちの興味や関心，発想を踏まえ，思わず関わってみたくなるような環境をつくり出すことが大切です。もちろん子どもたちと一緒にその環境づくりをすることも考えられます。そして子どもたちの，この先の発達の見通しを踏まえ，子どもたち自身がその遊びを継続したり，発展させていく環境について考えてみます。

　「環境の整備」というのは，子どもたちが主体的に環境に関わって成長に必要な生活や遊びを体験できるよう，環境を整えることです。従来環境構成というと，ものをどう配置するか，といった物的な側面ばかりに目が向けられてきました。しかし，保育者が用意した物的環境に「さあ，これらの環境の中で好きな活動を選択して遊びましょう」と子どもたちを追い込むための環境構成ではなく，子どもたちの興味や関心が実現に向かうための，応答性のあるものに構成していくことが求められます。

　応答性のある環境構成とは，(1)子どもたちの興味関心が実現に向かうようにすること，それだけでなく，(2)新たな活動が生み出されるようにしていくこと，(3)子どもたち同士が自然に交流できるよう，クラス内だけの活動にとどまらず別のクラスや年長児とも関われるように促すこと，(4)その時期にしか出会えないような環境，つまり，自然事象や社会事象との出会い，その時を逃してしまうと次の機会になかなか出会えなくなる活動などを生かすことがあげられます。

　例えば，日本で開催された冬季オリンピックのスキージャンプを，テレビで毎日家族と見ていた4歳児が，園で"スキージャンプをやりたい"と求めつづけ，友だちや保育者と一緒に考えたあげく，ホールの舞台に戸板をかけ，段ボールや牛乳パックでスキーやスキー靴をつくって，実に晴ればれとした顔をして，冬季オリンピックごっこを展開するなど，保育を見て感動したことがありました。

　さらに(5)子どもたちの興味ある活動が連続していくような環境を考えることも，必要不可欠です。

2　子どもの気持ちや内面の課題を追求する

　子どもたちが何をして遊んでいるのかを見回るだけでは，目に見える子どもたちの姿はとらえても，目に見えない内面の育ちを理解することはできません。
①　この遊びの何に面白さを感じているか。──共感的に理解する
　須藤は，カイヨワの遊びの分類には「構成，工作の遊び」が抜けていると指摘しています（積み木，折り紙，泥団子づくり，工作など）。「見立てる」想像力や

構想力とともに，実際に作る技も必要です。子どもたちの中で技を競い合う局面も現れると述べています（「子どもにとっての遊びとは」須藤敏昭『日本の学童ほいく』2016年3月号，10頁〜12頁）。以下に要約します。

「フランスの美学者，社会学者のロジェ・カイヨワは，遊びの4つのタイプから遊びの性質や構造の違い，固有のおもしろさがあることを次のように分析しています。

1　競争・競技の遊び＝相手に勝利すること，それにつながる技の向上。
　　（かけっこ，相撲，おにごっこ，ドッジボール，野球，オセロ，将棋など）

2　運・偶然の遊び＝どんな目が出るか，ドキドキするスリルが魅力。技の向上・努力を放棄して，運を天にまかせるところに成立。
　　（じゃんけん，すごろくなど）

3　模倣の遊び＝虚構の時空を創りだし，なにかになりかわる楽しさ。
　　（おままごと，学校ごっこ，電車ごっこ，お店屋さんごっこ，仮装行列など）

4　めまいの遊び＝日常・通常の感覚を混乱させ，変わった気分を味わう遊び。
　　（ぐるぐる舞い，シーソー，ブランコ，ソリ遊びなど）」

子どもたちが何を面白がって遊んでいるかを理解するのに，参考になるのではないでしょうか。

② 子どもたちの遊びを観る時，注目したいこと

今，子どもたちを夢中にさせている要因は何か。どんなめあてや憧れ，課題をもって活動に取り組んでいるのか。イメージをどれだけ共有化しているのか。思ったように進まない時，困難に出会った時はどうしているのか。この遊びを通して育っている力，学びとっていることは何かなど，一人ひとりの子どもたちの（子どもたち共通の）具体的な意味を問うてみましょう。

③ 経験の意味づけをする

いろいろな場所で転々と遊びを展開している子どもたちを見て，つい保育者は『遊んでいるから，まあいいか…』と思ってしまいがちですが，経験のさせっぱなしにせず，経験の意味づけをしていくことが大切なのではないでしょうか。

今，子どもたちの中には，何か問題にぶつかったりすると，「どうすればいいのかな？」と解決の方法を見つける前にパニックになってしまい，ものや人にあたる衝動的な姿が見られます。『なんでうまくいかなかったのか？』『なぜ壊れてしまったのか？』うまくいかなかったという結果からその原因を探る「因果関係」を捉える体験が不足しているのではないかと思えるのです。つまり，「結果から原因を考えだす力」です。活動がうまくいかなかった時，保育者が「残念ね，なんで壊れちゃったのかしらね」と，うまくいかなかった気持ちにまず共感し，「うまくいかなかった原因がわかれば，今度はきっとうまくいくと思うんだけど…」とその原因について一緒に考えたり，時には子どもたちに考え

させることで，「こうするとよかったのね」と，その原因について言語化し，「こうすれば⇒こうなる」という考えを確認することができます。その繰り返しによって「うまくいくためには⇒こうするといい」という，結果を予測した行動の力が養われていきます。うまくいかなかった体験から，自分なりの答えを見出し，予測ができるようになっていく力こそが重要です。

「もっとよく考えてやりなさい」「また失敗しちゃったのね，だめだねえ」では決して育たない，"思考の力"を育んでいくためには，保育者が子どもたちと一緒に考えながら「経験の意味づけ」をしていくことが必須です。

3 遊びは人と人を結ぶ活動——どの子も認め合う関わりを

① 友だちや仲間と "楽しい" "面白い" をいっぱい経験する

遊びを通して，一緒に遊ぶ友だちや仲間との楽しさや，喜びを十分にわかち合うこと，これこそがコミュニケーションの原点です。ヒトが人になっていく基本は，コミュニケーション，すなわち「分かち合い」だといわれます。遊び体験において，まずはこの楽しさや面白さを人と十分に分かち合う体験をすることによって，やがて，悔しさ，悲しさ，怒り，などもろもろの感情を分かち合うことができるようになるのではないでしょうか。保育者は，まず子どもたち同士が遊びの楽しさや面白さをわかち合えているかどうか確認し，育んでいってほしいものです。

② 友だちや仲間と関わる煩わしさも経験し，分かち合う喜びを味わわせる

年度の最初のころの子どもたちは「何をしようかな」と自分のしたい遊びを見つけ出すことがめあてになっていましたが，時期を経るにつれて，「今日は誰と遊ぼうかな」と友だちに目を向けるようになってきます。"○○ちゃんと一緒に遊べて楽しかった" "また△△ちゃんと一緒にお母さんごっこしよう" などと，子ども同士で楽しかったから，面白かったから "一緒にやろう" と，仲間を集め遊びだします。まずは遊びたい友だちや仲間としたいことを十分に体験し，"友だちっていいな" "一緒に遊べて楽しかった" と感じる機会を保障していくことが保育者の役割になります。

そして，なかなか友だちを求める気配がない子，友だちと遊びたいのに関わり方がわからない子，よくトラブルを起こす子，友だちの中に入れてもらえない子などにも目を向け，保育者が子ども同士の橋渡しをし，ぜひ一緒に楽しむことを経験させてほしいと思います（そのような保育実践は第3章の第4節を参照）。

それから，友だちと遊んでいると，自分の思い通りにならないこともたくさん生じてきます。いつも負けてしまうとか，鬼に捕まってばっかりとか，なかなか練習しても縄跳びが跳べないなど，"もうやーめた"とか "もう○○ちゃんたちとは遊ばない" などとトラブルになることも多々あります。今，子どもたちの遊びで必要なことは，友だちや仲間と関わる煩わしさをたくさん経験す

‥‥‥ることです。そのためには前述のように「友だちと一緒に遊ぶって楽しい！」を十分に味わうことが前提となります。

③　トラブルや煩わしい体験を通して育つ力

　友だちや仲間と葛藤を経験している時こそ，保育者の援助が必要です。例えばトラブルが生じた時，「けんかしてはダメ！」「先に手を出した方がいけない」などと，保育者がトラブルを否定したり，裁判官になって，どちらがよいか，悪いかなどの判決を下したりしないことです。「トラブルを起こさない＝順調に育っている」のではありません。

　それでは友だちとの煩わしい体験，トラブルや仲間はずれなどを通して育つ力とは何でしょうか。保育者の役割は何でしょうか。以下にあげてみます。

> イ）自己主張する力
> 　トラブルの多くは自己主張と自己主張のぶつかり合いです。自分の気持ちや考えを相手に訴えたり表現する力が育つ。
> ロ）相手の思いに気づく力・思いやり
> 　自己主張をし合ううちに，なぜトラブルになってしまったのか，その原因がわかってくると，相手の行動の意図に気づいたり「自分だけが正しいわけじゃない」「相手もつらいんだ」と感じられるようになる。こうした経験が相手を尊重し思いやる力につながっていく。
> ハ）問題解決力
> 　相手との違いに気づけるようになると「じゃあどうすればいいのか」を保育者に仲立ちになってもらいながら考えるようになる。
> ニ）自律の力
> 　トラブルなどを解消するには，自分と相手の気持ち，その時の状況など，複数のことを考えて判断し，調整することが必要になる。時には自分が我慢して折り合うことで自律の力も身についていく。

　子どもたちは，激しいトラブルになっても「なぜトラブルになったのか」原因がわかれば，相手をすぐ受け入れる柔軟な心をもっています。けんかしても，その後，仲良くなることが大切なのではないでしょうか。子どもたちは，煩わしいトラブルなどを経験しながら，人間関係の最も重要な力である分かち合いを獲得していきます。前述の通り，保育者が裁判官になってしまうと，子どもたちは，保育者に自分の立場をわかってもらえないという悔しさで，なかなか気持ちがすっきりできません。けんかしてもすぐ仲直りするという機会をなくしてしまいます。大事なことは，「なぜけんかになったのか」聞き出す解説者になればいいということです。あとは子どもたちが問題の解決を図っていきます。一人ひとりのみんながそれぞれの主張を認めること，お互いの存在の意味を認め合うことではないでしょうか。だからこそ「裁判官になるのではなく，解説者に」を肝に銘じておきたいですね。

④　個（一人ひとり）を認め，生かすことと，集団（友だち同士）の育ち合いの両方を捉える眼差し

　保育者が一人ひとりの子どもをどう見るかは，他の子がその子をどう見るか

に繋がっていくように思います。保育者が一人の子どもに対して「〇〇ちゃんは，乱暴で困っちゃう」と見てしまうと，他の子にも影響を及ぼし，「〇〇ちゃんて乱暴でいやだよね」と見てしまう傾向があるということです。したがって，どの子もみんなが認め合える関係性を育んでいくには，保育者は決して子どもをマイナスのイメージで捉えないことです。

　保育者が，日常的に子どもたちの心に届く関わりを心がけていると，そうした対応を見ている子どもたちは，自分が困ったことにぶつかっても，あのように援助してもらえるだろうということで，保育者との間に信頼関係がつくられていきます。保育者の対応がモデルになって，子ども同士の関わりが生まれていくことが多いです。保育者が日ごろの生活の中で，子どもをどう見て関わっているか。その姿勢こそが最も重要になってきます。

引用・参考文献

『科学者が人間であること』中村桂子，岩波書店，2013年。
『よみがえる子どもの輝く笑顔』天野秀昭，すばる舎，2011年。
『集団ってなんだろう』森上史朗・今井和子編著，ミネルヴァ書房，1992年。
『京大式　おもろい勉強法』山極寿一，朝日新書，2015年。
『あそびのひみつ』河崎道夫，ひとなる書房，1994年。
『現代の児童文学』上野瞭，中公新書，1972年。
「子どもにとっての遊びとは」須藤敏昭『日本の学童ほいく』2016年3月号，10〜12頁。

第6章 「ごっこ遊び」「劇」を通して育っていく集団

1 ごっこ遊びとは何か

1 日常のごっこ遊びによる変容

　生活のほとんどが手動から自動に変わりつつある世の中，手を差し出せば水が出る，トイレに入れば電気がつく，料理もレンジですべてつくってしまう便利な現代…，変わったのは生活だけではありません。子どもの遊びにも変化がみられます。昔はかまぼこの板を出しておくと，必ず汽車に見立てて走らせて遊ぶ子どもの姿がありました。今は，かまぼこの板を，大好きなお母さんが使っているスマートフォンに見立てて耳にあてたり，手でなぞったり，また，リモコンをイメージして，エアコンに向かって「ピッ，ピッ」と電源を入れる真似など，子どもの目はいつも大好きな人や物を興味深くとらえています。

　昔からよく，"真似ること"は"学ぶこと"，つまり，周りの人のことを真似しながら学習していくと言われます。園での自由遊びを見ていると，ほとんどの女の子がお母さんになったり，お姫様になったり，あこがれの人になりきっています。一方，男の子はテレビのヒーロー（戦隊もの）に興味があるみたいです。子どもたちは，好奇心のアンテナを張りめぐらせ，見たり聞いたり，触ったり…，つまり，五感を働かせていろいろなものを頭の中に入れていきます。そして，それらのことを思い出して表現するのです。

　私が衝撃を受けたのは，自由画帳にすべて戦隊ものが描かれていたことです。自由画帳は，自分の好きなものを自由に描いていいのですから，別に問題はないのではと思いがちですが，私の記憶では昔から花や動物，家族などといったような自然物や身近な人物が描かれていました。戦隊ものが好きな5人の仲間は，毎朝，キョウリュウジャーになりきって遊んでいます。

　子どもにとってヒーローの魅力のひとつは，弱者を悪者から助ける強さと変身の時のかっこよさです。子どもは強くてかっこいいものにあこがれます。今，おそらく全国のどこに行っても，ヒーローごっこが見られるでしょう。ヒーローになって戦うふりをすることで，「強い者」に同化しようとしているようです。毎日同じ遊びを繰り返す理由は，"その遊びが面白くてたまらないこと""それ

しかやることがない"からです。たとえやめさせても，他に面白い遊びがなければ，また，慣れたヒーローごっこを繰り返すことでしょう。戦隊もので遊ぶことがいけないと見るのではなく，他に夢中で遊べるものはないのかと考えてみました。

事例 《5歳児》ヒーローごっこからしっぽ取りへ——朝の自発遊び

　園庭に出てもいつもSくんを中心に戦隊もので遊んでいる4人の男の子。どうも見ていると"キョウリュウジャー"といって，恐竜の戦隊もののヒーローごっこのようだったので，彼らの興味に添いながら，他にエネルギーを燃焼できる遊びはないのかと考えました。

　そこで「キョウリュウジャーのしっぽ取りしない？」と保育者が誘いかけてみると，意外にも園庭のあちこちから子どもたちが集まってきました。

　保育者が「みんなは，何になりたいの？」と聞くと，「地球を侵略する悪者をやっつけるの！」と。「じゃあ，みんな，しっぽつけて。最後までしっぽを取られなかったキョウリュウジャーが一番強いのよ。行くよー！」とかけ声をかけ，赤・青・黒・緑のはちまきをしっぽをに見立ててつけ，どのキョウリュウジャーが強いか競争がはじまりました。朝の自発遊びなので，24人くらいで戦います。それぞれの色に分かれ作戦を立て，相手のしっぽをどのように取るかを相談し合う，色別キョウリュウジャーのしっぽ取りです。子どもたちの息は高まります。

　「よーい，はじめ！」陣地を決め，しっぽを取られた子は自分の陣地に戻り，自分のチームを応援します。園庭なので逃げる範囲が広く，なかなかつかまりません。それでもチーム戦なので，相手をとりまきながら，一本，二本…としっぽを取っていきます。年長にもなると，作戦も上手に立て，初めに強い子のしっぽをねらって取っていく姿も見られます。「やったー！」「赤キョウリュウジャーの勝ち！」「もう一回，もう一回」との声がかかり，汗だくで遊ぶ子どもたちの姿がありました。

　いつも4人が隊列を組んで，Sくんの命令に従って遊んでいたのですが，仲間と共に汗だくになって遊ぶ楽しさを心ゆくまで味わう姿が見られ，ちょっと遊びの幅を広げることで，こんなにも全身を使い，そして仲間と遊ぶ楽しさを知ることができたのではないかと思いました。もちろん，しっぽをつけた子どもたちの「ガオー！　ガオー！」と，恐竜に変身する姿にも迫力があります。この戦隊ものは恐竜の仲間なので，4歳児の時に恐竜博物館へ遠足に行ったこともあり，子どもたちは，プラキオザウルス，トリケラトプス，ステゴザウルス等といった恐竜（空き箱やダンボール板など身近な素材を使って作った手作り恐竜）作りや，恐竜そのものになりきって長く遊んだ経験もあるからこそ，生き生きとして遊びこめていたのだと実感しています。

　4歳児のころは，よく広告紙をくるくると巻いて剣にして戦っている姿を見ました。しばらく遊んだ後，保育者はその剣にリボンをつけて体操選手のように踊ってみたり，釣り竿に見立てて，魚釣りの遊びへともっていきます。このように，遊びのイメージが変化することにより，他の子と関わって楽しく遊ぶ

姿が見られます。身体を使い，豊かな経験をしてほしいという願いは変わらないと思います。デジタル化した社会に子どもたちが依存しないよう，"人が本来もっている豊かな感性を磨いていくこと"を促していきたいものです。ヒーローの魅力は，弱者を悪者から助ける強さと，変身の時のかっこよさです。今も昔も変わらず，子どもは強くてかっこいいものに憧れます。それは子どもの自然な姿であり，"また，戦隊ものしてる"とやめさせたりするのではなく，ちょっとした保育者の工夫で遊びの幅を広げる援助が必要であり，発想を転換することが大切だと考えます。

　ここで，福井県越前市が2019年6～7月に行ったアンケート調査「園児のメディア利用に関する調査結果」（越前市東ブロックの幼保園の園児対象：599人）によると，一番割合が高いものは，すべての年齢で「テレビ」，次に「スマートフォン」になっており，年齢が上がるにつれてゲームをする割合が高くなっていました。以下に，調査結果の中でもとくに気になった部分をあげます。

〈ネットやゲームをしていて，困ったことや怖い，嫌だと思ったこと〉

やめない
【年少】• なかなかやめられない，やめさせると号泣する。（多数）
　　　 • いつまでも見ていて中毒性が高いと感じた。
　　　 • 使用時間を過ぎても，なかなかやめてくれない。近くにいる大人も，慣れて注意しなくなった。
【年中】• 長時間見てやめることができなかったとき，親が無理に止めると怒ったり，かんしゃくを起こしたりして困る。
【年長】• きまりはあるが，時間はなかなか守ってくれない。やめられない。（多数）
　　　 • 祖父母の部屋へ行けば動画を見放題。しかも子どもだけで見ている。見せないでほしいとか，ルールを決めてとかを親である私からは伝えられず，子どもは分かっておらず…。行けば見れると分かっているので，すぐに行きたがり，なかなか帰ってこない。
　　　 • 自分から時間で止めることが少なく，大人からの声かけが必要。

あばれる・ケンカ・言葉遣い・ストレス
【年少】• 静かにしてほしいときに使わせているが，家に帰ってからも使いたがり，叫んだり，物を投げたりする。親が上手くコントロールできていない。
【年中】• つい夢中になったり，ゲームで負けたりすると口調が荒くなったりする。
【年長】• 言葉遣いが荒々しくなったりする。

目・睡眠
【全年齢】• 依存が心配，目が悪くならないか。
　　　　 • 猫背と視力の低下。
　　　　 • 夜に覚醒し，荒々しくなる。
遊び方・その他
【年中】• 体を動かして遊ばなくなった。
　　　 • 変な歌を覚えたりすると，ひたすら歌う。
【年長】• 1人でトイレに行けなくなった。
　　　 • テレビを見始め集中すると，声をかけても返事しないことがあり困る。

- YouTubeでアニメなど見せていたとき，次の再生動画やサイドの関連動画で，アニメなのに大人向け？に加工されているものなどが表示されていて嫌だった。
- お兄ちゃんたちと一緒にゲームなどをしているが，人を撃つゲームをしていることがある。
- 親の携帯を使って，子どもだけで動画を視聴しているときがある。

欲しがる
【年中】・おもちゃで遊んでいる動画やおもちゃを買いに行く動画を見て，自分も同じことが出来ると思い込みそうで怖い。
【年中】・YouTubeで見たおもちゃを欲しがる。

　以上が，調査結果の中でも特に気になった部分です。

2　見立て・つもり遊びが育つプロセス

　2歳児になると，憧れる人のすることをじっと見て，見立てる力もしっかり育っていきます。個々の見立ては，いろいろできるようになりますが，イメージを友だちと交流し合って遊んだりすることは，まだ難しいようです。2歳児クラスのMちゃんは，妹が生まれたことにより自分がお姉さんになり，母親のオムツ替えの様子をよく見て再現しています。

①大型遊具の一角に布団を敷き人形を寝かせ，♪ゆりかごの歌を歌って，トントンする。

②「ミルク，ほしいの？」「ごめ〜ん，ごめん。どうぞ。ごっくん，ごっくん」

③「さあ，オムツ替えようね」「あら，いっぱいウンチしてますねー」

④「いっぱい，ウンチでたね。大丈夫，大丈夫」

⑤「ここにも，ウンチついてますね。きれい，きれいしようね」足を持ち上げて，おしりをふく。

⑥汚れたオムツをくるくる巻いて，あと片付けする。

⑦「先生，袋とってきて！」
ビニール袋に汚れたオムツを入れる。

⑧きれいにした後，新しいオムツに替え，洋服を整える。

⑨ペットボトルを枕に見立て，人形の頭をのせる。

⑩「もう，ねんね」と言って，トントンしながら寝かせる。ミルクの瓶をそばに置く。

⑪人形を寝かせた後，オムツやタオルを洗濯し，柵に干す。

　見立てる力がしっかり育ち，実に細かい部分まで観察している様子が見られます。あこがれの人を自分と重ね合わせ，"～だったらいいのに""～みたいになりたい"という願望をもって行動する力は，夢に向かって行動する力にもなります。見立て，つもり遊びは，自己拡大のプロセスです。見つめる─インプット─イメージに沿って能動的に行動する喜びが伝わってきます。また，感動を蓄えることは自己発揮に繋がります。内面化された模倣がイメージの起源です。Mちゃんのこの一連の見立て遊びは，心の中から生まれてくる再現行動を豊かにし，模倣の対象に同一化することによって，相手，つまり母親を捉えています。お母さんはこんな風に赤ちゃんに接しているという理想的な役を演じることが，今の自分を理想の自分に近づけていくのです。虚構の世界を実現し，こうすればやれる自分を意識化していきます。子どもが生きている独自の世界を，保育者は十分理解することが大切です。言葉では自分の思いを表現できない1・2歳児にとって，自分の思いに添って行動することが自己表現であり，他者との架け橋になっていきます。子どもの行動には，何か深いメッセージがあると感じます。このMちゃんの一連の見立て遊びに見られるように，お姉さんになり，集団の中でも優しさが出てきて，友だちとの会話の中にもやわらかさが見られるようになりました。

　繰り返しになりますが，ごっこ遊びは日常の自分からはなれ，どれだけ自由に生きられるかを楽しむこと，言いかえれば，自分を自由につくり出していく営みだといえるでしょう。

2 | イメージの共有で繋がり合う

1 歌やわらべ歌がある世界

　園庭から "花いちもんめ" のわらべ歌が聞こえてきます。「♪勝〜ってうれしい，花いちもんめ！　負け〜てくやしい，花いちもんめ！」「どの子がほしい」「この子がほしい」「この子じゃわからん」「じゃんけんしましょ！」「そうしましょ！」じゃんけんで勝ったチームに人数が増えていく遊びです。「今度はウサギになっていこう」と提案。「ケンケンしておいで」「汽車になっておいで」いろんな表現体になりながら，勝ったチームに入っていくこの遊びは，表現し合う場を共にし，眼差しをかけ合う場を共有していく楽しいわらべ歌遊びです。歌に誘われて次第に仲間が増えていく遊びの中には，異年齢の子も入ってきます。

　また，カレーライスの歌 "ニンジン，タマネギ，豚肉，炒めて〜" や "こぶた，たぬき，きつね，ねこ" 等の追いかけや合いの手を入れ，リズミカルな言葉のかけ合いは，子どもたちを心地よい世界に引き込んでいきます。"げんこつ山のたぬきさん" "お寺のおしょうさん" など，歌に対する保育者の思いが，手だけでなく目や顔の表情，身体全体の動きとなって表現されます。1対1の穏やかな空気の中で，共通関係をもちながら歌い，身体をくすぐったり，ふれあいを楽しみながら，歌の世界に引き込まれていきます。昔の歌には，美しい歌詞がたくさんあります。子どもと共通の表現手段（発声・しぐさ・身ぶり）をふんだんに用いて，子どもの表現を受容し，さらに模倣して返すことが大切だと思います。

　このような保育者と子どもの応答関係を体験して，いろいろな人との関わりをもっていきます。また，気の合う仲良しの子との関係から，誰とでも関わりを広げていけるように，一人ひとりの歌の表現の面白さを他の子にも知らせ，いろんな子の存在を知っていけるようになります。

2 絵本から生まれるイメージ共有の世界

事例1　スイミー

　4歳児では，『スイミー』（レオ＝レオ・ニ／谷川俊太郎訳，好学社，1969年）の絵本を読んだ後，洗濯バサミを使って小さな魚をつくりはじめました。床の上は海。小さい魚をつくる子たち。

　「ほら，小さな魚がいっぱい」「あっ，いいこと思いついた。この小さな魚，全部くっつけてみよう」「それ，いいんじゃない」と，洗濯バサミを全部くっつけています。「あっ，大きな魚になった！」「スイミーみたいやな」「じゃあ，目はどこにする？」みるみるうちに，きれいな魚がで

きていきます。洗濯バサミの性質，そして色を上手に利用し，工夫してきれいな魚になりました。

「小さな魚がくっつくと，大きな魚になって強い魚もやっつけてしまうんやな」とTくん。「ぼくらもみんなで力を合わせると，強くなるんやな！」洗濯バサミも，子どもの手にかかれば，芸術的な作品にでき上がっていきます。楽しいことは飽きることなく遊びつづけます。挟んだり，外したり，指の力を使ったり，どこにどう挟めばいいか考えながらつくっています。小さな魚をくっつけて，大きな魚‘スイミー’にする発想も面白いです。一人でやれないことも，みんなでやればできます。

この時期，運動会に向けて，力を合わせる集団での高まりがみられます。①小さな魚，②つなぐ，③スイミー，④輪の中の魚。子どもの素材を見立てる力には驚ろかされます。洗濯バサミ，されど洗濯バサミ。数多く準備しておくことも，環境としては大切な役割と思います。そして，つくりながら，♪がんばれ，スイミー〜と，歌もでてきて，素材を通して仲間が繋がっていくことが実感できます。

「大きい魚になった」
「あっ，なんかスイミーみたいやな」
「あっ，そうか！スイミや!!」

洗濯バサミを長くつなげて
“うなぎ”を作る子どもたち

「じゃ，目はどこにする？」
「この魚がいいんじゃない」
「それいいな」

洗濯バサミを丸くつなげたものを池に見立てる。
「ほら，小さい魚がいっぱいだ」

　　　いい絵本は，子どもたちを描かれた世界に引き込む力をもっています。また「現実の世界では体験できない世界」へ子どもたちを連れていってくれます。「スイミー」になって海の世界の厳しさや楽しさを体験したり，忍者になって日

頃は冒険できない危さに挑戦してみたり，フィクションのもつ現実からの飛躍を十分に味わえるのだと思います。

　子どもたちは，保育者に読んでもらった絵本が好きになると，「もっと読んで」と何度も繰り返し読むことを求めます。そして，次の日も次の日も飽くことなく読んでもらううちに，絵本のことばをすっかりおぼえてしまいます。

　やがて，絵本の中の人物になって遊び出します。5歳児にもなると，よりリアルにそれらしく振る舞うために，風呂敷で頭巾を巻いたり手裏剣を作りだします。こうして絵本からごっこ遊びが生まれます。クラスのみんなが一緒に読んでもらう絵本です。イメージの共有はすっかりできているわけです。仲間と一緒にイメージの世界をつくり出す楽しみ，協力し合ってやりたかったことをやり遂げる喜び，話し合ってものごとを決める必要性などの力が養われていくことは言うまでもありません。

　そしてスイミーならスイミーの遊びを通して，喜びや楽しさを分かち合い，共通のイメージの世界をもった仲間としてつながっていきます。この分かち合いの感情こそが，他者を受け入れていく最も大切な要件であることを，子どもたち自身が語っています。

3 ｜ 共通体験を通して育ち合う友だち関係

1　大好きな友だちとの遊びの輪を広げる
【お医者さんごっこ】

　園で風邪が流行し，子どもたちが病院に行く経験をすると，たちまちお医者さんごっこがはじまります。お医者さんごっこは，お医者さんの行動の約束事やルールに沿って行動しなければ成り立たない遊びです。聴診器で他の子のお腹を見たり，ポンポンしたり，待合室ができ，お客さんができ，看護師さんがメモをとり，薬もできて…。注射器を見たり，白衣を見るだけで泣き出す子が，ごっこの中では平気で手を出して注射をうってもらっています。お医者さんに手を出しながら我慢するという自分を演じながら，今の現実と違った自分を生きることによって，子どもはこうあるべきという世界を自覚します。

　こうした日常生活の中にあるルールや約束の世界に従って生きるという価値観が，次第に子どもの中に養われていくことなのだと思います。誰に命令されたわけではなく，子ども自身がお医者さんになり，最も理想的なお医者さんを演じることによって，遊びが成り立っていきます。3，4歳の時期には，ごっこ的気分の中で自分を乗り越えて，理想的な自分とか，こうあるべき自分に陶酔しているような心理状態がつくり出されることを十分理解し，ごっこあそびをより豊かに，つくっていけばいいのではないかと思います。子どもの背伸び

を保障し，ごっこの世界が広がるように遊び心を大切にし，自分の力で自分を乗り越えていく力と感覚が育っていくことを支えていきます。

　主体的に遊ぶとは，子どもが自分で遊びを選択するということです。興味をもった友だちが集まり，役割を担い，少しずつイメージを共有しながら，大好きな遊びを通して仲間関係を広げていく姿を，保育者はしっかりとらえていきましょう。

事例　遠足で恐竜博物館に行った後の再現遊び

　A男（4歳児）は，朝，登園してくると，昨日の遠足の恐竜博物館での出来事を楽しそうに話しはじめました。「ティラノザウルス見たよ！」「プテラノドンも見た！」と，子ども同士でも自分たちが見てきた恐竜の話で盛り上がっています。「プテラノドンって，歯がないんだよ」「どうやってご飯食べるんかな？」「ご飯じゃないよ。魚食べるんやで」「ゴクンって，一飲みにするんだよ」（後で調べたら，本当にプテラノドンには歯がなく，魚を主食としていました）。恐竜について興味をもち，知ったことを話し合う子どもたちの姿が見られました。

　恐竜の絵本を見ながら，「あっ，ブラキオザウルスもこんな大きかったな〜」とR男。バロンテープを手にとり，「これ，手につけようかなー」と，ヒラヒラさせている姿を見て，K男は「羽をつけてるみたいやわ」「あっ，プテラノドン！　こっちにもつけてみようかな？」と，自分の腕にバロンテープをつけはじめます。バロンテープをつけて腕を大きく振り，羽で森を飛んでいる様子を表現するK男が保育室や廊下を羽ばたいていくと，羽が風で吹かれているようでした。それを見ていた周りの友だちも作りはじめ，プテラノドンの住み家ができていきます。「お腹が空いたな，食べ物を見つけよう。あっ，あそこにI子がいる。食べに行こう！」「いいで，行こう」と羽を大きく動かしながら，鬼ごっこがはじまりました。

　「ここは恐竜の世界やな？」となりきって遊ぶ姿や，次々に仲間が集まり羽ができると，次はそれに爪をはり，恐竜の爪や口ばしの細部まで観察している姿に，子どもたちの観察力のすごさを感じました。中には，なかなか自分のイメージ通りにいかず，難しい表情になる子もいますが，友だちが違う素材の紙コップやペットボトルも持ってくるなど，困っている子に助け船を出したり，アイディアを出し合ったりと，少しずつ仲間関係の育ちが見られます。恐竜のしっぽがとれると，恐竜の怪我を治すお医者さんができたり，3歳児の注文を聞いて羽をつけてあげたりと，4歳児らしい年下の子を思いやる気持ちも見られます。

　同じ目的地に遠足へ行った仲間だからこそ，イメージが共有できること，また，日々の生活の中で4歳児が恐竜に興味をもっていたことから，遊びが発展していったと思われます。「こうしてみたら？」「これを使ってみたら？」などという保育者の思いが先行し，子どもたちの工夫したり考えたりする創意力を，知らず知らずのうちに摘んでいることにも気づかされました。

三角に切った牛乳パックを恐竜のするどい爪に見立てる	ペットボトルを恐竜の鼻に見立て，丸めたテープでくっつけようとするが，重くてなかなかくっつかない様子	「僕も作りたい。でもわからないよ」「一緒に作ろう」とやりとりをしながら友だちの腕に羽（タフロープ）を付けるK男	「僕は恐竜を治してあげる人になったんだよ」と言いながら，3歳児にしっぽを付けてあげるK男

2 感動体験こそが表現力を生み出す

　5歳児になると，子どもたちは8月にキャンプを経験します。経験内容としては，川下り・飛びこみ・生き物探し・自分たちの育てた野菜でカレー作り・バンガローでひと休み・虫捕り・花火など，夏ならではの経験させたい活動が盛り込まれています。以前は1泊しましたが，今は朝9時から出発し，夜8時ごろ，帰園します。

　6つのグループに分かれるため，まず，グループ決めからはじまります。いつもの生活グループを解体し，なるべくいろんな子と触れて，その友だちのよいところを認め合うことができるように，保育者が決めてしまうのではなく，いろいろな遊びや生活を共にした中で，6人グループができました。

　「リーダーっているよね」「リーダーって，どんな人？」「園のリーダーは，園長先生やなぁ」など，話が進んでいきます。「優しい人がいいよ」「怖がりはダメやな」「みんなを守ってくれる人がいいよ」「強い人や！」自分がリーダーになりたい子が立候補したり，なりたいもの同士でジャンケンをしたりして決まっていきます。「グループ名はどうしよう？」星座に興味のある子が多かったので，星の名前に決定しました。「僕らのとこは，夏の大三角形」「それは，いろんな星の集まりやで，ダメやで」「じゃあ，どうする？」「ベガがいいな」など，それぞれのグループで話し合い，星座のグループが6つできました。

　今までの生活グループがキャンプグループに変わって，生活と遊びがはじまりました。保育者として，"大丈夫かな？"と思うグループもありましたが，なるべく口を挟まず，何事も主体的に活動できるように見守りました。キャンプまでにすることの予定表を作りました。

> ・川で遊ぶ水鉄砲を作ろう　・川に浮かせる舟を作ろう
> ・浮くもの，沈むものの実験　・バンガローにつける看板を作ろう
> ・夜ご飯の材料の買い出しに行こう（カレーの中に何を入れる？）

など，キャンプまでに準備することを子どもたちと考えながら進めていきます。

【キャンプごっこ】

　キャンプが終わった次の週から，子どもたちは，ダンボールを持ち出し，バンガロー作りに取り組みはじめました。以前のゆりぐみさんも作っていたので，子どもたちの記憶の中にはその様子が残っているようです。といっても，グループで話し合いながら作っていかなければ，バンガローはできません。まずは，ホールのどこへ作るかを話し合います。自分の背丈以上ある高さのダンボールを囲いにして，空間づくり…。「玄関は，どこにする？」「シャワー室もあったね」「お風呂場もあったよ」「ダンボールとダンボールを，どうやってくっつける？」「倒れないようにするには，どうする？」と，試行錯誤しながら友だちとダンボールを支え合ったり，ダンボールに穴をあけ，バロンテープで縛りダンボール同士をくっつける子，高いダンボールをダンボールカッターを使って切り，玄関や窓を作っていく子，結構固いのに根をあげずに切り続ける子，そんな子どもたちを見ていると，大好きな遊びでは苦労も厭わないようです。それぞれのグループが話し合いながらバンガローを作っていきます。お互いのバンガローを行き来し，「このまま，ずーっと暮らしたい！」と，その楽しさを言葉で表現する子もいました。

　1週間続いたバンガローごっこで，保育者は①遊びをみる視点，②物の扱い方，③友だちの関係性，④創意工夫の仕方，⑤グループの特徴（話し合いのもち方）などに視点をおきながらみていきました。個人プレーではなく，仲間の一員としての意識を常にもち，よりよいバンガロー作りになるよう，保育者は，ギリギリのところまで待つ姿勢を貫き，子どもたちに任せて主体性を育てる援助のあり方について問われる活動となりました。

　子どもたちの表現力を育てる三要素は，まず第一に，感動体験があること，第二に，その感動を伝えたい人がいること，そして第三には，それを伝える手だてをもつことだといわれています。

　子どもたちの日常生活の中に強い感動体験があると，早速それを再現しようと，遊びや諸々の手だて（描いたり，作ったり，話したり）で表現せずにはいられないといわんばかりに動き出します。

　遠足で恐竜博物館に行ったこと，キャンプ体験の感動が，見事に再現されたわけです。それも1週間以上も継続する活動として。とくにキャンプは6つのグループに分かれての活動だったため，その再現も，それぞれのグループの特徴が実によく表れていました。友だち同士の関係性，話し合いのもち方など，

個人プレーではなく，仲間の一員としての意識をもち，時にはトラブルを経ながらも，各グループの独自性が発揮できたことが，年長児としての協同活動を意味づけていたようです。協同活動とは，幼児同士が保育者の援助のもとで，共通の目的，挑戦的な課題などひとつの目標をつくり出し，協力して解釈していく活動のことをいいます。自分ひとりじゃない，グループの友だちと共に，「見つける，気づく，考える」という対話的関係を基礎にしながら，協同的活動をやり遂げていくことができました。

　年長児における協同活動を通して，①友だちと一緒に新たなものをつくり出したこと，②子どもたちが主体的に行動したこと，③いろいろな道具や素材を状況に応じて駆使し，自分たちのねがいを達成できたこと，これらの力が育まれたことは，これから先にも，生涯を通して必要な力の土台となったのではないでしょうか。

4 みんなで「劇」をつくり出す喜び

1 “伝えたい”というメッセージを抱いて

　ごっこ遊びが「なりたいものになって，楽しむこと」であるのに対して，劇は「感動したことを自分たちの体や言葉で伝えること」だと考えています。したがって観客（観る側）と演じる側のコミュニケーションが大切になります。

　幼児期の劇活動のあり方としては，保育者の口うつしや模倣ではなく，幼児の発想から生まれた生きたことばや仕草として表現される必要があります。そのためには，幼児の自発的活動として生き生きと楽しんで行われる過程が大切だと思います。ステージだけで演じるのではなく，フロアも使い，自由に表現できる空間を考えたいものです。また，役を固定化せず，いろいろな役を演じてみることです。題材を決める時は，◎内容のしっかりしたもの，◎子どもの興味に合うもの，◎保育者の好きなもの（人間の心情について語っているもの）を選ぶようにします。また，劇遊びになる話の特色として，◎筋の展開がはっきりしていること，◎話の中に，対立的要素があること，◎その話が子どもの納得のいく終わり方になっていること，◎繰り返しのあるリズミカルな（生きた）行動があること，などがあります。場面づくり（舞台づくり）は，劇づくりの最も大切な部分であり，ある背景の中で生起する人と人との関わり，人ともの，または，自然と人との関わりや事件を明確にしていきます。

　子どもたちは，この舞台づくりにおいて，みんなで協力し合ってもうひとつの世界をつくり出していく楽しみを味わうことができます。パターン化した言葉のやりとりになってしまうと，心の入らない上滑りのものとなってしまいます。読み聞かせたり，観劇したりして，心に残っているものをそれぞれに出し

合い，確かな記憶にしていくことが大切だと思います。

2 集団が輝きだす時（集団の結束ができていく）

事例1 三枚のおふだ

　その年の年長児が発表会に選んだ題材は，『三枚のおふだ』でした。地元の人形劇団が『三枚の
おふだ』を演じた後，子どもたちの中では，小僧とやまんばの鬼ごっこがはじまっていました。近
くの村国山を，やまんばが住んでいる山に見立て，坂道・細道・獣道など，子どもたちは秋の山
を満喫しながら，どんぐりやあけび，栗などを拾ってきては，園の仏様にお供えしていました。山
道の途中にある25メートルほどの洞窟を勇気を出して抜け，小屋が建っているのを見つけると，
「やまんばの家じゃない？」と想像し，20名の子どもたちが『三枚のおふだ』に思いをよせながら，
そして保育者は，少しずつその世界の中に子どもたちを引きこんでいきました。舗装された道か
ら脇にそれた展望台コースや階段コース，鳥居コースと山の中のいろいろな道を歩くことで，滑
ったり，転んだりを経験しながら楽しんできました。中には，長時間歩くのが難しく，すぐにへ
たばりそうな支援児のNくんも，仲間がいれば，「大丈夫？」と手を貸したり，引っ張り上げたり，
かけ声をかけてもらいながら，日に日に体力もついてきました。

　「今日は，一枚だけおふだを持っていこうね」「何をお願いする？」と，たった一枚のおふだを
首から下げて，「暗い洞窟の中をひとりで歩けますように！」とか，イノシシ危険の看板を見て，
「（イノシシが）出てきませんように！」など，友だちと相談したり，自分の弱いところを克服する
ための願い事をしながら，山の中を歩き回ります。「今日は山の裏側から登るよ」「大きな池があ
るからね」「その池に何が住んでいるのかな～？」と期待感をもたせながらも，「今日は，やまん
ばに会わんかったなー」と。時には，やまんばが捨てた爪痕のようなものを木々の間にしのばせ，
たくさんのお地蔵さんに願い事をしたり，「どんぐりを10個取りにいこう」とか「展望台から何か
見えるよ」など，毎日目的を変えながら，山道も楽しく慣れていけるよう，保育者もいろんな演
出をほどこします。十分遊び込んだ後は，もう一度話の筋道をみんなで組み立てていきます。は
じめから三枚のおふだを出さず，一枚のおふだ，二枚のおふだと数を増やし，もし，自分がおふ
だをもらったら，どんな願い事をするかなども話し合いながら，三枚のおふだの世界を広げてい
きます。お話の中には，あまり筋書きを変えない方がよいものもありますが，場面によっては既
成概念にとらわれない自由な発想と表現力，創造性が自然に生まれていくように，子どもたちと
考えていきます。どの場面でどのようにふくらませていくかは，保育者の遊び心が必要になって
きます。十分に山歩きを体験した子どもたちは，発表会に向けて『三枚のおふだ』への意識が高
まりつつありました。

　そこで，遊びの入り口として，保育者が和尚になり，子ども全員が小僧になって遊びがはじま
りました。「修行しないと，立派なお坊さんにはなれん」と言われ，毎日の修行を楽しく表現する
ために，庭の掃き掃除を竹箒で始めた小僧が，「嫌になってしまったの。どうする？」と聞くと，

みんなで相談して，「チャンバラしよう！」とチャンバラごっこがはじまります。「こらっ！　そんなことでは偉い和尚にはなれんぞ。今度は床の拭き掃除じゃ！」と和尚。しかし，拭き掃除に飽きると，「どんな遊びがある？」今度は雑巾の投げ合いごっこがはじまります。子どもが楽しく取り組むためには，いきなり筋書き通りにはいきません。楽しい要素をいっぱい入れていきます。「和尚さん，山に行きたい！」「山へ何しに行くのじゃ？」「俺は栗拾い」「私のきのこ採り」「私は，仏様にお花をとってくるわ」と，次々に言葉が出てくる。「じゃあ，もし危ない時のため，おふだを一枚あげよう。願い事がかなうおふだじゃ！」「やったー！」♪歩こう〜と歌いながら，山へ出かける小僧たち。

　ここからは，保育者が子どもたちの表現を引き出すための環境づくりをしていきます。「あっ，洞窟があるよ。誰から行くの？」「俺から」「次，私」「大丈夫，怖くない」次々とことばが出ます。「やったー！　みんな通れたよ」「山道には，いろんな木の実が落ちてるよ」保育者の声に気づき，秋の実を見つけます。「あっ，あけび！」「こっちには，きのこ」「これは毒きのこかな？」「どんぐりもあるよ」と，今，目の前にないものを思い浮かべて拾い，ポケットに入れる真似をする子もいます。「あ〜，だんだん暗くなってきたなー，もう道がわからないよ」平坦なホールでは，なかなか山道のイメージはわかず，カーテンを閉めて暗くしたり，目をつぶって歩いたり，ぶつかったり，そろそろ歩きながら，「真っ暗やと，なーんも見えんな」「あっ，石につまずきました」という保育者の声に，転ぶ真似をしたり，「イタタター…」と転げまわる子。何気ない保育者の状況・情景の投げかけで，表現の幅が広がります。

　そこで，お婆さんになった保育者が登場。「あんたたち，どこから来たんじゃ」「府中三丁目の善源院（当園の寺）から来ました」「道がわからなくて，困っています」と，次々に言葉が出る。「そうか，そうか。私の家へおいで〜」神妙についていく子どもたち。「一晩，泊まっていきなさい」「ありがとうございます」小僧のみんなは，バタンキューで，寝てしまいました。「♪とんつく，とんつく，お小僧さん。起きて，ばんばの顔を見ろ…（繰り返し）」そーっと奥の部屋を覗いて，「わあー!!」とひっくり返る子どもたち。「どうしよう…」相談のうえ，たった一枚のおふだを使うことに。

　こんなふうにおふだを使って，無事，お寺に逃げ帰るというのが，第1回の遊びの様子です（クラス人数：20人，支援児：4人）。

　保育者が筋書き通りに劇あそびを進めようとしても，上手くいきません。保育者も一緒に参加しながら，いかに子どもたちが楽しく取り組んでいけるか，しっかりポイントをおさえて関わっていくことが大切です。また，みんなで同じ役を共有することにより，友だちの様々な表現方法が見られ，表現の幅が広がります。その中で，工夫した点や自分にないものをもっていることを認め，振り返りの中で話し合っていくことも大切です。また保育者は，常に子どもの気持ちに寄り添い，やらせるのではなく，やってみたいという意欲をもたせることが重要です。私にできない，私には無理！という否定感をもたないよう，

私もやってみよう！という意欲が少しでも重なっていくことを頭におきながら，楽しんで取り組み，また，自信をもって役になりきる第一歩が重要です。

③ 個と集団の育ち合い（保護者と感動を共有）

　いったい，劇遊びや劇は，一人ひとりにとってどんな意味を秘めているのでしょうか。知的教育への関心が高まる中，子どもたちの劇的な活動は大切にされなければならないとつくづく思います。保育者は，日常の保育についてもそうですが，子どもの劇遊びにとってもよき理解者であり，演出者ともいえます。常に自分の意図する方向に子どもたちを引き入れたり，思うがままに子どもを動かすのではなく，一緒に劇をつくり，子どもたちと共にある協力者であり，さらに集団の組織者ともいえます。

　劇をつくる，それ以前に子どもたちが表現する楽しさにひたりながら高めていくプロセスを常に意識し，園全体で確かめ合う保育の見直しが大切です。0歳から預かる保育者集団が，同僚性を高め，自主・自発・創造性・集団性を支える役割を常に意識しなければいけません。発想・ひらめき・感覚・遊び心・素材・題材などの豊かな持ち札，これらは保育者集団が常に検討し，刺激し合い，意識化する中で育っていくものと思います。必ず記録し，保育の後，第三者の目で意味づけし合うことが大切なこと，また，保育はすべて年間計画の中での見通し，位置づけがなければ，遊びの質の深まりはないと思います。

　また，個は集団の中で育ち，個のよさをみんなが認め合う集団づくりは，保育者の資質に関わってきます。現に『三枚のおふだ』で"火箸"が上手く使えないNくんに対して，他の子が拾って背中のかごの中に入れてあげたり，「僕の後についておいで」と，常に支援児をフォローする姿や，大道具の後ろで息をひそめ，次に出る支援児のそばに小道具を並べ，「次，出るんやで！」とささやく姿，また，「○○ちゃんは，これならできるから，この場面で出してあげよう」など保育者がいないところでも仲間を思い，気にかける場面が多く見られ，個の育ちが集団へつながり，また，集団の育ちが個の成長につながっていることを実感します。

　保護者は，入園から今に至る園生活の中で，そんな子ども同士の育ち合いをよく理解し，子どもたちの成長をみんなで喜び合うことができました。

　年長組になると，自分の思いやイメージをただ表すだけでなく，『見てくれる人にもわかってもらいたい』という願いが強くなり，仲間たちと，いかにしたら伝わるかを考え合い，表現を工夫するようになります。そのため，音楽や効果音を活用しながら進めることが意味をもってきます。さらに「劇」というつくり出していく世界を仲間たちと共有することによって，演技が要求されるようになります。「○○ちゃん，もっともっと悲しそうにしないと……」などと，友だちの表現に対してもよりリアリティのある演技やその気持ちになって演じ

ることを求めたりします。

　ごっこ遊びと劇の違いは，この『感動を伝えたい，見てもらいたい』という
メッセージをどのように生かしていけるかにあるようです。目には見えないも
のを見る，想像の場に身を置き，本当にその場にいるように思うこと，つまり，
嘘っこの世界で遊ぶ楽しみを見る人に感じてもらうことが，劇の基本ともいえ
るのではないでしょうか。ごっこ遊びや劇を通した友だち，仲間集団の育ちの
確かさ，そして，お互いのイメージや考えを大切にする体験・コミュニケーショ
ン力を豊かにしていく劇は，今の時代だからこそ大切な活動ではないかと思
います。みんなでやり遂げた充実感は，個の，集団の大きな自信となり，未来
への力となっていくものと信じます。表現する楽しさから劇をつくるのであれ
ば，やはりそこには，集団の高まりや深まりの中で，それぞれの役割を自分の
ものとし，協力し合いながら意欲的に取り組んでいく子どもたちの姿があるか
どうか，子どもたちが生活の主体者になっているかどうかが問われると思いま
す。

引用・参考文献

『なぜごっこ遊び』今井和子，フレーベル館，1992年。

『乳幼児の社会的世界』小嶋秀夫編，有斐閣選書，1989年。

『現代と保育33　ごっこあそびの魅力』ひとなる書房，1994年3月。

「子どもと共につくる劇遊び」渡辺明『月刊　芽』誠文堂新光社，1981年12月。

『ごっこあそびから劇あそび』しかた・しん，鳩の森文庫，1978年。

　要支援児との共感を育む集団創り

1 ｜ 一人ひとりの違いを見つめる

　　近年，発達障害の子や気がかりな子などが増えてきているといわれています。クラスの子どもたちの中には，じっとしていられないとか，相手の気持ちを汲み取ることが難しいなど，様々な姿を見せる子どもがいます。しかし，これは幼児期の子どもには多く見られることで，障害をもつ子どもだけでなく，子ども一人ひとりに，大なり小なりの支えが必要だと思います。障害名（診断名）というのは，その子の状態をより深く知るためのひとつの情報にすぎないのではないでしょうか。ともすると，保育者のまなざしが要支援児にばかり向けられて，他の子が後回しになることや，その逆の場合もあるかもしれません。保育者は，一人ひとりの子どもの得意なことや好きなことを認めることが大切だと思います。“あの子は，これについては手助けが必要だけど，こんな得意なところもある”“これは苦手だけど，こうしたらできるようになる”など，保育者の関わりや思いを，クラスの子どもたちはよく見てよく感じ取っていると思います。どの子にもクラスの中に居場所があり，安心して自分を表現し，一人ひとりの違いを認め合えるような関係づくりが大切です。

2 ｜ いろいろな子がいるから楽しい

〔1〕　自分さえよければいい

　　5歳児クラスの子どもたちは，4歳児のころから，面白いと思ったことについては積極的に取り組みますが，難しいことや面倒なことは途中で投げだしてしまう姿が目立っていました。また，椅子を持ってくる時に，前に人が立っていてもお構いなしに椅子をぶつけて進みトラブルになるなど，相手のことを考えない姿や，自分のことを優先する姿が多く見られました。

　　私は，難しいことや面倒なことにも最後まで取り組んでほしいと願い関わってきました。例えば縄跳びでは，一人ひとりのできるようになったところを認

めてみんなに知らせたり，面倒なことに対しても取り組む意味を子どもたちと一緒に考えたりしてきました。また，寸劇をして相手の気持ちを考える場面をもつようにするなど，場面ごとに相手の思いや気持ちを伝えていくようにしました。すると，そのことを意識する姿も見られましたが，また2〜3日で元の姿に戻ってしまう子もおり，なかなかクラスの雰囲気が変わらないように感じていました。

　そこで，5歳児になったタイミングでもう一人の担任と相談して，竹馬に取り組むことにしました。クラス全員で難しいことを体験することで，諦めないで最後まで取り組み，できた喜びを味わって自信につなげてほしい，そして共通の体験を通して他児の姿や気持ちに気づいたり考えたりしてほしいという思いがあったからです。

　竹馬に取り組むにあたり，目標や見通しがもてるように"たけうまがんばりひょう"を作成しました。すると，子どもたちは，そこに書いてある"かたあしをたけうまにのせたりさげたりする"という最初の練習にすぐに取り組みはじめました。地道な練習ではありましたが，それぞれの子が一生懸命に取り組んでいる様子が見られました。

　クラスのSくんは，2歳児で自閉症スペクトラム・多動と診断されました。Sくんは，単語や2語文程度は話しますが，目についたものや頭に浮かんだことを繰り返し話し，会話が成り立たないことが多くありました。興味の偏りもあり，トイレに行く時には緑色のスリッパしか履かなかったり，何でも一番にやりたがって他児を押しのけてしまったりすることがありました。他にも，じっとしていることが難しく，自分の気持ちがたかぶった時やその場所に居たくない時などに大きな声を出したり，立ち歩いたりする姿が見られました。

　集団でのSくんは，身体を動かすことが好きなので，鬼ごっこなどの簡単な遊びにはしばらく参加することもありますが，人がたくさんいる場所が苦手で，周りの子たちと一緒に長時間活動することはとても疲れるようでした。そこで，部屋の一角にSくんが休憩できる場所を設けました。Sくんは，疲れるとそこで寝そべったり好きな玩具で遊んだりして，休憩しながら生活していました。周りの子たちは2歳児の時からSくんと一緒に過ごしているため，「Sくん，次は○○やで」と次の行動を教えてくれたり，Sくんには難しいと思うところを手伝ってくれたりすることがありました。

　Sくんは療育機関にも通っていましたが，Sくんの保護者は"みんなと同じことをしてほしい""他児との関わりをもってほしい"と強く思っている様子でした。

　私は，Sくんが竹馬に取り組むにあたって，竹馬に乗って歩くことが目的ではなく，無理なくSくんのペースで挑戦し，部分的にできたところを認めることで，"ぼくもできた"という満足感を味わってほしいと思っていました。また，

Sくんの姿を他児に知らせることや，Sくんが他児の姿を見たりすることで，少しでも関わりをもつようになってほしいという願いもありました。

　他児が竹馬に黙々と取り組む姿を見て，Sくんも，「Sくんやる！」とホールに出て他児の真似をしてやりはじめました。周りの子たちは自分の練習に必死で，Sくんの姿が目に入らない子が多かったのですが，時折「Sくんもがんばってるな！」とSくんの様子を見て声をかけてくれる子もおり，Sくんもニコニコしながら「Sくん頑張る！」と取り組んでいました。Sくんは，周りの子が竹馬を持ち出して練習をする姿を見ると，「Sくん竹馬する」と竹馬を持ってきて毎日5〜15分ほど取り組んでいました。日によってはやりたくないこともあり，私はSくんに竹馬が嫌いになってほしくないという思いがあったので，無理にさせようとはせず，一日5分でも1回でも取り組めた時は「Sくん今日も頑張ったね」「Sくん足上がってきたよ」と声をかけていました。Sくんは，竹馬に取り組むと汗びっしょりになって「Sくんがんばった」と話し，乗れなくても他の子と同じ空間で練習を続けていきました。また，Sくんが目で見てどれだけできたかわかるように，"10回足を上げ下げしたらシール1つ" など，Sくんに合わせた目標を設けながら意欲が持続していくようにしました。

2　竹馬に乗れた気持ちを味わってほしい

　2〜3週間ほど練習すると2〜3人の子が乗れるようになり，「ほら乗れたよ！」「見て見て！」と嬉しそうに話す姿が見られました。そこで，他の子たちにも諦めなければ乗れるようになることを知ってほしいと思い，乗れた子に，クラス全員の前で「なんで乗れるようになったの？」と聞いてみました。すると「いっぱい練習したもん」「家でも練習したんやで」と話す子もいて，子どもたちはさらに練習しようと気持ちに火がつき，ほとんどの子が毎日1時間以上練習するようになりました。さらに週末には家に持ち帰って練習する子も増えていきました。

　1か月ほど経つと，クラスの半分の子どもたちが竹馬に乗れるようになりました。しかし，まだまだ乗れない子もいたので，保育者は竹馬を持って補助していました。すると，乗れるようになった子が「持ってあげよっか？」と自分から進んで手伝いをはじめる姿が増えてくるようになりました。補助をする子は竹馬を持って「一歩前に出すんやで」「そうそう！」「腕も挙げてな！」「足が曲がってまうと乗れんのやで」と，まずは仲の良い友だちから手伝う姿が見られ，段々と乗れる子が増えていきました。自分が手伝ってあげた子が乗れるようになると「やった！　乗れたよ！」と自分のことのように喜んでいました。

　いつもは自分のことばかり優先していた子も，乗れない子を繰り返し手伝っていました。自分が乗る時間よりも，友だちを手伝う時間の方が自然と長くなっていたので「なんで手伝おうと思ったの？」と聞くと，「だって，乗れるよう

になったらうれしいかなって思って」とはにかみながら答えていました。私は
そのことばを聞いて，竹馬を通して相手を思う気持ちが少しずつ育ってきてい
ると感じました。

　竹馬をはじめて1か月半が過ぎると，クラスの3分の2ほどの子が乗れるよ
うになりました。乗れるようになった子たちは，竹馬の高さを上げてみたり，
後ろ向きに歩いたりなど，様々な技に挑戦する姿が見られました。

　一方，Sくんは，保育者と一緒に毎日5～15分ほど竹馬に取り組むことを続
けていました。Sくんの集中力は日によってまちまちでしたが，周りの子が乗
れるようになっている姿が目に入ると「Sくん，する！」と竹馬を持ってきて
取り組んでいました。

　ある日，HちゃんがSくんの竹馬を持って補助しようとしていました。Hち
ゃんは，いつもSくんの姿を気にかけて，様々な場面で手助けしてくれていま
した。また，Hちゃんは，竹馬に乗れるまでに何度も何度も練習し，やっと乗
れるようになったところでした。

　Hちゃんは，Sくんの表情をうかがいながら「Sくん足を前に出して！」「そ
うそう！　もうちょっと！」「一歩ずつ出すんやで」と汗びっしょりになって竹
馬を支えていました。ですが，Sくんはバランスをとることが難しく，体が大
きいため，Sくんの体重を支えるのにはかなりの力が必要でした。さすがのH
ちゃんも，10分以上取り組むと疲れてしまい，補助するのが難しくなっていま
した。そこで，Hちゃんは友だちのKちゃんに「Sくんの手伝いしたいんやけ
ど，大変なんやー。Kちゃんも手伝って！」と頼みに行きました。Kちゃんは
「Sくんのか？　いいよ！」とすぐに答えて，2人で交代しながら手伝うように
なりました。

　最初は2人で補助していましたが，次第に何人かの子が手伝おうとするよう
になりました。しかし，なかなかコツをつかむことができず，最終的にHちゃ
ん，Kちゃん，Mちゃんの3人がSくんを補助していました。Sくんも「あー
落ちちゃった」「もうちょっと」「難しい」と思いをことばにしながらも，いつ
ものニコニコの表情の中に充実感のようなものも感じられました。

　3人の女の子たちは「Sくん練習しよう！」「練習したら，乗れるようになる
よ」と意欲的に誘いかけてくれることも多かったのですが，日によってはSく
んが疲れている様子も見られたので「今日はSくん疲れてるみたい。朝から横
になってることが多いし」と伝え，練習する時間を短くしてもらったり，Sく
んの休憩する時間をとってもらったりして，無理なく取り組んでいけるように
しました。

　また，Sくんが少しでもできるようになったところは，クラスで紹介してい
きました。クラスの子たちはSくんの姿を見て「前は乗れんかったのに，乗れ
るようになったな！」「Sくん頑張ってるな！」と認めてくれました。Sくんも

「Ｓくんできたよ」と繰り返し言い，上下に身体を揺らしながら喜んでいました。

③　Ｓくんも乗れるようになった！

　８月，竹馬をはじめて２か月が経ち，運動会が近づいてきました。子どもたちは「運動会で竹馬を見せたい！」「乗れるようになったら，もっと難しい技を見せたい」と意気込んで，さらに練習に熱が入っていました。

　クラスの中には，竹馬の足板部分を外して，棒を指で挟んで乗る子や，高い竹馬に乗ってジャンプする子，竹馬の足板の上にしゃがんだまま歩く子などが出てきました。Ｓくんの補助をしてくれる３人は，自分の技に取り組みながらも必ずＳくんの姿を気にかけて手伝ってくれていました。

　Ｓくんは，補助してもらいながら少しずつ歩けるようになり，補助の子と一緒に「１，２，３，４…」と数えながら乗っていました。そのころには自然と練習する時間も長くなっていました。

　Ｓくんのペースで頑張ってきた過程や，友だちに補助してもらって歩けるようになったことなどを保護者に伝えると，「本当は一人で乗れるといいんですけどね」と話していました。保護者としては“乗れるようになってほしい”という焦りがあったようで，竹馬を持ち帰って家でも練習しようとしていました。しかし，家ではやりたがらないとのことだったので，園で頑張っているので家では休憩してもらうことをお願いしました。また同時に，Ｓくんが園で頑張ることができるのは，周りの子の様子を見て“やりたい”と感じていることや，いつも補助してくれる子の絶妙な力加減など，友だちからの影響が大きいのではないかということも話しました。

　いよいよ運動会まであと１週間になり，クラスで竹馬に乗れないのはＳくんのみになりました。Ｓくんが一生懸命に練習している様子を見ていた周りの子たちも「あと少し！」「１，２，３，４，…あーもう少し！」「もうちょっとやで！」と応援してくれていました。この時には，補助する子以外にも“Ｓくんに乗れるようになってほしい”という思いがクラスの中で大きくなっているように感じました。

　そして，運動会まであと３日となった時のことでした。その日は運動会本番のようにグループごとに竹馬に取り組み，Ｓくんは補助してもらいながら歩くことになっていました。私が笛を吹いて，５，６人の子が一斉に竹馬で歩きはじめると，しばらくして「先生！　Ｓくん乗れたよ！」と驚いたような声が聞こえてきました。「本当!?」とＳくんの方を見ると，Ｈちゃんが「ほら，最初は持ってるけど…」と言いながら，しばらく歩いた時にタイミングを見計らって手を離すと，３，４歩自分で歩くことができました。

　その様子を見たクラスのみんなが集まってきて，「すごいなＳくん！」「がんばって練習してたもんな！」「もう一回見せて！」と声をかけました。みんなは

真剣な表情でじっとSくんの様子を見ていました。最初は補助の子が持って歩いて，途中で手を放して一人で歩き出すと「1，2，3…」と全員で歩数を数え始めました。Sくんは6歩進むことができ，周りの子たちはホールに響き渡るほどの大きな拍手をして「Sくんすごい！」「お家の人びっくりするよ！」「これでみんな乗れるようになったな！」と口々に話して喜び合っていました。Sくんも「Sくん乗れた！」「乗れたよ！」と何度も何度も話していました。

　その日の帰りにSくんのお母さんが迎えに来ると，子どもたちはすぐにお母さんに「Sくん乗れるようになったんやで！」と自分のことのようにうれしそうに報告しました。お母さんが見守る中，Sくんは竹馬に乗り，最初は補助してもらいながら歩き，そっと手を離すと5歩ひとりで進むことができました。その姿を見て，お母さんは「Sくんすごい！」「がんばったね！」と拍手をしながら喜んでくれました。そして，補助をしてくれた子にも「ありがとうね」と声をかけてくれ，その子たちも誇らしげな表情をしていました。

　運動会当日も，最初のみ補助してもらい，Sくんひとりで10歩近く歩くことができました。その後も，Sくんは竹馬に乗ることを喜んでいました。また，以前は自分の休憩スペースに入り，ひとりでオセロやすごろくをすることが多かったのですが，竹馬に取り組んで以来，休憩スペースにいる時間が短くなり，自分から周りの子に「オセロする？」と声をかけ，一緒に遊ぼうとする姿が見られるようになりました。

　Sくんが竹馬に乗れるようになった時に，クラスの子どもたちは大喜びし，私も一緒に喜びながらもとても驚いていました。Sくんにとっては，乗れた喜びはもちろんあったと思いますが，それ以上にクラスの子たちが関わってくれたことがうれしかったのではないかと思います。竹馬に取り組んで以来，Sくんが，周りの子と関わろうとするようになったのは，竹馬に乗れるようになるまでの過程でHちゃんたちが手伝ってくれたり，みんなが声をかけたりしてくれたことで，人との関わりの心地よさを感じたからだと思います。また，Sくん自身が"できた"という実感をもてるように，スモールステップでSくんのできそうなところを目標にして，できた時にシールを貼っていったことも，Sくんにとってわかりやすく"やってみよう"という意欲につながったのだと思います。さらに，Hちゃんの存在が大きかったと思います。Sくんは以前からHちゃんのことが好きで一緒にいることも多かったので，Hちゃんだからこそ安心して体を預けられたのではないかと考えます。

　クラス全体としては，それまで難しいことは諦めていた子どもたちが最後まで諦めずに竹馬に取り組むことができたのは，できるようになっていく子の姿を見て，段階を踏んで練習して

みんなが乗れるようになったら嬉しいな

いけば必ず乗れるようになるという見通しをもてたからではないでしょうか。また，Ｓくんが竹馬に毎日取り組む姿からも刺激をもらっていたと思います。乗れるようになると，はじめは自分が乗れたうれしさでいっぱいでしたが，仲の良い友だちにも喜びを味わってほしいという思いが生まれ，やがて，なかなか乗れない子にも目が向いて，最後には“クラスのみんなで乗れるようになりたい”“乗れるようになったところを見せたい”という思いになっていきました。その思いがＳくんを含めたクラスみんなの繋がりになったと思います。

3 | アレルギー児から学んだこと

1 お泊り保育で何を食べる？

　５歳児クラスのＫくんは，卵・牛乳・小麦・大豆など多くの食材にアレルギーがあり，食べられるものが限られていました。そのため，他児と同じメニューの時はほとんどありませんでした。

　Ｋくんは０歳児から入園したこともあり，アレルギーのことはクラスのほとんどの子が知っていましたが，４歳児で入園したＹちゃんが「なんでご飯違うんや？」と聞くと，Ｋくんも「他のもの食べると体がかゆくなってまうんや」と答えていました。保育者は，給食の時にその日のメニューを紹介した後に，Ｋくんのメニューも紹介するなど，クラスの子たちにＫくんが何を食べているのかがわかるようにしていました。

　私は，子どもたちがＫくんの食事に興味をもっていることに気づいていました。そこで，Ｋくん用のおかわりが残っていた時に「Ｋくんの給食食べてもいい？」と聞いてみると，Ｋくんは「いいよー！」と答えました。それを聞いた数名の子たちも「Ｋくんが食べてるもの，食べてみたい！」と集まりました。私も数名の子と一緒に一口食べましたが，かなり味が薄く，ほとんど食材の味しかしないように感じられました。私は，子どもたちが“おいしくない”と言ってしまったらどうしよう。Ｋくんは嫌な気持ちにならないだろうか…とひやひやしていましたが，子どもたちは「なんか味がちょっと違うね」「これ食べてるんやな～」「おいしい？」とＫくんに聞いていました。Ｋくんは「うん」とうなずき，「そっかー！」と他の子もＫくんの話を聞いて返事をしていました。私は，誰一人“まずい”“おいしくない”とは言わなかったことにほっとしていました。その後は，クラス全員にＫくんがどのようなものを食べているか知ってほしいと思い，おかわりが残った時には順番にみんなで食べてみることにしました。それからというもの，Ｋくんのメニューを紹介すると「Ｋくんのは，前食べたやつや」とクラスの子が話す姿が見られるようになりました。

　８月のお泊り保育では，夕食は自分たちで調理したものを食べるため，どん

なメニューにしようか話し合って決めることになりました。前年までの5歳児は，自分たちが畑で育てた野菜を使ったカレーライスに決まることがよくありました。今年も子どもたちに何を食べたいかを聞いてみると，自然とカレーが食べたいという意見が多く出ました。理由を聞いていくと「おいしいから」「みんな好きやから」「お家でも作ったことあるから」などいろいろな理由があがりました。その中で，Ｏちゃんが，Ｋくんが何も話さず表情がよくないことに気づきました。そして「Ｋくんどうした？」「カレー嫌いなんか？」と聞くと，Ｋくんは「だって，カレー食べれんもん」と呟きました。私は"そうだよな。みんなで食べる夕食なのに，自分だけ違うものは嫌だよな。そして，この話し合いの中にＫくんの存在がないのはさみしい"と思いました。そこで，子どもたちにも考えてほしいと思い，「それじゃ，みんなはカレーにして，Ｋくんは他のにする？」と聞いてみました。すると，2〜3人の女の子は「それでいいが」と答えましたが，Ｓくんは「Ｋくんはいつも違うの食べてるから，お泊り保育くらい同じなのを食べたいと思う」と真剣な表情で静かに話しました。仲良しの友だちのＳくんは4歳児まで除去食でしたが，5歳児になって普通食になった経緯があります。そのこともあって，Ｋくんの気持ちが一番わかるのだろうと思いました。Ｓくんの意見を聞いて「そうやなー！」「だって，いつもおやつも違うもんな！」と周りの子も話しはじめました。そしてＫくんに「Ｋくんは何が食べれるんや？」「カレーと似てるのないんか？」と聞くと，Ｋくんは「ハヤシライスなら食べれる」と答えました。それを聞いて「ハヤシライスでもいいが！　おいしいもん」「みんなと一緒に食べたほうがおいしいよな」「ハヤシライス食べたことある！」と声があがりました。すると，Ａちゃんを中心とした2，3人の女の子たちは「だって，カレーのほうがおいしいが！」と言って意見がぶつかり，一時はにらみ合いになりました。しかし，周りの子たちが「カレーは給食で出るやろ。その時に食べればいいが」「お泊り保育はみんなで決めるんやで」と話すと，カレーがいいと言っていた子たちもしばらく考えて「やっぱ，ハヤシライスでいいわ！」「おいしいもんな！」とみんなが納得して，メニューはハヤシライスに決まりました。

　私は，子どもたちがＫくんの気持ちに気づいて考えてくれたことを，うれしく思いました。Ｋくんの食べているものを知ろうとすることや，実際に食べてみたことが，Ｋくんの立場に立つ第一歩だったように思います。

　お泊り保育の当日は，夕食の時間になると，グループの子とおしゃべりをしながらとても楽しそうに食べるＫくんの姿が印象的でした。そして，クラスのほとんどの子がおかわりをして，うれしそうにハヤシライスを食べていました。

2　遠足での出来事

　10月の中頃に遠足に行った時のことです。おやつの時間になり園から持って

いったおやつを配っている時，私は自分のミスでKくんのおやつを忘れてしま
ったことに気づきました。Kくんはおやつを楽しみにしていて，仲の良い子た
ちもKくんと一緒におやつを食べようと周りで待っていました。私は，Kくん
の分だけを忘れるという失敗に，申し訳ない気持ちで胸が痛みました。そして，
正直に謝るしかないと思いました。「Kくん本当にごめん。Kくんのおやつ持っ
てくるの忘れちゃった。本当にごめん」と真剣に謝って頭を下げました。その
ことばを聞いてKくんは，何も言わずに呆然と立ち尽くしていました。そのや
りとりをKくんの隣で聞いていたSくんは「先生，おれおやついらんわ」とお
やつを私の手に返してきました。「本当にいらないの？」と聞くと，Sくんはそ
っぽを向いて「うん」と答えました。他の子たちが「Sくん本当に食べんの
か？」と聞いても「うん」とうなずき，なるべく他の子たちがおやつを食べて
いる姿を見ないように，Sくんはそっぽを向いて腕組みをして座りました。そ
の様子を見て，私が「じゃあSくん。保育園に戻ったら，Kくんと食べる？」
と聞くと「食べる」と返事をしました。Kくんもその言葉を聞いて表情が和ら
ぎ，Sくんのそばに座って笑い合いながら話していました。

　園に戻り，他の子たちに遠足であったことをありのまま話すと，「そうやった
んや。おやつ食べてなかったんやな」「Sくんすごいな」などと話す子もいる中
で，KくんとSくんは隣同士でうれしそうにおやつを食べていました。

③　お楽しみ給食はみんなで同じものを食べよう

　3月の卒園前に“お楽しみ給食”があり，毎年その日のメニューを5歳児が
決めます。前回のお泊り保育ではKくんと同じメニューを食べたいという意見
が出たので，今回はどのような話になるのかと思っていました。「お楽しみ給食
はみんながメニューを決められるんだって。何が食べたいか決めよっか」とク
ラスのみんなに声をかけました。今回はどのように決まるんだろう…と見守っ
ていると，「Kくん何食べれる？」「そこから選ぼっさ！」とAちゃんから声が
あがりました。他の子も「そうやなー！」「何食べれるか教えて！」と自然に話
は進んでいきました。私は，前回“カレーが食べたい”と主張していたAちゃ
んからの発言に驚きました。その後は，子どもたちの中ではKくんと同じもの
を食べることが当たり前のように話は進んで，メニューを決めていました。

　アレルギーをもつ子の食事は命に関わることでもあり，仕方のないことだと
割り切らなければならないことが多くあります。しかし，Kくんもクラスの大
切な仲間です。私の中にはKくんもみんなと一緒に考えたり楽しんだりしてほ
しいという思いがありました。そこで，普段からみんなと違うものを食べてい
るKくんのことを気にしないフリをするのではなく，あえて詳しく伝えたこと
で，子どもたちは自然に受け止め，よりKくんの気持ちになって考えることが
できたのではないでしょうか。みんなが楽しみにしている特別な日は，クラス

の全員で楽しみたい，という子どもたちの成長をとてもうれしく思いました。

　Kくんは，中学生になった今でも「あの時は，同じものが食べられてうれしかった」「今考えるとありがとうの気持ちでいっぱいだなあ」と話しています。思いをみんなにわかってもらえたこと，考えてもらったことは，とても大きな体験だったのではないでしょうか。

　また，遠足の時には保育者のミスでKくんにつらい思いをさせてしまいましたが，Sくんの行動がKくんのことを救ってくれたように思います。その行動を他児が知ったことも，最後のお楽しみ給食の姿につながったのではないかと感じました。

4 みんなで夢中になって "あそぼ！" "楽しい" が繋がる力

1 　ルールを勝手に変えてしまうYくん

　4歳児クラスのYくんは，自分の思い通りにならないと，ルールを変えたり相手を叩いたり引っかいたりする姿が多く見られました。鬼ごっこをしても，捕まりそうになると「ちょっと待って！」と大声で怒り，相手を押したりたたいたりしてトラブルになったり，Yくんが「ジャンケンで決めよう！」と提案してジャンケンをしても，負けると「ちょっと待って！　もう一回！」と勝つまでジャンケンをしようとするなど，簡単ルールを守って遊ぶことができませんでした。また，待つことが苦手で，やりたいことがあると，他児を押しのけてでもやろうとしたり，他児の嫌がることを繰り返し言ってしまうということも日常の中で多く見られました。さらに，会話の途中で一方的に自分の言い分を話したり，他児が嫌がっていても，強引に自分の思い通りにさせようとするなどの姿も見られました。

　他の子から「Yくんはいつも大声を出す」「すぐたたく」と言われることがあり，クラスの子どもたちからマイナスのイメージをもたれていることが気になっていました。Yくんは他児との関わりの中で困っていることも多かったのですが，私は，Yくんのよいところは，自分のやりたいことをとことんやれることだと思っていました。また，遊びでは，共通のイメージをもつことができると，周りの子が思いつかないようなアイデアが多く出てくることもありました。子ども同士で砂場に街を作って遊んでいた時のことです。5，6人で穴を掘って，川を作ったり，ビールケースを置いて家に見立てる中で，Yくんは，掘った穴に竹を立て「ビルやで！」と話しはじめました。「ほんとやな！」と他児も真似をしはじめて，立てた竹にまた別の素材を組み合わせて遊びを広げていく姿が見られました。私は，遊びの中でYくんのよさを他の子どもたちにも気づいてもらえるにはどうしたらよいかを日々考えていました。

2 違う考えが面白い──忍者ごっこを通して

　ある日，子どもたちが新聞紙を出して遊んでいると，ひとりの子が新聞紙を折って額当てを作り，「ほら！　忍者！」と言いました。すると他の子も「手裏剣もつくろう！」「ベルトがいるなー！」と手裏剣や衣装を作りはじめました。その中にはYくんもいて，衣装を作って忍者になりきり，手裏剣を投げてうれしそうに遊んでいました。私はYくんの姿を見て，忍者になって遊ぶことで他児との関わりをもてないかと考えました。しかし，忍者の衣装を作って手裏剣や剣を作るだけだと戦いごっこになり，Yくんは人を叩いてその反応を面白がるようになってしまうのではないかと思いました。そこで，忍者の絵本を読みイメージを膨らませたり，遊びの中で子どもたちが育てているカブトムシがいなくなるというハプニングをつくったりしました。子どもたちは「敵の忍者の仕業や！」「みんなで探しに行こう！」と話して，なくなったものを探しはじめました。しばらく他のクラスや廊下など園内の思い当たるところを探しましたが見つからず，子どもたちは集まって話しはじめました。Mくんが「敵の城にあるかもしれん！」と話すと，Uくんは「敵の城は高いところや！」と言い，それを聞いたYくんが「高いところは2階や！」と2階を探しに行きました。するとそこにはカブトムシがおり，「やったー！」「見つけたでござる！」と口々に言いながら飛び跳ねて喜んでいました。それから「敵の忍者がまた来るかもしれん！」「宝を隠された時の修行をするでござる！」と言って，宝物を隠して見つけるという宝探しのような遊びがはじまりました。その遊びの中では，Yくんが他児を叩いたりする姿は見られませんでした。その時は，Yくんにとって他の子たちは共通の敵に向かって修行する仲間だったからでしょう。

　忍者の遊びをクラス全員に紹介すると，園庭の藤棚に登ったり，ホールで吊り縄を登ったりする遊びがはじまり，クラスの3分の2ほどの子が忍者になって遊びはじめました。子どもたちは最初に，タイヤを置いて飛び移るという修行をはじめました。しばらくはタイヤに飛び移っていましたが，それができるようになると，ビールケースに竹を乗せてその上を渡ったり，「ぶら下がりの術！」とぶら下がったりする遊びをしていくうちに，様々な修行を組み合わせたひとつの長いコースになりました。そして，子どもたちが遊びの中で決めたルールは"順番に並んでひとりずつ挑戦していく""落ちたら最初からやり直す"ということでした。Yくんも忍者になりきってコースに並び，先にやっている子の姿を見て「あー！」「おしい！」と声をあげて待つ姿が見られました。普段は並んでいても，遊びを抜けたり前の子を押したりするYくんですが，ワクワクしながら待つことができるのは，本当にやりたい遊びだからだろうと思いました。Yくんはしばらく遊んでいましたが，急に竹を持ってきてコースにつなげはじめました。私は"またルールを変えてしまうのかな"と思いましたが，Yくんなりのアイデアが浮かんだのかもしれないとも思い見守ることにし

ました。他の子たちが「Yくん何やってるんや？」と怪訝そうな顔をしてYくんに聞くと「もっと長くするんやって！」と竹を置いて「ここはジャンプできるようにしよう！」と他の子に提案しました。それを聞いた子どもたちは「それ，いいね！」「いろんなコース作ったらいい！」と賛成して，Yくんと一緒にコースを作り，最終的に3種類のコースができました。そして，最初は落ちないように渡るという目的でしたが，慣れてくると，どれだけ早くゴールにつけるかという遊びに変わっていきました。

　その後，忍者ごっこの修行はさらに広がりを見せていきました。保育者も子どもたちと一緒に，隠れ蓑の術で様々な隠れ方を試したり，他にも，音を立てずに歩く方法をいくつも試したりしました。罠に引っかからないように進むための修行として，鈴のついたゴム紐を張り巡らせたところを，いかに音をたてないように進むかということもしました。"静かに動く"ということが苦手なYくんにとっては大変な修行になるかもしれないなと思っていましたが，音が鳴らないように自分で工夫して動いていました。Yくんが失敗して他の子が「あ！」と言うと，「あって言わんといて！」と言い返すことはありましたが，怒らずにまた並びなおして何度も挑戦していました。

　私は遊びの中で他児との関わり方を知らせたいと思い，自分も遊びに参加してわざと失敗すると，Yくんが大声で「鳴ってもたー！」と言いました。すかさず私も「鳴ってもたって言わんといてや」と子どもが話すような口調で言うと，Yくんは失敗しちゃったという表情で少し苦笑いをしていました。それからは，他の子が失敗した時に大声で指摘することはありませんでした。遊んでいくうちに，Yくんはただ向こう側に立って渡るだけでなく，色々な動きを試しはじめました。あおむけに寝転んで滑りながら渡ってみせると，Rちゃんが「Yくん！　それすごいな！」と言いました。すると，他の子も，Yくんの動きからヒントをもらって様々な動きを試す姿が見られるようになりました。

　忍者ごっこは，散歩先でも遊んだり，時にはバケモノを登場させて宝を取り返しに行くというストーリーで遊んだりしながら，2か月ほど続きました。11

鈴の音をたてないで進む修行

月に入り，発表会に向けて子どもたちにやりたいことを尋ねると「忍者やりたい！」という返事が返ってきました。Yくんも「忍者やりたい！　やるやる！」とかなり乗り気でした。そこで，今まで取り組んできた遊びを繋げて忍者ごっこを劇にすることにしました。劇のストーリーがわかるように紙芝居にして何度も読み聞かせをすると，みんなはワクワクした表情で見ていました。Yくんも「これやったやつやで！」と話し，自分が取り組んだ部分はとくにうれしそうにしていました。そして，劇の中でもYくんは，自分が参加して

いない場面でも，自分が取り組んだ遊びは特にじっと見て，まるで自分が参加しているかのように楽しむ姿が見られました。

　発表会後のYくんは，以前のように周りの子を無理矢理従わせようとする姿は少なくなりました。また，3，4人の気の合う友だちと話をしながら遊びを進めることも多くなりました。

　Yくんの姿が変わっていった要因は，大好きな忍者になりきって夢中になって遊んだことだと思います。私は忍者のイメージがもてるように，忍者のいろいろな紙芝居や絵本を何度も読んで聞かせました。その中で，Yくんなりの"かっこいい""つよい"という忍者像ができ，大好きな忍者になることで，普段は我慢できないことでも"ぼくは忍者だから"と乗り越えられたことも多かったように思います。

　また，私も忍者の仲間になり，一緒になってその世界を楽しみながら，遊びの仲間の一人として気持ちをぶつけることで，周りの子の気持ちにも気づいてほしいと思いました。Yくんは，面白いアイデアをもっていても，強引に進めようとするために遊びが壊れてしまうこともあるので，Yくんのアイデアを活かせるように思いを引き出していったり，他児の考えをわかりやすく伝えたりしていきました。自分の意見や考えを遊びに取り入れてもらったうれしさから，相手の意見を聞いたり取り入れたりするようになり，友だちとのつながりが生まれていったのだと思います。そのつながりが，忍者ごっこの中でのYくんの居場所になり，さらにYくんのよさを引き出したのだと思います。

3　あこがれのおみこし作り

　当園では創設時（昭和56年）より，夏まつりで担ぐおみこしは5歳児が自分たちで考えて手作りしてきました。

　まずは，どんなものを作るか，大きさはどうするかを話し合うところからはじまります。その後，作りたいものに合う素材を探したり，どの部分を作るかなど役割分担したりしながら進めていき，1か月程度かけて作りあげていきます。

　6月に入り，おみこしの話をすると，子どもたちは「作りたい！」「頑張って作る！」と意気込んでいました。どんなおみこしを作りたいか聞くと，動物園に行った時に見た羽を広げているクジャクを思い出し，「クジャクがいい」「クジャクは羽を広げたらきれいやもんな」「最初は羽を閉じてて，広げられるようにしたらいいんじゃない？」「クジャクの羽が広がったら，みんなびっくりするな」などという意見が出て，"クジャク"のおみこしを作ることに決まりました。

　クラスの中に，自閉傾向の特性をもつTくんがいました。Tくんは，人との関わりが一方的で，相手の思いに気づくことが難しく，単語を連ねて話したり独特の表現をしたり，一方的に思ったことを話すことが多くありました。また，

予定外のことが起こると，泣いて頭を掻きむしるなどの行動が見られたり，初めて取り組むことが苦手で，次の見通しがもてなくなると泣いたり怒ったりし，時には寝てしまうこともありました。そのため，予定表を作り，何をするかを具体的に伝えるようにしていました。また，家庭でもお母さんが絵本を作り，"こんな時どうする？"などといったことを，Ｔくんにわかりやすく伝えていました。Ｔくんの様子を見ていると，Ｔくんはみんなと一緒にやりたいという気持ちはあるのですが，やろうとする前に苦手なことでつまずいてしまい，やりたくてもできない様子が見て取れました。普段の保育の中では，Ｔくんが困っていることを読み取って，どうするといいかを具体的に伝えるようにしていました。また，Ｔくんがやりたがらないことをさせようとすると，一日中気分を引きずったり，一度落ち着いても思い出したように泣いたり怒ったりすることがあるので，休憩を取りながら，Ｔくんなりに取り組めるようにしていきました。Ｔくんは，漢字が読めることや足が速いことなど得意なこともたくさんありました。特に絵本や図鑑の漢字をすらすらと読むことができました。今回のおみこし作りでは，Ｔくんが役割をもってＴくんなりに参加することや，Ｔくんの強みをみんなに知ってもらって，他児との関わりにつなげていきたいと思っていました。

4 できることと得意なこと

おみこし作りがはじまると，子どもたちの中には"本物そっくりにしたい"という思いが強く感じられ，「クジャクの大きさってどのくらいやろうな？」という声があがりました。「図鑑にのってるんじゃない？」「図鑑持ってこよっさ！」と，自分たちで図鑑を広げてクジャクのページを調べはじめました。Ｔくんもみんなの周りにはいますが，決まっていないことやわからないことがあると不安になるので，子どもたちの話の内容や決まったことを，Ｔくんの様子を見ながら伝えていきました。子どもたちは，クジャクのページを見つけると「クジャクのとこはあったけど，漢字がわからんな」と話していたので，私は「そういえば，Ｔくん漢字読めるんじゃない？」と呟いてみました。すると子どもたちがＴくんのところに図鑑を持っていって「Ｔくん読んで！」と頼むと，Ｔくんはスラスラと文章を読みました。「すげー！」「ありがとうＴくん！」とみんなからお礼を言われて，Ｔくんも照れたような表情でうれしそうに笑っていました。

その後もおみこし作りの中で図鑑を見る時には，自然とクラスの子たちがＴくんを探して「Ｔくん，ここ読んで」と頼りにする姿が見られるようになりました。Ｔくんも，頼られると図鑑を読んで，うれしそうにしていました。

しかし，おみこし作りの中ではＴくんの苦手なこともありました。クジャクの羽づくりに差しかかると，子どもたちは本物らしくキラキラしたものを探し

はじめ，色を塗ったCDを小さな丸に切ってそれをアルミホイルに貼るということに決まりました。手指の力が弱く，細かく書いたり固いものを切ったりすることが苦手なTくんは，CDを切るという作業がとても難しく，なかなか切れませんでした。Tくんは「うー！」と力を入れますが，なかなか切れず「できない」「難しいんだよ」と独り言のように呟いていました。周りの子たちに「Tくん，切るの難しいみたい。どうしたらいいかな？」と聞いてみると，Nちゃんが「うーん…」と考えて「そうだ！ 色塗りはできるんじゃない？」と提案してくれました。TくんがCDに色を塗ってみると，スイスイと塗ることができ，「Tくんそれいいじゃん！」「Tくんに任せていい？」と他の子からも頼まれました。Tくんは5分ほどやっては休憩し，また色塗りをするということを繰り返していました。すると30個近く色を塗ることができ，「Tくん早いな！」「もうそんなに色塗れたんや！」と認めてもらうことができました。この色塗りは，他の子たちと一緒に最後まで取り組む姿が見られました。7月のはじめ，ついにおみこしが完成しました。最後にやり残したことがないかをみんなで確認し，私が「おみこし完成ー！」と叫ぶと，子どもたちは「やったー！」と飛び上がり「早く担ぎたいな！」「早くみんなに見せたいな！」「羽が開くのは内緒やで」などと口々に言い，喜びとワクワクでいっぱいの様子でした。

　夏祭りの当日は，保護者や他のクラスの子たちが見守る中，力強く「わっしょい！ わっしょい！」と声をあげておみこしを担ぎ，近所を練り歩きました。5歳児が担ぐおみこしの後には，年下の子も卒園児も保護者も歩き，年下の子からは「おみこしかっこいいな！」「らいおん組になったら，作りたいな！」などという声が聞かれ，年長児に対する憧れが感じられました。

　Tくんは，普段は苦手なことやできないことがあると，泣いて「もう嫌だ」と言うこともありましたが，おみこし作りでそのような姿が見られなかったのは，"おみこしを作りたい"という気持ちが強かったことと，周りの子たちがどうすればいいのか一緒に考えてくれたことが大きかったように思います。Tくんが困っている時に，できることを提案してもらったことや，得意なところをみんなに認められ頼られたことは，Tくんにとって初めて味わう喜びだったように思います。

　子どもたちが一緒に生活したり遊んだりする中で，子ども同士で得意なことや苦手なことをわかり合えるようになることが多くあります。しかし，Tくんは初めてのことが苦手で自分から遊びに入れないため，他児と関わることが少なく，他の子たちはTくんの得意

みんなで作ったおみこし
「すごい！」「本物みたい」って言ってもらえたよ

なことに気づきにくかったように思います。そこで，Ｔくんのことを他の子に
わかってもらおうと，Ｔくんの気持ちを言葉にしたり，得意なことや苦手なこ
とを知らせたりしていきました。そうすることで，子どもたちの中にＴくんの
居場所（役割）ができ，自分から他児と関わろうとするきっかけになったので
はないかと思いました。

⑤ みんなでお祭りやろっさ！

　おみこし作りの後は，運動会で年下の子と一緒に玉入れや綱引きをしたり，
遊びの中で"お化け屋敷"を作って，年下の子を招待したりするなどの遊びが
展開されていきました。

　秋になり，数名の子たちが集まって的当てやどんぐりころがしを作って楽し
む姿が見られました。ある日，的当てをしている子たちが，みんなの前でやっ
てみせると「なんか，お祭りの射的みたいやな～」とポツリと呟く子がいまし
た。その言葉を聞いて「本当やな～！」「前に行ったお祭りにも射的あった
よ！」「お祭りは他にもお店いっぱいあるがな～」「お祭りしたいな～！」「いっ
ぱいお店出すのはどう？」「いいね！」「真ん中にくじゃくのおみこしも置い
て！」「ちょうちんも飾るのは？」「本物のお祭りみたいやな～！」「みんなでお
祭りやろっさ！」「やろう！　やろう！」「小さい子もみーんな呼んで，らいお
ん組のお祭りやろう！」と話が盛り上がり，らいおん組でお祭りをすることに
なりました。

　何のお店を出すかを話し合っていくと，"射的""りんご飴""お面""クレー
プ""どんぐりころがし""金魚すくい"に決まり，それぞれのグループに分か
れて何が必要かを考えて作りはじめました。しかし，グループの子どもたちだ
けでは，考えてもいい意見が出ないことがありました。りんご飴屋さんのグル
ープでは，りんごの形に紙粘土を丸めて割り箸を刺すというところまでは，グ
ループで話し合って作りましたが，本物の飴のように透明でつるつるにするに
はどうしたらいいか，考えが浮かびませんでした。そこで，クラスのみんなに
相談してみると，のりやテープ，スライムをつけるなど，いろいろなアイデア
をもらいました。すべて試してみてスライムで作ることに決まり，本物らしい
りんご飴になりました。

　お面屋さんの子たちは何でお面を作るかを考えて，張り子で作ることになり
ました。風船に新聞紙を一生懸命に貼っていき，その上から画用紙を貼り，ト
ラやライオン，ゾウなど様々なお面を20個以上作りました。

　どんぐりころがしは，段ボールで作ったボードを斜めにするために，ウレタ
ンマットやソフトブロックなどを組み合わせて土台を作りました。しかし，小
さい子が遊ぶには高すぎることに気がついて，階段を作り，それを上がれば，
どんぐりが転がる様子を見ることができるようにしました。

金魚すくい屋さんは，最初はペットボトルのキャップで金魚を作りました。タライに水をはり，できた金魚を入れてみると，本物の金魚のように水の中に漂わずに浮いてしまうので，「これじゃあ死んでるみたいや」ということで，発砲トレイにクリップを挟んで，水の中を漂うように工夫していました。

　クレープ屋さんは，まずはみんなで本物のクレープを作って食べてみました。クレープの生地を見たり触ったりして，本物のように生地を伸ばそうと，いろいろと試行錯誤しながら小麦粉粘土で作りました。そこに紙粘土で作ったフルーツとクリームをのせて，本物そっくりなクレープを作っていました。

　金魚すくい屋さんをすることになったCちゃんは，待つことが苦手でした。10分以上座って話を聞いていたり，負けることが続いた時や苦手なことを続けたりすると，あたりの物を投げたり大声で叫んで走り回り，動きが止められなくなる姿が見られました。普段の生活の中で待つことが必要な時には，保育者が手伝いを頼んで気分を変えられるようにしていました。また，大人とは会話ができるのですが，子ども同士の会話の中ではCちゃんに伝わらないこともあるため，具体的にわかるように絵を描いて説明するようにしていました。

　Cちゃんは，金魚すくい屋さんの準備が終わるとチケット作りをはじめました。お祭りでは，一人に3枚ずつチケットを渡すことになりました。子どもたちの話し合いで全クラスを呼ぶことが決まっており，数えてみると，チケットは全部で300枚以上作らなければならないということがわかりました。チケットの作り方がわかると，Cちゃんは友だちと一緒に作りはじめ，他のお店の準備が終わった子も手伝って300枚以上作ることができました。私が「小さい子はチケット落としたりしないかな？」と問いかけると「落ちてまうかもしれんな」「チケット落としたら，ゲームできんが」という声が聞かれ，チケットを入れる財布を広告で折ることになりました。広告で作る財布は100個以上です。家で作ってくる子もおり，Cちゃんも，朝も昼も迎えを待つ時も折り続けて，全園児分の財布が出来上がりました。私は，ここまで作れたことに驚きました。しかも，中心になっているのはCちゃんです。財布ができて終わりかな…と思っていると，子どもたちの話の中で「手で持てるんかな？」「財布落としてまうかもしれんよ」「どうするとなくさんのかな？」という声が聞かれました。そして，私も一緒に話に入り話し合っていくと，100枚以上出来上がった財布に，穴をあけてリボンを通し，首から下げられるようにするということに決まりました。作ることが決まると，リボンを切る係，穴をあける係，リボンを通す係と自然に役割分担をして，作りはじめました。チケット作りから考えると，かなりの数の作り物をしています。Cちゃんは，穴をあける作業を担当して，1時間以上集中して穴をあけていました。頑張りすぎてふらふらになっている様子が見られたので「一回休憩したら？」と声をかけても，「やらなあかんのや」「みんな困るんや」とだけ言って財布に穴をあけ続けていました。確かにお祭りまで

あと3日にせまっていましたが，この原動力はどこからくるのだろうと考えました。Cちゃんが本当にやりたい遊びだったことと，今までに何度も年下の子たちを招待した経験があり，その時に喜んでもらえたことがうれしかったからだと思いました。私は，誰かに喜んでもらいたいという思いがここまでの力になることに驚きました。いよいよ，お祭りごっこの前日になりました。ホールにお店屋さんの準備をすると，迎えに来た保護者をホールに連れてきて，自分の作ったお店や他のお店のことをうれしそうに話す子も多くいました。

⑥ 小さい子に楽しんでもらいたい

　ポスターを作って貼ったり，他のクラスにチラシを配ったりしたことで，当日は大勢のお客さんが訪れました。子ども同士で話し合って，ホールの真ん中におみこしを置いたり，太鼓を叩いたりして，よりお祭りの雰囲気が出るようにしました。どの子も生き生きとした表情で「いらしゃいませー！」「射的やってるよー！」など威勢のいい声でお客さんを呼んでいました。7つのお店からの活気ある声や太鼓の音色，お客さんの声も相まって，本物のお祭りらしい雰囲気になりました。年下の子たちは笑顔で好きなお店に行き，買ったお面を被って歩いたり，りんご飴やクレープを買って友だちとうれしそうに食べる真似をしたりしていました。また，どんぐりころがし屋さんや的当てで景品をもらうと，うれしそうに見せ合う姿も見られました。また，お店の子どもたちも，年下の子がわかるようにゆっくり話したり，指を差しながら「これが欲しいの？」と聞いたりしていました。しばらくすると「チケットがなくなった」という声がお客さんたちから聞かれました。すると，Cちゃんはその言葉を聞いて，すぐさま「チケット作らな！」「チケット足りんで作ってくるわ！」と急いでチケットを作りはじめました。その姿を見て，お店で手が空いた子たちもチケット作りに参加して，チケットが欲しい子に配りはじめました。次々とチケットを配っていくと，お祭りごっこに訪れた子は，またうれしそうにお店に並んでいました。

　Cちゃんはいろいろなところに注意がそれやすいため，話を聞く時などは集中が途切れてしまうこともよくあります。しかし，様々なことに目が向きやすいCちゃんだからこそ，この時にもチケットがないことにいち早く気づいて作りはじめることができたのだと思いました。一方から見ると短所のように見える部分も，別の場面から見れば長所になり得ることを，今回のお祭りごっこの様子から強く感じました。また，繰り返しの作業をしたり長時間集中したりすることが苦手なCちゃんが，これほどまでに集中して取り組むことができたのは，今までにも動物園ごっこやお店屋さんごっこ，お化け屋敷など様々なごっこ遊びをしてきた経験から，見通しをもつことができたからではないでしょうか。しかし一方で，Cちゃんは，集中しすぎて行動を止められなくなってしま

りんご飴屋さんですよ。1つどうぞ　　　　　みんないろいろなお面を買ってくれたよ

う傾向もあります。そこで，取り組む前に「何枚作ったら休憩する？」などと
Cちゃんと一緒に目安を決め，休憩しながらやってもよいと伝えることも必要
だったと思います。

5 │ 子どもたちが教えてくれたこと

　要支援児であっても他の子であっても，保育者との信頼関係が基本になると
思います。「この人は困った時に助けてくれる」「この人は自分の気持ちをわか
ってくれる」という大人への信頼があるからこそ，支援につながると思います。
まずは，一人ひとりのうまく表せない気持ちをことばにして共感し，その子の
得意なことや苦手なことをしっかりとつかみ，何に（どういう場面で）困ってい
るかを知ることです。そして，苦手なことや困っていることに手を差し伸べて
"できた""わかった"という喜びを一緒に味わうように心がけています。困っ
ていることや難しいことが"できた"と感じるためには，小さい目標を立てて，
それができた時に「前よりも○○がよくなったね」などと認めることが必要だ
と思います。また，子どもたちは，ことばでは伝えられない気持ちを行動で表
す時があります。それは，時に周囲からは困った行動と捉えられることもあり
ます。そのような時には，行動の意味を読み取り，ことばで代弁したり，気持
ちがおさまるまで待ったり，どう表現すればいいのか一緒に考えたりして，決
して追い詰めないように気をつけています。日々の生活や遊びの中で，保育者
も一緒に喜んだり楽しんだりして気持ちを共有する時間が，何よりも大切だと
思います。

　保育者との信頼関係ができてからは，周りの子にも興味をもつようになって
ほしいと考えてきました。要支援児と保育者が一緒に遊んでいると，周りの子
が興味をもって遊びに入ってくることがあります。急に大勢の子が入ってくる
と，要支援児が戸惑って遊びから抜けていくことがよくありました。はじめは，
保育者を含めた2，3人で遊ぶ経験を重ねていくことが大切だと思います。そ
の中で段々と，一緒にいて心地のよい子や一緒にいて楽しいと思える子ができ

てくると，少しずつ他の子にも目が向き，人との関わりが広がっていくように感じます。

　子どもたちの得意なことや苦手なことは一人ひとり違い，誰ひとりとして同じ子はいません。子ども一人ひとりが友だちと関わり合いながら，のびのびと過ごすことができるようになるには，要支援児のみならず，クラスのみんなが夢中になって遊ぶことが大切です。遊びを通して"楽しい""面白い"という気持ちを共有できた時に，初めてお互いのことがわかり，繋がり合えるのだと思います。

第8章 異年齢で育ち合う子どもたち

1 異年齢という集団で育つ子どもの姿

1 異年齢集団とは何か

　クラス編成は，その園のビジョンを達成するための形として様々ありますが，大きく分けると，同年齢と異年齢のクラス編成になります。同年齢のクラス編成は発達の近い子どもたちが揃うというメリットがありますが，基本的に一人ひとりの育ちは違うので，個々の育ちを丁寧に見ていくということは，どんな形態であれ最重要課題となります。ここで紹介する事例では，クラス編成自体が異年齢の構造をもっている集団活動を紹介しています。しかし，異年齢を形から考えるのではなく，一人ひとりの人間関係をより豊かにするということに視点を移し，自分たちの園ではどんな異年齢の活動が考えられるかということへの変化に繋がることを願っています。

　異年齢活動も，さらに細かく見ていくと，同年齢でも異年齢活動のような体験ができるように工夫している園もありますし，異年齢でも同年齢の活動を取り入れたりしているところもあります。園やクラスの規模，職員体制から，他クラスとほとんど交流のない異年齢保育をしているところもあります。ここではその点について細かく述べませんが，自分たちの保育に対する願いを達成するために，子どもの最善の利益を考えた集団創りのひとつとして，異年齢活動を考えてみましょう。

　保育の編成は，園舎を建てる時に決めた定員や保育内容に合わせたものがそのまま継続されているところもあります。そのため，この部分は変わらないものとして検討の範疇にないこともあります。しかし，保育の全体的な計画を毎年検討する中には，絶対に入れておくべき構造的な課題のひとつだと思われます。クラス編成を途中で変えるには大変な労力を必要としますが，その中で一番大事なのは「子どもの最善の利益」という視点であり，保護者を含め保育者たちの納得できる合意です。このことが議論できる園では，子どもたちが自分たちで自由に遊びのグループをつくり，それが異年齢集団という形をとることも可能になります。

ここでは異年齢という集団を創っている園の取り組みから，子どもたちがどのように育っているのかという点に注目して，異年齢保育の可能性を探っていきたいと思います。

　保育を行う時にはクラスの規模やそのスタイルを決めることが，その後の保育内容を考える時にも大きな課題となっています。この点については先にも述べたように，保育室の面積や保育士・子どもの人数，地域の要望等の関係もあり，現場の保育者たちは，その運営に対して積極的に意見を言うことはできないかもしれません。とくに小さな園の職員の集団では，その選択肢もなく，一部屋で家族のような異年齢保育という形式をとっているところもあります。しかし，実際の保育の進め方については，保育者としての工夫が求められるところです。そのようなことを考えながら，次からはじまる実践をお読みください。

② 菜の花こども園の異年齢保育の実践
——「年齢別保育」からの移行で見えた子どもの姿

① 異年齢保育をはじめた理由

　当園が異年齢保育を行うきっかけとなったのは，2000（平成12）年の「保育所保育指針」の改定に伴う「一人一人を大切にする保育とは」という研修会で出会った園長先生の，異年齢保育実践園を見学したことからでした。最初の見学は，クラスも落ち着きはじめた9月の後半3日間，3・4・5歳児が共に生活するひとつのクラスでした。目の前の光景は，まさに「ひとつの大きな家庭」。15年間一斉保育を実践してきた私にとっては，目から鱗でした。

　1クラス30名（各年齢10名程度）の子どもたちは，朝登園すると，順序よく自分の荷物を整理して，自分のやりたいことを選択し遊びはじめます。ひとりで集中して遊ぶ子どももいれば，気の合う友だちと遊ぶ子どももいます。時折，年下の子どもが年上の子どものすることをじっと見ている場面もありました。部屋の中では，子どもたちがそれぞれにやりたいことを自分で選んで行っています。そして，年下の子どもが遊び方に迷っている時は，保育者の介入がなくても年上の子どもが入り，手伝い，援助していました。そして，時計を見て時間になると，年長児を中心に片づけをはじめ，今度は年少・年中・年長児共に，各年齢別の活動がはじまります。その間に年齢の入り混じった5名の子どもたちは，ひとりの保育者と部屋に残り，当番活動（給食の準備等）を行います。この日は3歳児もお当番デビューをしていましたが，年長児が時折手本を見せていて，その後ひとりで同じようにやっていました。年上の子がすべてやってしまうのではなく，ほどよい介入や声掛けを行っていました。なぜこのような関わりができるのか？と後で聞いてみたところ，長い間の積み重ねで年長児の姿を見て学び，真似をして自分で覚えていくことが，ひとつのサイクルとなり，次の年齢が育っているのだということでした。年長児もまた，見られているこ

142

米研ぎは，毎日の大切な仕事だよ

とや教えていく過程で，その子に合わせた話し方や伝え方をいろいろと工夫しており，相互の育ちがあると感じました。

朝の登園から遊び，そして当番活動までの流れがとてもスムーズで，実に穏やかな雰囲気の中で，それぞれが個人，または仲間と好きなことに没頭して遊び，自分のやるべきことを理解して動いていました。室内は，集団で盛り上がってゲームをしているグループからは時折にぎやかな声が聞こえてきましたが，1〜3人程度で制作やごっこ遊びなどを行っている集団は，その世界に入り込み，時折会話を交わしながら遊びを楽しんでいる様子でした。保育者の声はほとんど聞こえませんでした。

そこには，時間にゆとりをもち，子どもたちの興味や関心のある物的環境を準備し，子どもの様々な感情を必要な時に受け止めている保育者の姿がありました。そのように，異年齢での生活で，自分または仲間と遊びを選択して遊びこめる毎日が繰り返されることで，仲間との関係の中で喜怒哀楽の感情を体験し，人と人との関わりを体得していくのだと学びました。そして，このような保育をやってみたいという思いを強く抱きながら帰路につきました。

② 異年齢保育への移行と葛藤

後日，保育者仲間でつくる「保育について語り合う会」で，菜の花こども園で，見学してきた保育を話したところ，「私もそんな保育をやってみたい」と共感を示してくれました。その中のひとりが現在の園長であり，もうひとりが土地を借してくれたことで，話はとんとん拍子に進んでいきました。私自身は，地域の子育て支援の場に出向き，子育て中の親と話す機会を設けました。職員は，3〜6歳が共に生活し，相互に育ち合う保育に魅力を感じ，「そんな保育をやってみたい」という強い思いをもち集まった仲間ですので，見ている方向はひとつです。保護者からも，14組の家庭から「そんな保育を受けたい」「協力したい」という要望があり，見切り発車ではありましたが，無認可のまま開園しました。園舎ができるまでは隣のビルの一室を借り，14名の園児でスタートし，1年後には認可をいただくことができました。

しかし，いざはじめてみると，戸惑うことも多くありました。最初は園児も少人数でしたので，保育者も5名からのスタートであり，「みんなで一緒に」という統一した意識のもとで仕事ができていました。しかし，入園者が増えた2年後には90名を超える園児数となったため，保育者の数も増えたことで，様々な意見が出てくるようになり，話し合いに時間をかけることが多くなりました。「子どもたちにとって」の思いが若干ずれることもありましたが，その都度，「こんな時どうするか？」を考え，一番よいと思われる保育を行っていきました。

「食育カード」遊びに挑戦！

日々の休憩の時間や，帰りのちょっとした合間に語り合い，課題となるものについては，時間をたっぷりとって職員会議で話し合うようにし，意識統一を図りました。保育を創っていくのには，やはりお互いに遠慮のない「本音トーク」が必要になってきます。それを短時間で，できる時に参加できる保育者が集まり話し合いを重ね，現在の保育に繋がっています。

　はじめたばかりの頃は，保育者が，生活の流れや，自分の持ち物の整理整頓，一日の日課，棚ごとの教具や用具の種類，それらの使い方，使ったら元に戻すこと，机の拭き方等，すべて子どもたちに丁寧に，わかりやすく，手本となり伝えていく必要があります。その後は，子どもの性格や成長の姿を見極め子どもに任せ，大変な時は保育者が援助していきます。生活や遊びのルールや行事への取り組みなどは，対話的活動ができるよう5，6人の小グループに保育者が入り，一人ひとりの意見を聞き，その中で折り合いをつけて決めていくようにしました。上記のことを繰り返していくことで，徐々に年上の子が保育者を真似て，年下の子どもたちにリーダーシップを発揮するようになりました。そして3か月程度で，生活の流れを年上の子が理解し，戸惑う年下の子のお世話もお願いすればやってくれるようになっていきました。保育者があれこれ言うより，子どもに聞いてみたり任せてみる方が，年下の子どもは素直に聞き，やろうとします。例えば，当番活動ひとつにしても，保育者に甘えてやろうとしない3歳児も，年上の子どもに教えてもらうと「やってみる」と意欲的になります。それは年上の子どもに憧れて，同じようになりたいという気持ちで"やる気スイッチ"が入るようです。けんかの仲介も，保育者より年上の子どもの方が，上手に下の子の思いを言葉にして納得させている姿も見られ，頼もしく感じることがあります。

③　めざす保育を保護者や学校と共有する

　上記のような生活が整ってくると，家庭での姿にも変化が見られてきます。お当番活動で人の役に立つことを喜びに感じると，3歳児後半くらいには，家に帰ると自分から「手伝いをしたい」と言うようになります。保育者からは，園だよりを通して子どもの園での生活や意欲を写真付きの書面等（ドキュメンテーション）で保護者に発信していきます。そうすることで，家庭でも，子どもの手伝いたいという気持ちに応えるようになり，親子関係も良好になっていくことがあります。仕事をもつ保護者には，子どものお手伝いは，毎日とは言わず土日の大人の気持ちにゆとりのある時でよいことと，無理やりさせるのではなく，子どもがやりたいと言ってきた時が大切であることを話しました。

　さらに保護者には，人としての内面が育つためには，自分の思いを伝えたり，

相手の思いを聞いたりしながら対話していくことが大切な時期であることも伝えます。当園が目指している保育は，「人を信頼し，コミュニケーション能力を育てる」ことです。人を信頼することができると，相手をより深く知るために対話するようになります。年長児になると，言葉だけでなく態度や表情からも，相手の思いに気づく姿が見られるようになります。そして自分と違う仲間の考えも認められるようになります。また，自分の思いを，きちんと言葉や態度にして相手に伝えることができるようになります。語り合うこと，助け合うこと，時にはけんかもすることで，いろいろな人がいることを知り，うまく付き合えるようになっていきます。そして，人の話を聞く態度も身につきます。異年齢保育をしていると，年長児のそういった姿は，年中・年少児にもよい影響を及ぼし，毎日そこにいて交わることで学習し，教えなくても身についていきます。以前，卒園児が入学した小学校から，「そちらの卒園生は，人の話を聞く力がありますね。途中で口を挟む子どもが多い中，最後まで聞いて，自分で考えて手をあげ発言します。どのような保育をされていますか？」と問い合わせがあり，教員が10名ほどで見学に来たことがありました。

　園長が「これといって特別な学習などしてないのですが」と話すと，ひとりの教員が「毎日の日課がほぼ一定であることで安心感があることや，異年齢保育によって，年長児の周りを見て動く力が育つ環境になっているのでしょうね」ということを伝えてくれました。私たちは，そんな日常が普通になっているのですが，教員たちは，いろいろな園を見学に行っているため，他園との違いをこのように教えてくれました。私たちはその時に，改めて自分たちの保育に自信がもてたように思います。

　わかり合える仲間と，自分を頼りにしたり，模倣の対象にしてくれる年下の子どもの存在が，自制心を育て，自信と責任をもった５歳児が育つのだと気づいたのは，この保育をはじめて５年ほど過ぎたころでした。これが当園の理念の「生きる力を育む」最たるものといえます。

　入園する子どもの保護者が「異年齢保育」の園を選ぶ理由は，少子化である現在，子どもに社会性や思いやりの気持ちを育てたいことが大半です。地域も安全が保障されないため，子どもだけで外に出すこともできず，子どもは子どもの中で「揉まれて育つ」経験や体験が不足するため，異年齢保育をしている園に保護者は魅力を感じているようです。

〈年齢別活動〉

　当園ではまた，「年齢別活動」も大切にしています。

　一日の日課の中では年齢別の活動も行います。各年齢６〜７名分かれていますが，年齢別活動は，それぞれの発達段階を踏まえた運動的な活動や，制作活動などが中心です。

　また，クラスで行っている遊びや生活の情報を伝え合う場や，行事内容等の

話し合いも行います。とくに年中，年長児は，それぞれのクラスで楽しんでいる遊びに興味を示し，質問も多く飛び交います。それが，今まで知らなかった新たな遊びの発見へとつながり，次にやってみようという遊びのヒントになります。そして友だちから得た情報を想像したり，教えてもらいながら遊びの内容を理解し，クラスに戻り実際にやってみるという経験も楽しいようです。このように自分の体験や知っていることを「伝え合う」経験では，創造力や発信力，実行力の育ちを感じます。話し合いに関しては年少児も行います。しかし，理解力や語彙力は未熟なため，保育者が一緒に話を引き出しながら，言葉にならない思いを代弁し，語彙力を高めています。こうした同年齢の集団を意識した活動計画も組み込みつつ，生活面は異年齢保育をベースにすることで，それぞれに必要な体験になり，より人間関係の幅も広がると感じます。

④　園生活の中で育つ社会性とコミュニケーション能力

　ここでは異年齢保育で育つ社会性とコミュニケーション能力について，もう少し具体的に述べていきたいと思います。

〈社会性〉

　社会性については上記でも説明しましたが，3つの年齢の子どもが共に生活することで，年長児には自分たちが「最年長」である意識が強く芽生えます。それは子どもによって表出の仕方が違います。少々威圧的に小さい子に命令している子ども，反対に，とても優しく丁寧に，することを一つひとつ手取り足取り教えている子ども，年下の子どものお世話をしたいのだけれど，どうやって声をかけてよいかわからずにいる子どもなど……その様子も様々ですが，どの子どもも，年長児であるという意識と責任感はもっています。そして慕われることに喜びを感じるようになります。

　年中・年少児はお兄さん・お姉さんの姿にあこがれ，同じようにしたがる子どもがほとんどです。正確にいえば，「同じようにできる」と思いこんでいる子どもが多いといった方がよいのかもしれません。しかし，いざやってみると思い通りにはできないことも多くあります。その時に，年長児がそれぞれの子どもに合わせて声をかけたり手伝っている姿を見ますが，一筋縄ではいかない子どももいます。

　そこで，年長児同士でも，「折り紙はAちゃんに，コマ回しはBくんに聞くといいよ」など，仲間の得意なことがわかっていて，年下の子どもをその子のところに連れていくこともあります。そうすると，徐々に「名人」と呼ばれるようになります。「名人」は，人に教えることで自分自身の知識も広がり，上達もしていきます。また，教わる側の子どももそれぞれで，教え方もその子によって考えなくてはならなかったり，根

コマ回しはこうやって糸をまくよ！

気よく教えることも必要であるため，教えることでも「相手を知って関わる力」が育ちます。消極的な子どもには，保育者が年下の子どもと繋げる役割をすることもあります。一度関わりをもちはじめると，相手をよく理解して，ことばを選び関わることができるようになっていきます。こういったことで，その子らしく「人と関わる力」がつき，「社会性」の育ちに繋がっているのだと思います。

〈コミュニケーション能力〉

次にコミュニケーション能力についてお話しします。乳児のころから保育者が応答的な関わりをもち保育していくと，人への信頼感が育ち，言葉を介してのやり取りが，言葉の獲得に繋がっていきます。そんな3歳未満児の時期を経験し3歳以上児の異年齢クラスになると，年上の子どもの会話に加わり，一人前に話している姿も見られます。時折，物の取り合いなどでけんかもありますが，年上の子どもがことばで解決しようとしている姿を日常的に見ているので，手を出すのではなく，泣くことはあっても，話し合いで折り合いをつけようとします。

また，交渉上手な子どもも出てきて笑ってしまうこともあります。子どもの興味や関心の先にある探求心や好奇心から，図鑑などを調べて新たな知識を獲得することで，難しい言葉も覚え，仲間の中で誇らしげに話していることもあります。言語能力の高い子どもというのは，ただ単にことばをたくさん覚えて話せるだけではなく，適材適所で必要なことばを使い，みんなを納得させたり，人の話をよく聞いて理解することができる子どもだと思います。そのことからも，言語能力は社会性と密接な関係があると思います。

異年齢で生活していると，よく年下の子どもが，年上の子ども集団の仲間に入って話を聞いていて，わかったふりをしてうなずいてみたり，家に帰って親に覚えたてのことばの意味を尋ねることがあります。これは「周辺的参加」といって，一見直接的には話の中に加わっておらず，そこにいるだけのように感じますが，その時は何も言わなくても，興味をもって年上の子どもの話を聞いていたり，遊びをじっと見ていたりすることで学んでいるという参加の仕方です。

先日，3歳児のお母さんが，朝の登園時に「昨日家に帰る車の中で，お互いさまってなに？」と聞くので，「たすけたりたすけてもらったりすることかな？」と答えると，「なるほど～そういうことか～」と言っていたので，思わず主人と笑ってしまいました，と話してくれました。確かにその時期は「お互い様」がブームになっていて，年中，年長児が掃除をする際に，隣のクラスと協力してやっていて，「ありがとう」「いえいえお互い様だよ」などと言い合っているのを黙って聞

外で見つけた虫はこれだよね

いている年下の子どもの姿はよく見られるという話になりました。そのように，日常的にことばを覚え，会話の中で使っていくことで，コミュニケーション能力も自然と身についていくのも異年齢保育のおもしろさだと感じます。絵本や紙芝居，図鑑も語彙力を育てるのには大切なものです。心を育てたい時も，それに見合う本を選んで読む時もあります。子どもの中で起きている様々な問題や不思議に対して，正解を教えるのではなく考えてもらうきっかけとして，そういったメッセージ性を含んだものを利用することも，自分で考える力を育てることや，その時に覚えたことを実生活に使用するなどの応用力にもつながります。そういったことは年齢にこだわらなくてもいいと思います。

「子どもは子どもの中で育つ」といわれます。保育者として，子どもに任せすぎてしまって，認めるポイントを逃すことや，困っていることに気づかず通り過ぎてしまうことはよくありませんが，異年齢保育では，社会性やコミュニケーション能力は，自然に育つと思っています。保育者は，子どもをよく理解し，適度な距離を保ちながら見守りや仲立ちをしていくことも大切です。

⑤　異年齢での集会の進め方

異年齢保育実践を見学に来る保育者からよく聞かれるのは，「集会」の時間のことです。保育者は3～6歳児の発達を理解しておくことが大切です。当園は，一日に一度，朝のスケジュール確認と夕方の「集会」を，異年齢クラスで行います。横割り活動以外で唯一保育者が子どもたちの前で話す時間になります。

夕方の内容は，(1)一日の体験発表と質問コーナー，(2)紙芝居又は絵本の読み聞かせ，(3)保育者から伝えたいこと（明日の予定や，一日の保育で気づいたことなど），(4)明日のお当番発表と仕事の確認，(5)うたや合奏（2曲程度），(6)あいさつです。時間にすると30分ほどです（4，5月は20分くらい）。

最初はどの年齢を中心に話すのか，絵本や紙芝居選びなども迷った時期があります。しかし，その心配は大人だけの問題であることにすぐに気づきました。子どもたちには年齢の壁はなく，意欲的に手をあげて発言します。

もちろん3歳児の発言は首をかしげるようなこともありますが，本人は真剣ですし，周りも誰も笑ったり，相手を傷つけるようなことばは言わず，一生懸命聴こうとしています。

午後の振り返り発表では，自分が遊んで楽しかったことや，その説明などをしてもらうこともあります。質問コーナーもあり，その時に子ども同士でやり取りをするのですが，この中でもコミュニケーション能力が育ちます。発言は年齢に関係なくありますので，一日に3名くらいずつ，一週間で均等に話せるようにしています。子どもたちは，一つのことに対して質問も多いので，「相手にわかるように話す」という意識が育っているように思います。保育者も，一日を通して気になったことを子どもたちに伝えることもあります。

例えば，折り紙の使い方が雑になり，クシャクシャに丸めた折り紙がごみ箱

今日はぼくが発表するよ

に埋もれていることがあった際は，保育者は「どうしたらよいか？」と問いかけてみたりします。すると，子どもたちから，一度失敗しても，もう一度のばして使うことや，広告を四角に切って練習してから本番の折り紙を使うことなど意見が出てきます。このように保育者がすぐに答えを出さずに子どもに問いかけることで，それぞれの経験値から発言し，ふさわしい回答が見つかる場合があります。そして子どもたちは，保育者が簡単にルールをつくって伝えるより，皆で話し合って決めたことの方が印象に残り，守ろうという気持ちが強まるようです。また，そのようにしてみんなで決めたことは，年齢差は関係なく，お互いに注意し合っている姿があります。一日の終わりに，クラスの仲間を意識して，声を合わせて歌い，お互いの顔を見て挨拶をすることも大切にしています。日常の保育者の声かけは必要最低限でよいのですが，保育者自らが，言葉を通して繋がる楽しさを自然な関わりを通して見せるのも，よいモデルになります。

⑥ 記録に残し振り返ることの大切さ

　日々の保育を記録に残し振り返る作業は，保育者の大切な仕事のひとつです。そうすることで，保育者自身の反省や改善となり，明日の保育に繋がります。余裕があればカメラのシャッターを押して，文章と一緒に写真を添えれば，よりわかりやすいものになるでしょう。保護者に発信する際にもすぐに使えます。大切な瞬間はあっという間に過ぎ去ります。そんな意味でも，ポケットにメモとペンとカメラは携帯しておくとよいでしょう。ただ見守り，一緒に遊び，わからないことは教えたり，喜び悲しみに共感するばかりでなく，子どもの成長の瞬間に出くわした時には，読み手に伝わるように書く力をつけておくことも，保育者には求められます。

　また，そうした記録を線で繋げていくことで，その子らしさを理解して次のステップに繋げることもできるのです。保育には「これでよい」ということはありません。個人記録表（エピソード記録やポートフォリオなど），日誌，週案，月案，行事，各学期など，保育者の書いて残す記録があることで，そして一年を通して園全体の保育を評価し，反省し，見直し，改善するという PDCA サイクルで保育していくことが必要になってきます。個の成長ももちろんですが，異年齢での育ちについても，記録に残すことで，そのよさや課題も見つけることができ，保育者自身やチーム保育での学びにも繋がります。とくに「エピソード記録」では，保育者同士で読み合い，他クラスの子どもを知るきっかけになったり，ケース会議で関わりを統一する時にも使用しています。記録があることで，意識統一を図りやすくなります。異年齢保育の中での子どもの成長は，

こういった記録を読んで感じることがあります。以下，記録から読み取れる異年齢保育の子どもの育ちを具体的に述べていきます。

⑦　遊びを通して交わる子どもたちの姿と心の育ち

　心というものは見えないものですが，私たち保育者は「心の成長を感じる」と書いたり，実際に保育の現場でも，子どもたちに向けても「心が一つになっていましたね」などと伝えることがあります。保育者が心の育ちを感じる場面で多いのですが，当の子ども自身は，そのようなことを感じながら生活しているわけではありません。しかし，子どもの前で保育者がことばにしていくうちに，年長児くらいになると，なんとなくではありますが理解はできてくるようになっていると感じます。以下，異年齢の交わりの中で成長に出会った瞬間を綴ったエピソード記録を紹介していきます（文中の子どもの名前は全て仮名です）。

エピソード　刺激・真似からの新たな遊びの発展

前日：戸外で水遊びをしていた時。5歳児のあいちゃんとゆうとくんが，「そうめん流し」と言って，傾斜を付けた雨どいに，10 cm ほどにカットした毛糸を水とともに流し入れて遊びはじめ，その姿をじっと見ていた4歳児のしょうくん，3歳児のえみちゃんも加わり，4人で水を汲んだり，流したり，流れてタライにたまる毛糸をすくったりを交代で繰り返し，1時間弱楽しんでいました。

　その翌日は，最初の4人に5歳児2人と3歳児3人の子どもが加わり，箸を使って毛糸をすくう本格的な「そうめん流し遊び」がはじまりました。その後，さらにその中で，いつもはただ自己満足して遊んでいるだけの5歳児のたろうくんが，リーダーシップをとり，それぞれの役割分担を声を出して指示している姿や，最初から行っていた4歳のしょうくんが，待っている子がいるからと，雨どいをもう一本足し，二股に分かれた雨どいを作りはじめた姿もあり，それぞれが満足して遊びを展開している姿が見られました。

〈保育者の考察〉

　年上の子の姿を見て，仲間に加わる子，自分でも作ってみたいと挑戦する子など様々な姿が見られ，集団が成り立っている姿に面白さを感じると同時に，いつもとは違うたろう君の姿や，次々と考えて動く子どもの姿に驚いてしまいました。

　5歳児の中では「そうめん流し」という経験が印象深く残り，経験を現実の遊びへと繋げていく中で，年下の子どもの姿を見ながら次々と考えを巡らせて，そこにいる子どもたちみんなが参加できるような環境を考えて，次々と様々なものを足していくことで，みんなが楽しめる遊びへと広げ，

「そうめん流し」みたいで楽しいね

子ども集団で楽しんでいる姿を見ながら，真似やちょっとした未熟さもそれぞれの遊びの発展のきっかけとなることを面白く感じました。短時間の出来事でしたが，異年齢の繋がり，刺激，遊びの発展など様々な姿と出会うことができました。

　　　上記の遊びは，経験値から遊びへつなげる年長児の姿に刺激を受けて，年中・年少児も遊びに加わり，様々な知恵を出し合って自分たちなりに楽しもうとする姿が見られます。二人ではじめた遊びも，そのエネルギッシュな姿や発展性の面白さを感じ，次の段階で他の子たちもやってみようという思いになったようです。

⑧　日常生活を通して引き継がれるもの

　次に，異年齢保育での掃除の場面で感じられた，それぞれの年齢なりの姿を記録したエピソードを紹介します。

エピソード　「朝の掃除‼　ちりとり持って！」

　朝の遊びのあと一度部屋の掃除をします。その際に，5歳ののりこちゃんと4歳のしょうたくん，ゆうくんがほうきを持っていました。そこに来た3歳のまさるくんが，ほうきがないことに気づき，同じところにかけてあったちりとりを持ってきました。するとしょうまくんは「まだちりとりを持ってくる時間じゃないんだよ」と言います。

　のりこちゃんは「いいよ，いいよ，お手伝いしたいんだから」とさりげなく言います。しょうたくんは「だってまだゴミ集まってないし……」と不服そうに言います。

　まさるくんは「これやる〜」と，なんとなくごみの集まっているところにちりとりを構えます。（なんとかお兄さんたちの中に加わりたいと思っての行動だと思い，中に入ろうかと思った私でしたが，少し様子を見ました）。しょうたくんは「しかたないな〜」と，そのあたりのゴミをまさるくんの構えたちりとりに入れようとしました。しかし，持ち方が水平でうまくゴミが入りません。しょうたくんが「ちがうよ〜」と手を添えようとしたところ，「ちがーう」と大声で泣きはじめました。するとゆうくんが「そうだよね，自分でやりたいんだよね」と声をかけ，しょうたくんの引っ張ろうとする力を押さえて，まさるくんの気持ちに寄り添いました。するとまさるくんの涙がピタリと止まり，しょうたくんも仲良しのゆうくんのことばに納得し，まさるくんがちりとりを持って，2人の4歳児がゴミを入れて，最後までやり遂げてその場は完結しました。のりこちゃんはその様子を少し微笑んで見ていました。

〈考察〉

　ほんの一コマでしたが，全体の様子を見て，3歳児のまさるくんの姿を受け入れようとして「いいよ」と言った5歳ののりこちゃんと，真面目に一通りの流れを教えようとした4歳のしょうたくん。そして，まさるくんが泣き出した時のゆうくんの対応。子どもたちにはいろいろな思いがありますが，最後はまさるくんに向けるまなざしが重なり完結した瞬間であったように思います。

上記のように，生活の流れが理解できている４・５歳児と，まだうまく理解はできていないけれど，「お手伝いをしたい」という３歳児の思いに時折ずれが生じることがあります。しかしそれは今の年中・年長児が年下だった時に，ある程度は大らかに思いを受け入れてもらった経験が，今の言動に表れているのだと思いました。また子どもによっても違いがあるのですが，４歳児は生活のルールをことばや態度で教えようとするのに対し，５歳児の，全体がよくわかっていながら，何も言わなくてもそこにいて，寛容な姿で年下の子どもたちのやり取りを聞いている姿に年長児らしさを感じました。

　人間関係が希薄化してきた現在，幼少期のころから，生活環境も考え方も違う異年齢の仲間と生活を共にすることで，それぞれのよさを認め合うという，人として一番大切な経験ができる場だと思います。それは意図的に計画するものではなく，日々の生活を共にする中で獲得していく「生きていく力」です。相手を思いやる心や，尊敬する心，コミュニケーション能力は，自己肯定感も含め人が育つ土台になると私は考えています。そして，子どもたちが，年齢の枠にとらわれず，共に生活する仲間を自分たちの仲間として，お互いを大切にして育ち合っているこの保育を大切にしていきたいと思います。

③ みんなのとっぽこども園の異年齢保育
——夢中になれる仲間が，子どもにとって大切な "集団"

① 電車大好きＳくんの居場所づくり

　私の園では異年齢保育をしており，３・４・５歳児45名，保育者４名で１クラスを編成しています。クラスとしての集団の括りはありますが，どうやったら子ども主体の集団が創れるか，日々試行錯誤しています。

　また園は，JR橋本駅の借用地にあり，すぐ隣を電車が通ります。このような場所では電車が大好きな子どもが育ちます。その中のひとりが，今回の活動を展開した主人公Ｓくんです。

　Ｓくんは５歳児，年長の男の子で，私は2018年度に１年間，彼の担任をしていました。年中の頃はひとりで遊ぶことが多かったようです。年長になり，同年代の子と一緒に遊ぶようになりましたが，うまく仲間に入っていけず友だちとぶつかり合うことがたびたびありました。そして泣きながら「もう，○○君がいるから保育園行きたくない」と，自暴自棄なことばを発していました。それを聞く度に，担任としては悲しくなりました。

　どうしたらいいのか担任間で話をしました。私たちが行っている異年齢保育は，子ども一人ひとりに合わせて環境を構成します。そこでは年齢の枠を超えて，子どもの興味や関心に合わせた集団ができあがります。まずはその中で，自分の好きなことを夢中になってできる，Ｓ君の居場所をつくることが大切なのではないかと考えました。そこで，彼が好きな電車を通してたくさん遊べる

環境をつくりました。

　ちなみに，この事例の後半に出てくる，もうひとりの主人公Tくんは，Sくんより1つ年下で，この時は年中の子でした。

事例1 　SくんとTくんの電車の物語

【11月。「12時11分になると，変な貨物列車が通る」】

　Sくんは見たものすべてを電車にします。新幹線の絵を描いたり，積み木でモノレールを作ったり，レゴで開閉式のドアがある駅舎を作ったりと，様々な形で表現し，周りの子もこのSくんの電車への興味に吸い寄せられて，一緒に電車を作るようになりました。電車を通して友だちと一緒に遊ぶようになりました。

　11月の事例です。Sくんが「12時11分になると変な貨物列車が通る」と言い出しました。どうやら，園の前を通る車掌さんにその情報を聞いたのだそうです。それを聞き，他の友だちも集まって来て，毎日友だちと一緒にその貨物列車が来るのを待ち続けました。そして，待ち続けたある日，ついにその時は来ました。本当に変な貨物列車が通ったのです。私もその瞬間を一緒に目撃することができました。

　Sくんの言っていたことは本当でした。確かに見たこともない形の電車でした。みんな興奮して，その場で歓声があがりました。そして，この幻とも言える"変な貨物列車"をもっとみんなに見てほしいと思い，Sくんは行動を起こしました。時刻表をイメージして"12：11"と紙に書いて，みんなが見えるランチルームの壁に貼ったのです。しかし，本物の時刻表に見立て作ったので，とても小さくなってしまい，みんなにはあまり見えませんでした。それでもSくんは満足そうでした。

　幻の電車を目撃し，みんなで感動を分かち合ったSくん。そこでSくんの心は揺さぶられ，この感動をもっとみんなに伝えたいと思うようなりました。Sくんは，電車を通して，自分の感じていることや考えていることを自ら発信しました。おかげで，周りの子も"幻の貨物列車を目撃する"という貴重な体験ができました。Sくんの電車への想いがみんなに影響を与え，集団の中でのSくんの居場所が確立されていきました。

【12月。「なんでさ，特急が通らないのかな？」Sくんとの約束】

　そして12月。Sくんはある疑問をもつようになり，本物の車掌さんに聞いてみたいという想いが生まれてきました。以下がその時の私との会話です。

Sくん「センセイ」

保育者「何？」

Sくん「僕さ，JRの職員に聞いてみたいことがあるんだけど，なんでさ，ここには特急が通らないのかな？」

保育者「なんでだろうね。いいんじゃない，聞いてみなよ」

Ｓくん「やだよ，代わりに聞いてみてよ」

保育者「いや，それはＳくんが直接聞いてみた方がいいよ」

Ｓくん「そう，どうやって？」

保育者「うーん，電話で聞いてみる？」

Ｓくん「ああ，いいアイデアだね」

　Ｓくんと約束をし，JRに電話をすることになりました。

【明日に向けて期待が膨らむ】

　質問内容をまとめてJRに電話をしました。職員事務所の電話を借りて，子どもたちの前で電話をします。しかし，JRのお客様センターが混み合っていてなかなか繋がりません。どうしようか，みんなに聞いてみました。するとＳくんが「明日直接行ってみよう」と提案し，次の日，事前に連絡せずにJR橋本駅と京王橋本駅に行ってみることになりました。明日直接突入するということになり，子どもたちの期待は大きく膨らみました。

　クラスに戻るとＳくんは，突入する「メンバーの名前を書きたい」と言って，画用紙で腕章を作り，「でんしゃチーム，○○くん」と名前を書きました。

　ちなみにこのメンバーはＳくん，Ｔくんを含めた６名で構成されており，年齢は様々です。電車に興味ある子だけが集まりました。

　メンバー６名が腕章をつけると「外に行くぞー！」「オー！」と円陣を組んでかけ声をあげ，園庭に飛び出して行きました。

　園庭に出ると，おもいきり走りました。「ガタンヒュー，ウィーン」と音をたてて（声をあげ），遊具の後ろを，１・２歳児の横を，猛スピードで走り抜けます。そして，園庭の隅に到着しました。「ヒューン，キ，キ，キー，しんじゅくー，しんじゅくー，しゅうてんです」と声をあげて停まります。よく見ると，おでこには「しんじゅく」と書かれた小さな紙がセロテープで貼りつけてあります。これは電車についている行先票です。

　一通り走り抜けると，またみんなで円陣をかけはじめました。「お部屋に行くぞー！」「おー！」と言って，部屋に入って行きました。クラスの隅に非常口に繋がる通路があります。そこは細長い通路で，電車に見立てるのに最適です。今までも，そこに椅子を並べて電車にして遊んでいました。

　部屋に戻ると，その非常口の通路に椅子を並べて，先頭にモップをとりつけて（線路を分岐させるための棒），電車に変身させました。Ｓくんが運転手になって乗り込みます。非常口の窓からは，JR横浜線と，その上をカーブして京王線が走っているところが見えます。JR横浜線と京王線が同時に走っている様子は電車好きにはたまりません。

　Ｓくんは，電車が走るたびに「ヒュー，ガッチャン」と言って，棒を下ろし線路を分岐させます。その度に「オー，通った，通った」と歓声があがりました。

　電車の音や行先票，また分岐用の棒等，どこまでも細やかなところにこだわることと，電車になりきった動きが生きいきとして見え，表情もとても充実しているように見えました。そして，なぜか行動を起こすたびに円陣をかける。それだけ明日への期待が高まり，電車チームという友

だち関係の中で気持ちが高揚しているのでしょう。子どもの心情，意欲は，遊び込んでいる姿にこそ表れるのだと，改めて思いました。

　そして，昼食の時間も，電車チームで食べました。その時の会話です。

Sくん「明日，ちゃんとついてきてよ，みんな迷子にならないかな」

Tくん「大丈夫だよ，僕橋本知ってるもん，そのまま京王線（京王橋本駅）まで行こう」

Eくん「そうだね，そのまま電車に乗っちゃおうか」

Kくん「乗っちゃお，乗っちゃお，それで岡山まで行こうよ」（Kくんのおばあちゃんの家が岡山にあります。）

Sくん「それはちょっと，無理でしょ」（Sくんは電車をよく知っているので冷静です。）

　昼食中の会話の中にも，子どもたちの期待の大きさがうかがえました。

【JR橋本駅と京王橋本駅に，いきなり突入】

　ついに待ちに待った日が来ました。JRに突入を決めた約束の日。Sくんは，いつもより早く登園しました。昨日構成した電車チームの6名が，JR突入を計画した子たちです。その他に「ついて行きたい」と言った，いわゆるこの活動に参画していなかった子たち14名を加えた，合計20名で，橋本駅に出発しました。このような時，興味ある子だけで行くのか，クラス全員で行くのか，毎回悩みます。

　電車チームの6名は，もり組の集団の中で生まれました。つまり，この6名にクラスとしての集団の所属観も大切にしてほしいと思ったのです。その情報をクラスのみんなにも伝える義務があると考えました。今回は，朝クラス全員で集まった時に，活動の経緯と主旨を全体に伝え，行きたい子は参加するという形をとりました。もり組は3・4・5歳児の発達差が幅広い集団です。その趣旨を理解して行く子もいれば，よくわからないけれどなんだか楽しそうだからついてくる子もいます。子どもにとって必要な情報は伝えましたが，行くか行かないかは子ども次第です。

　45名の異年齢クラスの中で，子どもの興味に合わせた集団を創ることの難しさを，このような時に感じます。

　そんな難しさを感じながらも，とにもかくにも出発しました。しかし，出発したのはいいけれど，"アポなし"でいきなり行くので，どこに行っていいかわかりません。JR橋本駅のロータリーで立ち止まりました。すると，Sくんが「わからなかったら"みどりの窓口"にいけばいいよ」と教えてくれました。そこで，みどりの窓口へ向かいました。みどりの窓口の中で静かに待っていると，案内係の人が声をかけてくれました。事情を説明すると，「今えらいを人つれてくるからね」と言ってくれました。そしてえらい人が登場しました。Sくんを中心に，考えた質問をします。お客さんが往来する改札口の横で，えらい人は丁寧にやさしく答えてくれました。

　そして，子どもたちから「今度は京王線に行こう」と声があがり，予定はしていなかったのですが，京王橋本駅にも行きました。しかしここでも，着いたのはいいけれど，どこに行っていいかわかりません。Sくんが「すいません，質問したいことがあるんですけど」と，定期売り場の係の人に聞きました。すると，改札横の事務室に案内され，車掌さんが丁寧に対応してくれました。質問の最中，マニアックな電車話で車掌さんと対等に会話をするSくんの姿がありました。

最後には，京王ライナーのカードとファイルのお土産をもらって帰りました。

　帰ってから，電車チームが集まり，今日の質問の答えをもう一度振り返って確認し，大きな紙にその内容を書いて，みんなが見えるところに掲示しました。

JR橋本駅へ突入

京王橋本駅へ突入

〈JR橋本駅への質問〉	〈京王橋本駅への質問〉
Q：なんで修学旅行列車と特急はあまり通らないのか？	Q：なぜ京王ライナーは夜が遅くて朝が早いの？
A：修学旅行列車は遠くに行くためなのでたまにしか走らない。火曜日と水曜日に走る時がある。	A：朝はたくさん座れるように，夜は疲れている人に座ってほしいから。
Q：車両はなぜ長いのと短いのがあるのか？	Q：なんで特急が走っているの？
A：会社が決めている。相模線は駅が小さいから長いと落ちちゃう。駅を大きくするのは大変。	A：急いでいる人がいるから。
Q：かいじと修学旅行列車はなんで同じなのか？	Q：モノレールはなぜ遅いの？
A：同じだから。でも地方によっては，かいじではない車両もある。	A：高い所を走っているから。

【夢中になれることが，その子の居場所づくりに繋がる】

　今回の活動を通して，異年齢保育は，決して子どもだけの集団ではないということを感じました。子どもたちは，身近にある大人の社会に対して様々な興味や疑問をもち，それを探究しようとします。つまり，園だけではなく，大人の社会の中で子どもたちは育っているのです。子ども一人ひとりを大切にするには，目の前の子ども集団だけではなく，その背景にある大人の社会も含めた異年齢集団の中で，保育を構成していかなければいけないと考えました。

　Sくんを取り巻く人の関係は，電車への興味を通してどんどん広がっていきました。今回の探検で，Sくんは終始みんなの先頭に立ち，アイデアを出してくれました。そして，この活動を保護者の方に伝えると，とても喜んでくれました。前日からSくんは「早く保育園にいきたい」と家でも話し，駅探険に期待していたそうです。Sくんにとって充実した一日になったと思います。そして，大好きな友だちと一緒に，今後も電車の探究は続いていきます。

異年齢保育では，興味関心に合わせて，そこに集う人によって自然と集団ができあがります。それは，一人ひとりの興味関心を認めていくことです。電車というテーマで大好きなことをやり続けるＳくんに魅力を感じて仲間が集まり，みんなの中で存在価値を認められ，自分の想いを存分に発揮できたＳくんは，いつの間にか「保育園に行きたくない」と言うことはなくなりました。

【Ｓくんに会いたいＴくん】

　2019年。Ｓくんの電車を通した遊びは次の年にも引き継がれていきました。とくに，Ｓくんとずっと一緒に電車製作に没頭していたＴくんは，Ｓくんが卒園した後も，電車製作を続けていました。電車の絵を描き続けて，自分専用のファイルを作ったり，Ｔくん中心に，大きな段ボールを使って京王ライナーを作ったり，様々な形で電車を表現して遊んでいました。Ｔくん中心に，電車を通した遊びが次の年にも引き継がれていきました。

　ある日Ｔくんは「ねえ，Ｓくんに会いたい」と話してきました。昨年の電車の活動を通して，Ｔくんはｓくんに対して，特別大好きな感情が生まれていました。

　Ｔくんの母親に，Ｓくんに会いたがっていることを伝えると，家でもＳくんのことを話しているようで，たまたま昨日，Ｓくんからもらった手紙を母親が見つけて，その時を思い出して泣いてしまったと話してくれました。母親の話を聞いて，ＴくんにとってはＳくんと遊んだ思い出は忘れられないもので，本当に会いたいと，心から待ち望んでいるのだと思いました。

　この話を，Ｓくんが在籍している小学校に電話で伝えました。すると，休み時間を利用して会わせてくれると約束してくれました。

【Ｓくんに会いに小学校へ行こう】

　Ｓくんに会いに行く当日。ＴくんがＳくんに会いたいという想いを知った年長の友だちみんなで行きました。ちなみにこの時は，小学校が遠いので，安全を配慮し年長児だけで歩いて行きました。

　Ｔくんは，改めてＳくんに手紙を描いてきました。大きな紙に京王ライナーが描いてあり，その下にひらがなで「Ｓくんげんきにしているかな　しょうがっこうでおべんきょうがんばっているかな　Ｔより」とメッセージが描かれています。大きな京王ライナーと，いっしょうけんめい書いたメッセージから，Ｓくんに対しての大好きな想いが伝わってきました。

　その手紙を持って出発し，小学校に着くと，１年生が出てくる昇降口で待ち合わせをしました。

　そして，休み時間のチャイムがなりました。次々に１年生が出てきます。その中にＳくんの姿がありました。友だちと一緒に現れたＳくんはちょっと恥ずかしそうで，でもうれしそうな表情をしています。

　「Ｓくんに会いに来たんだよ」と話すと，ＳくんはＴくんを見つけて，少し照れながらもＴくんの前に立ちました。Ｓくんと向かい合ったＴくんは，はにかみながらＳくんを見つめます。Ｔくんはズボンの後ろポケットに入っている手紙に手をやりますが，恥ずかしくてなかなか手紙を渡すことができません。その場がいたたまれなくなり，Ｓくんは照れながらＴくんの周りを走り出しました。「どうしたの？」「なになに？」と１年生の友だちに追いかけられながら，「保育園の友だちだよ」と説明するＳくん。１周回ってもう一度Ｔくんの前に立ちました。そこでＴくんは「は

い」と言って手紙を渡しました。

　見ると，そこには大きな京王ライナーが描いてあります。「すごい」「なにこれ」と周りの１年生も，その出来栄えに感心していました。「ああ，これね，京王ライナー」と冷静に説明するＳくん。その冷静な感じも，大好きなＴくんと面と向かって話すことが恥ずかしくて，それを隠しているようでした。Ｓくんらしいです。

　その後，一緒に記念撮影をしたり，小学校の話をしてくれたりして楽しく触れ合いました。最後は「またね」と元気に手を振ってお別れしました。

　②　子どもにとって大切な集団とは

　私も二人がはにかんだ表情で対峙したところで，今までの経緯を思い出し，二人の特別な感情に触れ，なんだか感動してしまいました。

　Ｓくんははじめ，ひとりで電車を作っていました。大好きな“もの”を作る時に，子どもはその“もの”をよく観察していると思います。もっと言えば，心がその“もの”の魅力に憑りつかれてしまっているので，夢中になって創造してしまい，結果としてリアルに再現されるのだと思います。

　Ｓくんの作る電車は，その場にある素材を使って，細かいところまでリアルに再現されていました。それは人を惹き付ける魅力があります。Ｓくんの作った電車の魅力に一番最初に興味を示したのはＴくんでした。そしてＳくんとＴくんが中心となって電車の活動は継続されていき，友だちの輪も広がっていきました。

　電車を通して相手の素敵な魅力に触れ，「この人と一緒にいたい」という想いがより一層強くなるのだと思います。好きなことに夢中になることで，大好きな仲間ができました。

　異年齢保育では集団の中で一人ひとりの子どもの生活を保障していくことが基盤になると考えます。園としての集団，クラスとしての集団，学年としての集団など，“集団”という概念はいろいろあると思います。子どもにとって必要な集団は，興味や関心を一緒に共有できる“仲間”だと考えます。そこには年齢や男女の分け隔てはありません。園の中で，保育者や仲間と一緒に環境を創造していきながら，自分の興味関心に夢中になることで，それぞれの居場所ができ，自然と仲間が広がっていきます。

　改めて，子ども一人ひとりの自己実現ができる環境を子どもと一緒につくっていくこと，そしてその中で，子ども自身が求める仲間（集団）のあり方を保障していくことの大切さを感じました。

2 | 異年齢集団を選べる自由とあこがれ

【1】 仲間を選ぶ自由

　異年齢保育も同年齢保育も大人が考えた集団ですが，子どもたちにはその所属を自由に選ぶことが可能でしょうか。たとえ０歳児の担当制にしても，本当は大人が決めるのではなく，子どもの方からその相手を感覚的に決める自由はあると思います。ましてや子どもの権利のことを考えれば，もう少し子どもの意見を聞くことの大切さを意識する保育が必要だと思います。子どもたちにこの集団や仲間を選ぶ自由があると考えていれば，子ども自身が自分に合った異年齢の仲間を見つけて自然に遊ぶ姿にも出会えるはずです。このような保育は特別なことだと思う人は，「担任」という立場に立って，自分のクラスの子どもたちのことだけを考えていないでしょうか。確かに安全とか社会のルールという観点から，私たちが行動範囲を規制していることも理解できます。しかし，子どもたちは，園や地域の環境に対して特別な境界をつくっているわけではありません。クラスから出ないようにというのも，保育者側が決めたルールです。そのような中でも，子どもたちは自分の好きな遊びや気の合う仲間を見つけ，たくましく生きているのです。ですから保育者は，子どもたちを園全体で保育するという意識をもって保育者同士の同僚性を高めることで，もっと柔軟な保育環境を考えることが可能となります。このことができるのは，保育者たちがお互いに信頼し合い，仲良く連携している園だということになります。

　こうした子どもが選べる環境をつくると，子どもたちは自分の環境に対してより主体的に働きかけるようになるので，その表現力はさらに向上していきます。そんな子どもの主張を紹介します。

事例１　子どもが選べる集団①

　朝夕の混合保育や土曜日の保育を大切な異年齢交流の場だと考えると，そこから広がる保育もあります。朝，２歳児と４歳児の姉妹が仲良く登園してきました。しかし，クラスに分かれて活動する時に，妹の方が姉と一緒にいたいと言って泣きはじめました。すると姉の方のクラス担任が，その子の姉に大丈夫かを確認したあと，妹に「一緒に来る？」と声をかけました。もちろん妹はすぐにこくりとうなずき，笑顔で姉のクラスに溶け込んでいったのです。すると姉の友だちである４歳児の仲間もその子を一緒に受け入れて，２歳児が４歳児のクラスで楽しく遊んでいたのです。この時，大きい子の方の活動の都合もあるので，「何時までね」という約束も入っていましたが，その時間がくると，朝の大泣きは何だったのかと言うほど，素直に自分の所属するクラスに帰って行きました。

このような事例を，みなさんの園ではどのように考えているでしょうか。園の環境が子どもの声を聴くことを大切にしていると，子どもからの声もよく出るようになります。集団から外れることが，いけないこととしてルール化されていれば，子どもの声は無視されることになります。これを子どもの権利として考えることもできますが，子どもの願いに寄り添う大人の姿こそ，大切な子どもの人間関係を広げる環境になるのだと思います。

事例2　子どもが選べる集団②

お昼近くにふと2歳児のクラスを覗くと，5歳児がひとり，2歳児と一緒に食事をしていました。理由を聞くと，食事の少し前からお手伝いに来たようです。もちろん5歳児の保育者は，子どもから「2歳児のクラスへ行きたい」という要求を聞いていたので，2歳児の保育者にも確認を取っていましたが，その交渉は子どもに任せるようにしていました。自分から決めたといっても，たったひとりで違うクラスの，しかも年下の子どもたちと一緒にいたいと願ったその子は，本当にお手伝いをしようとして来たようで，食べる時のお世話をしたり，食器の片づけを手伝ったり，紙芝居を読むことを頼まれたり，寝かしつけるところまでやって，自分のクラスに帰って行きました。なんだかとってもうれしそうで，誇らしげでした。

このような子どもの姿を見て，優しい気持ちが育つというような異年齢保育のメリットを言う人がいますが，小さい子の面倒を見るということは，優しさというだけの話ではなく，自分が人の役に立つ喜びを感じる，本人にとって大切な機会だと考えられます。競争の激しい同年齢の関係の中では自己発揮できない子でも，これが自分より年下の子どもなら，その可能性は高くなります。しかし，小さい子も，お人形のようにお世話されるままになるわけではないので，相手の気持ちに合わせるという部分では，同年齢の子ども以上に自分の新たな能力を使いながら付き合う必要が求められます。これが他者の気持ちを理解するという能力を高めることにも繋がっていくため，同年齢で生活する時の人間関係づくりにも役立ちます。こうした自分から求めた関係づくりの体験こそが，非認知能力とも繋がっており，さらには学校教育でいわれる生きる力にも繋がっていると考えた方が自然だと思います。

2　平等で公平な異年齢集団を創ること

幼児期に異年齢集団の中で過ごした体験は，卒園した後，Sくんに会いたいという事例のように小学校まで繋がることもありますし，もしかしたら地域で一生付き合う関係に広がっていくかもしれません。だからこそ，異年齢集団で過ごす子どもたちの関係には，人権という視点を考えながら「対等」であることが求められるのです。それは同年齢のクラス編成よりは異年齢集団の方が，

発達の差は当然大きくなってくるからです。それに対して５歳児たちに配慮を求めるというのも，必要以上のストレスを与えることになり，３歳児より５歳児の方が気を使わせられる保育になってしまう可能性が高まるからです。

　異年齢の子どもたちで劇遊びをすると，５歳児たちがリードしてくれるので，すぐに劇遊びが展開されるようになります。そして，繰り返し遊ぶうちに，３歳児は５歳児をモデルにして学びやすい環境に置かれるため，３歳児だけで劇遊びをするよりはるかに早いペースで上達していきます。そして劇の発表会当日では，自信をつけた３歳児が大声で張り切り，それまでリードしてきた５歳児たちがプレッシャーや恥ずかしさを感じている姿を尻目に，主役の座を奪ってしまうということもあります。しかし，よく見ると，５歳児たちが，そのやんちゃな３歳児に気配りをしながら，一生懸命全体の調和を考えている姿も見えてくるのです。

　このように話を展開していると４歳児たちの姿が見えてきません。つまり兄弟でいうと真ん中の子となるので，その存在が常にどっち着かずで中途半端な環境に置かれてしまいます。５歳児は，３歳児には優しくできても，一つ違いの４歳児に対してはそこまでの配慮はできないというか，どうしても３歳児の

たすけあいは同年齢でもおこります

方へ注意が向いてしまうのです。こんな環境の中で，４歳児たちが一生懸命背伸びをして頑張っている姿が，Ｓくんの事例で紹介されているお兄ちゃんへの憧れの姿です。その意味では，年齢に関係なく平等で公平な異年齢集団を創るということが，とても重要な課題になっていることがわかりますし，異年齢のクラスというのは常にその選択肢が保障されている保育形態にしたいものです。

　保育者が一方的に子どもの居場所を決めるのではなく，このように子どもが主体的に環境に働きかける生活が保障されて初めて，５歳児のリーダーシップや，４歳児のよりよくなりたいという願いや努力，３歳児の表現力の素晴らしさなど，それぞれの年齢で輝き，影響し合う人間関係が保障されるのです。

　異年齢の子どもたちに話をする時にも注意が必要です。それは一人ひとりのことばの理解力が同年齢以上に差があるからです。そのため，保育者には視覚情報を使って話したり個別に声掛けをする配慮が求められています。それを怠ると，ある意味おせっかいな集団でもある異年齢集団は強い子の意見で決まる集団になってしまうからです。年齢に関係なく平等で公平な異年齢保育は，一人ひとりの考えが尊重されているかどうかを常に意識して進めてください。

　5歳児は，異年齢集団の中では最年長者として，あらゆる行事や生活の場面で年下の子どもたちのモデルとしての期待が寄せられ，みごとにその期待に応えようとする関係が構築されていきます。しかし，その5歳児たちは誰をモデルとして学んでいけばよいのでしょうか。異年齢保育のメリットは，子どもたちがその関係の中で自ら学ぶエネルギーを発揮していく環境を日々つくることができることにあるのですが，5歳児にとっても，自分より優れた憧れの存在が必要になります。そのことは先のみんなのとっぽこども園の事例「夢中になれる仲間が，子どもにとって大切な"集団"」で紹介されている通りです。

　この事例は，在園の時にあこがれていたお兄ちゃんが卒園してしまい，在園中に楽しい遊び方を教えてもらい，それを広げながら遊んできた自分の姿をお兄ちゃんに見てもらいたいという願いを聴き，小学校と連携を取り，学校訪問にまで及んだ担任の行動力が生み出した異年齢交流でした。

　幼児期に異年齢の子どもとの関係を豊かにしておくことで，就学した時も安心して学校生活を送れるという話はよく聞きます。つまり，地域の集団を意識した保育へのヒントにもなると思います。在園中は，異年齢の子どもとの関係をそこまで広げて考えることは少ないかもしれませんが，冷静に考えると，当たり前の人間関係をつくっていることになるのです。その関係を事例のように学校訪問という形で繋げることができ，休み時間での交流を学校側が受け入れてくれたのも幸いでした。ここをもっと広げて考えると，小学生のやっていることが5歳児のあこがれになるという異年齢保育を考えることができるのです。例えば，小学生の取り組む劇を見た5歳児が「もっと自分たちも大きな声でかっこよくやりたい」と思って帰り，実際に翌日から子どもたちの劇遊びのモチベーションが格段に向上したというケースもありました。運動会にしても授業見学にしても，小学校と園の間で，心の育ちを意識したカリキュラム交流が可能になれば，5歳児たちのモデルも，保幼小連携も，子ども同士が学び合う環境をつくることも可能です。このような発想をもつことが，地域を意識した異年齢保育だと思います。そもそも人は，こうした異年齢の社会の中で生きていくわけですから，幼児期にそのことが自然な形で体験できる環境づくりは，同年齢の保育をしていても欠かすことのできない配慮だと思います。

第**9**章　コミュニケーションが
苦手な子どもの理解と支援

1 ことばによるコミュニケーションが苦手な子

1　よくしゃべるけれどもコミュニケーションができない子

　ことばには，「話す」「聞く」「書く」「読む」の4つの機能があります。「話す」と「書く」は説得的機能，いかに自分の考えを人にアピールするかです。「聞く」は受容的言語で，相手の気持ちを受けとめ，互いに分かち合っていくという機能です。現在は，大人も子どもたちも，聞く力が弱く，難聴の時代などといわれるようになってしまいました。その要因と考えられることについては第4章第1節の**1**「日常会話や対話の激減」に述べています。いずれにしても，親しい大人からよく聞き取られる経験をした子が，他の人の話を聞くようになるということ，乳幼児期から，日常的に自分の思いを聞き取られるという生活を得られなかった子どもは，『人には伝わらないのが当たりまえ』だと感じとって，そこからコミュニケーションの喜びを失ってしまうことが考えられます。

　とくに，大人とのことばのやりとり，会話や対話をあまり経験していない子（自分の思いをじっくり聞いてもらうことがなかった子）は，自分がしゃべりたいばかりで人の話を聞こうとしない傾向にあります。けれども，その子の話をよく聞き，そこから共通の話題を引き出して語ることで，少しずつ会話が成立するようになります。

　しゃべるというのは，相手に通じていなくても言いたいことばが出てしまう状態を意味します。子どもたちは，よくしゃべっているのだけれど，誰かの真似だったり，相手の話すことを聞こうとしないので，伝わる力＝つながる力に至りません。

2　排他的なことばから閉鎖的なコミュニケーションに

　ことばのやりとりをしていないという場面は，他にもよく見ます。例えば，4歳の女児が，同じクラスのブランコに乗っている友だちに「ねえ，あたしにもブランコ乗せて」と言います。ブランコに乗っている子が「だめっ」と断る

と，「もうたのまない」「先生に言っちゃう」「絶交する」などと怒って，他の所に行ってしまいます。友だちに断られた時，「なんでだめなの？　あたしだって乗りたいのに」「あとどれくらいしたら代わってくれるの？」などと一歩踏み込んで友だちに訊いてみることがないのです。「なんでだめなの？」と訊いてみることによって，例えば「今乗ったばっかりなの。もう少し待っててくれたら代わってあげる」など，ことばのやりとりが成立し，相手の意図に気づくことができます。

　幼児になると，友だちや仲間の遊びに"入ーれて""いいよ"など，生活の中での呼びかけ，返事のやりとりが必須です。もちろん断られることもあるわけですが，そんな時，保育者によく言いつけに来ます。"○○ちゃんたち，入れてくれない"。そうしたら保育者はどんな対応をしますか。『みんな仲良く遊ばなければいけないんだから』という保育者の考えを押し付けんばかりに「どうして入れてあげないの。みんな友だちなんだから，入れてあげなさい」と保育者の力で強引に入れさせてしまったとしても，その子は仲間としては認めてもらっていないことが多いのではないでしょうか。仲間に入れてもらえなかった子が訴えてきた時，保育者はまず，その子の悲しい気持ちに共感した後で「なんで入れてくれなかったか，訊いてみたの？」相手側にも何か入れられない理由があるかもしれないことに気づかせます。その理由がわかることで再度交渉することも可能になるわけです。

3　乱暴で攻撃的なことば

　今，子どもたちのことばが，とても乱暴になっていることが心配です。「うるせえなあ」「そんなことやらねえよ」「おまえあほか！」「ムカつく」「キモイ」「くそばばあ」「知るか！」「かんけいねえんだよ」など。テレビや兄弟の影響も大きいとは思いますが，ことばが乱暴だったり，攻撃的であることは，子どもたちの心が荒れていたり，すさんでいるサインでもあります。なぜでしょうか。日頃，一方的に大人から拒否されたり，否定されたり，咎められることが多すぎるということはないでしょうか。「何やってるの！」「またこんなことして！いやだねえ」「言うこと聞かない子は，もう連れてこないから」など。子どもは，なぜそうなったかを聞いてもらえず一方的に否定されてしまうので，『わかってもらえない』『うるさい，聞きたくない』と心を閉じてしまいます。この受け止めてもらえないイライラがたまりにたまってしまうと，反撃するように乱暴で攻撃的なことばを発するようになるのではないでしょうか。

4　自分の感情を知り，人に伝える——感情の社会化

　ことばは心からあふれ出るもの，昔は，ことばのことを「言霊」と言っていたそうです。ことばにはその人の魂が込められているからです。

泣きたいときは，思いきって泣こうね

「ムカつく」ということばには，悔しい・悲しい・ねたましい・腹が立つ・わかってもらいたい・寂しいなど，いろいろな感情が込められています。今自分はどう感じたのかという，自分の感情を表現する言葉をもてずに「ムカつく」で済ませてしまいます。感情をことばで言い表せない子どもほど乱暴になります。そういう子は，自分の感情を理解し，大事にすることができません。自分の感情や気持ちを相手に「そうか，よっぽど悔しかったんだね」などと理解されてこそ，感情はおさまっていくのです。感情をことばに置き換えるという行為は，感情をそのまま相手にぶつけてしまうのではなく，「わたしは今，怒っているんだ」と，自分で自分の感情を捉え，意識化したうえで人に伝えるということです。感情がことばと繋がり，そのことばによって他者と感情を共有することができるようになることを，感情の社会化といいます。

　自分の感情について考えることができるようになると，他者の感情についても考えることができるようになるわけです。今，人とのコミュニケーションを育むうえで最も重要なことは，「自分の感情をことばで表現できるようになるための援助」ではないでしょうか。第4章でも述べましたが，子どもが何かつらいことがあって泣いている時に「そんなことで泣かないの。弱虫だねえ」ではなく，「何かつらいことがあったんだね。そんな時は，いっぱい泣いていいんだよ」とまずは共感し，気持ちに沿ったことばをかけること，そして悔しい，悲しい感情を吐露できるようにしてあげる援助ではないでしょうか。

　大人は，子どもたちの喜びや楽しさの感情表現には自然に共感できるのですが，ネガティブな感情に共感してあげることが今，とても少なくなっているような気がします。

　5　自分の気持ちを表さない子，内気であまり話さない子

　何か話しかけると首を振って答えたり，強く聞くと上目遣いでじっと見る。わからないことがあると困った顔をして下を向いてしまう。園では，保育者や友だちとほとんど話をせず，おとなしい。ところが，家ではよくおしゃべりをするといった子が，クラスに決まって1人か2人います。話せないわけではなく，話さない子です。場面緘黙症の子どもといわれることもあります。そういう子どもに対して，保育者にはどんな援助をすることが求められるでしょうか。

　家ではよくしゃべるということなので，いわゆる内弁慶なのかもしれません。人前で恥をかきたくないという気持ちが強いのか，保育者が何か言ってもらおうと働きかけると，かえって頑なに黙ってしまいます。

　大切なことは，話させよう，答えさせようとせず，保育者や友だちとの普段

のやりとりを，楽しんで聞いてもらうようにします。時にうなずいたり笑ったりした時は，「○○ちゃんにちゃんと伝わったね，うれしいわ」というメッセージを送ります。一方，鬼ごっこやじゃれつき遊びなどの開放的な遊びでスキンシップをたくさんすることで，体も心も開放して，友だちと一緒に遊ぶ楽しさを経験させたいです。

　場面緘黙というのは，情緒障害ではなく，心理的なものだといわれます。家ではよくしゃべっているということなので，どんな話をしているか，その子がいるところで保護者と楽しそうに雑談をし，その子の楽しみや興味，友だちのことなどを共有していきます。また生活グループで安心できる居場所をつくり，グループでの活動や係の仕事ぶりなどから，打ち解けていく様子を把握します。

2 ｜ 自己肯定感の育ちが弱い子

1　"悪いのは友だち，みんなわたしをいじめる"

　4，5歳児は，友だちとちょっとしたことでトラブルになっても，何とかして自分のことをわかってもらおうと自己主張を強め，ぶつかり合いが一層激しくなります。しかし，このぶつかり合いによって，やがては相手の行動の意図や要求に気づくようになります。そして，互いの違いを理解し合い，それを調整し解決していく，いわば自律への過程ではないかと見てきました。

　互いにわかり合うためには，一人ひとりが自分の思いを真剣に表現し，伝えなければなりません。一見価値がないような，ネガティブに思われているトラブル・人と人とのぶつかり合い・葛藤は，どんな意味をもっているでしょうか。

　幼児の心には弾力性があって，けんかしても，なぜけんかになったかがわかれば，すぐに相手を受け入れ，一緒に遊びだします。だからこそ，自己主張をし合い，お互いの関係の中で耐性をつけていくこと，やったりやられたり，いろいろな体験を味わうことが大切だと思います。筆者が30年も前に年長組を受けもっていた時の日誌の写しがありました。

　「まるでかたき同士のような憎しみに満ちた目でにらみ合い，負ければボロボロ涙をこぼし，体いっぱいふるわせて泣く。その激しい感情の高ぶりの中で，自分に要求があるのと同じように，相手にも要求があることを知り，厳しい対立を経て自分を知り，相手を知る。けんかでたくさんの矛盾を克服した子どもほどしたたかに育つのではないでしょうか。」

　ところが，幼児期に欠かせないこのトラブルが，今，本当に激減しているのではないでしょうか。園内研修などで一日中園にいても，「今日はケンカがなかった」ということがよくあります。なぜでしょうか。子どもたちが親の考えを引きずって，「けんかをしてはいけないんだよ」「けんかする子は悪い子だよ」

といったあやまった道徳観をもってしまっていること，自己主張する子，反抗する子が少なくなっていること，大人の「良い子，素直な子」という求めに合わせてくれる子どもが増えてきていることなどが考えられます。

　もう一方で，自己肯定感の育ちの危うい子が増えてきたことがとても心配です。以下は，園の年中組の9月の日誌です。

事例1　トラブルになっても友だちと向きあえない

　りょうこちゃんとさちこちゃんは，おうちごっこをしていたのですが，スカートの取り合いで口論となりました。さちこちゃんがあきらめて，スカートをりょうこちゃんに渡したのですが，悔しくて，「りょうちゃんとはもう遊ばないからね」と言うと，りょうこちゃんは「いつもみんなにいじめられる。だれもともだちがいない。もう明日保育園こないから」と言い，保育者が何を言っても，「どうせあたしはきらわれているんだから。だれもりょうこのことやさしくしてくれない」の連発です。昨日も，ちょっとしたもめごとが生じると「どうせ一人ぽっちだから。ママは怒るからいやだ。やりたいことができない」と「どうせ…」ということばで自分を追い詰めるように話す姿が気になっていた。

　〈考察〉

　自分の気持ちや感情は出せるのですが，人の思いを受け止めようとする力が弱く，何でも人のせいにしてしまいます。それで真っ向からぶつかり合うけんかが成立しなくなっています。保育者に言いつけに来ると，つい，「そんなことないでしょう。いつも遊んでくれるじゃない」と，友だちの立場や気持ちをわかってもらおうと話してしまいがちですが，りょうこちゃんは聞く耳をもたず，「どうせあたしのことはわかってくれないんだから…」というばかり。自尊感情の育ちが弱く，人のせいにすることで壁をつくり，自分を守ろうとしているのかもしれません。そういう子どもたちがクラスでも増えています。

　保育者は，つい相手の立場を理解させようと働きかけてしまいますが，それでは聴く耳をもたないので空回りです。それよりも，「友だちが仲間に入れてくれないから寂しかったのね」などとその子の思いに添い，『私だって大切にしてほしい』という訴えをまずは尊重することでしょうか。「ことばへの信頼は，人への信頼につながる」。自分を無視したり，言い分を聞こうともしてくれない人の話に，誰が耳を傾け聞こうとするでしょうか。相手の話を聞こうとする気持ちを育むには，まず信頼関係を育てることです。人間としての大切な自己肯定感を育んでもらえなかった子どもたちが，聞く耳をもてなくなっているのは当然なのかもしれません。

---

(2)　自己肯定感はどのように育まれるのか

　自己肯定感というのは，言うまでもなく「自分は自分のままでいい」「自分は成長していく存在だ」「自分には生きる価値がある」「今をよりよく前向きに生きていこう」とする自己信頼，「自分には，自分を守り支えてくれる人がいる」

"ぼく"と"わたし"はお友だち

「自分は孤立していない」「人と一緒に生活することは楽しい」という他者信頼の両方を意味します。この自己肯定感は，本来どの人間にも備わっているものではなく，周りの人との関わりの中で培われます。今日，日本の子どもたちの自己肯定感の育ちが異常に低いといわれるのは，私たち大人の責任だと思います。多くの子どもたちの自己肯定感を育んでこられなかったからです。まずは子どもたちの自己肯定感が育まれる保育実践をしていかなければなりません。

自己肯定感とは
①自分の世話をしてくれる親や保育者との愛着の形成
　自分のことを"大好きだよ"と言ってもらえること。
②自分の本当の思い・つもりを大切にされる
　人は誰でもみんな，誰かと心を通わせずには生きていけません。自分の真実のことば・つもりを聞いてもらう体験がなかった子どもは，自分の本当の求めを追求する力が失われていきます（自己行方不明な子どもたち）。"こうしたかったんだね""わかったよ"。
③夢中で遊び，自分らしさや成長を実感していく
　「前はできなかったのに，今はこんなこともできるよ」
④友だちは，友だち関係を通して育まれる第二の心の基地
　友だちと一緒に活動し，ぶつかり合ったり分かち合ったり，喜びや悲しみなどいろいろな感情交流を経ながら，結びつきを実感する。
⑤命の尊さを実感する
　自然界の様々なものが子どもたちに生きる知恵を感じ取らせてくれる。

　子どもの今は日本の明日，「子どもの中に明日を生きようという意思を育むことができなければ，教育は失敗である」。エレン・ケイのことばです。

3 ｜ コミュニケーションが苦手な子どもの姿

1 ゲームばかりする子――神山認定こども園の実践例

　Rくんは，2歳児のころからスマホやタブレットなどでゲームをするようになり，家庭での遊びはほとんどゲームでした。4歳児の4月当初は，仲の良いSくんとの会話もゲームの話題が中心で，何かをして遊ぶということもなく，二人で保育室の隅に寝転がってゲームの話をしている姿が目立ちました。園庭に出ると，6，7人の子と一緒に次々にアマガエルを捕まえては飼育ケースに入れるものの，可愛がったりエサをあげたりすることもなく，そのまま死なせてしまうことがよくありました。

　ある日，散歩に出かけた時，途中の道端でカエルを見つけたRくんは，目的地の公園に着くまでカエルをギュッと握りしめたままでした。Rくんが手を開

くと，カエルはしわしわになって死んでいました。すると，Rくんは水道の水をカエルにかけながらチョンチョンと指で触りはじめたのです。私が「どうしたの？」と声をかけると，「ん…」と無言のRくん。すると，一緒にいたSくんが「水につけたら生き返るの」と言いました。そしてRくんも「うん！　そうやで。水につけたらまた動くんやで」と本当にそう信じているような表情で話しました。私は，二人の言葉を聞いて愕然としながらも，二人が本当にそう思っているのなら確かめてほしいと思い，「そうなの…」と言ってその場を離れました。結局，カエルは生き返ることはなく，水道のところに置き去りにされていました。私は二人を呼んで，「カエル生き返らなかったんやね。このままにしておくの？」と話しました。すると二人は，“先生に言われたから仕方ないな。埋めとけばいいんやろ”とでも言わんばかりの表情で，公園の隅にカエルを埋めたのでした。

　私は，命がなくなってもゲームと同じように生き返ると思っていたRくんとSくんの姿に，驚きと少しの怖さを感じました。また，クラス全体の子どもの姿を振り返ってみても，生き物をまるで玩具のように扱い，死んだらまた捕まえればいいと考えている子が多いように思いました。

　6月のはじめ，園の近くの堤防にトノサマガエルが姿を見せました。子どもたちと一緒に大きなトノサマガエルを5匹捕まえて，グループで1匹ずつ飼うことになり，その日からカエルのエサ探しの日々がはじまりました。私は，トノサマガエルを飼育することで，生き物には命があることに気づいてほしい，そして世話をすることの大変さを経験することで，生き物は玩具とは違うということを知ってほしいと思いました。園庭や堤防，農道などどこに行くと虫がたくさんいるかを相談して虫取りに出かけたり，園内に入ってきた虫を捕まえたりして飼育ケースに入れると，カエルは勢いよく虫を食べました。それを見て大喜びしてすぐに興味をもつ子もいましたが，中には興味が薄い子もいました。私は，一人ひとりが少しでもカエルに愛着をもつ方法はないかと考えて，「みんなには一人に一つずつ名前があるね。でも，お部屋にいるカエルたちには名前がないから，どのカエルも“カエル”って呼んでるよね。みんなだったら“人間”って呼ばれてどう思うだろう…」と話してみました。すると，「そうやな！　名前あったほうがいいな」と言って，どのグループも真剣に名前を考えはじめました。次々に名前が決まっていく中，Rくんのグループは二つの候補からなかなか決まらず，頭を悩ませていました。Rくんは「絶対にノシノシがいい！」と言って譲らず，それに対して「モモヤがいい！」と言って譲らない子もいて困っていました。すると「みんなも名前2つあるが」とつぶやいた子がいました。「あっ！　そっか！」とみんな納得して，Rくんのグループのカエルの名前は苗字と名前で“モモヤ　ノシノシ”に決まりました。名前が決まって数日たった時，以前はカエルに興味を示さなかったAちゃんが，自分のグル

ープのカエルの飼育ケースを覗いて名前で呼びかけていました。私は，その姿を見て，少しずつカエルに親しみをもつようになってきているなと感じました。

それからも，多少暑くてもカエルのためにとエサ取りに出かけ，RくんとSくんも一生懸命に草をかき分け，汗びっしょりになってカエルが食べそうな虫を探していました。また，グループごとにカエルがジャンプする距離を競ったり，自分たちがカエルになって表現遊びをしてみたりと，カエルと一緒に過ごす日々が続いていましたが，次第にカエルが弱っていくのがわかりました。そんなある日，あるグループのカエルが死んでしまい，そのグループの子どもたちはとても寂しそうに落ち込んでいました。そして，その2，3日後に，もう1匹のカエルが死んでしまったことをきっかけに，まだ生きているカエルをどうするかについて話し合うことにしました。「このままだと，また死んでまうよ。もう死ぬところは見たくない」「逃がしてあげた方が，カエルもお母さんに会えるよ。今は，お母さんに会えなくて寂しいんじゃない？」「逃がした方が，エサいっぱい食べれると思うよ」などという意見に対して，「絶対に逃がすのはイヤ！」「もっと一緒にいて遊びたい」「もっと頑張ってエサ取りしたら，お腹いっぱいになるよ」などという意見が出ました。絶対に自分の意見を変えない子，友だちの意見を聞いて考えが変わった子，相手の意見を受け止めてはいても，自分の思いと折り合いがつかずに迷っている子など，一人ひとりが真剣に考えていました。Rくんは，発言する子の顔を見てしっかりと話を聞き，じっと黙っていましたが，みんなの意見にどれも「そうだな」と納得できるため，どうしたらいいか本当に迷っている様子でした。なかなか結論が出ないまま時間だけが過ぎていきましたが，私は，多数決などの簡単な方法ではなく，みんなが納得できる結論を出してほしいと思ったので，一度ここで区切って，午後の時間に再度話し合おうかと思いはじめていました。するとその時，Yちゃんが「25までとか決めたらどう？」とつぶやきました。私は「それは，25日まで一緒にいて，その日になったら逃がすってこと？」と確認すると「そうそう！」とYちゃん。すると他の子も「そうやな。そしたらもう少し一緒にいられるな」「その日になったらお母さんにも会えるな」などと話し，全員一致で1週間後の25日にお別れすることに決まりました。

6月25日，カエルとのお別れの日，元いた場所に返してあげたいということになり堤防に向かいました。堤防に着いた時，「最後に何か言ってあげたいことある？」と投げかけてみました。すると子どもたちは，口々に「ありがとう！」「いっぱいエサ食べてね」「お母さんのとこに行きね」などと言い，飼育ケースを開けてあげました。中には目に涙を浮かべている子もいて，カエルと過ごしたことで，子どもたちの心が変化していることを感じました。

そのころになると，RくんとSくんは，降園後に毎日のように外で生き物探しをするようになり，お父さんと一緒にザリガニやカメなどを捕まえたことも

ありました。園でも，図鑑を見ながら二人で楽しそうに話している姿が見られるようになり，ゲームの話題はほとんど聞かれなくなっていました。カエルとの別れから数日後，Ｒくんが家から５cmほどのイモムシを持ってきました。Ｒくんは「この子はね，もうすぐ固くなってチョウチョになって出てくるんやで。だから名前は"ナギサちゃん"にしたの」とうれしそうに話し，Ｓくんと一緒に観察したり葉っぱをあげたりしてかわいがっていました。ある日の夕方，テラスでナギサちゃんを飼育ケースから出していたところ，ふとした拍子にＲくんがナギサちゃんを踏んづけてしまいました。ぺちゃんこになってお腹から緑色のものが出ているナギサちゃんを見たＲくんは，その場に座り込んで大声で泣きだしました。今まで見せたことがないほど大声で泣きじゃくるＲくんの姿に，私はＲくんの気持ちをまるごと受け止めようと思い，Ｒくんの背中をさすりながら「そうだよね。Ｒくん，ナギサちゃんのことすごくかわいがってたもんね」「悲しいよね…」と声をかけ，Ｒくんが落ち着くのを待ちました。10分ほどするとＲくんも少しずつ落ち着いてきて，「お墓作る」とつぶやきました。私も一緒にお墓を作ったのですが，その時のＲくんの悲しそうな顔は忘れられません。

　その出来事があった後も，Ｒくんは，保育室で飼っているカブトムシやザリガニが死んだ時にはナギサちゃんの隣にお墓を作ってあげ，夕方など保育室でみんなが遊んでいる時に，思い出したかのように時々一人で園庭に出て，そっとお墓に手を合わせていました。

　ゲームの世界と同じように，命がなくなってもまた復活すると思っていたＲくんとＳくんの言葉をきっかけに，生き物にも自分たちと同じように命があること，そして命は一つだということに気づいてほしいという願いをもって，カエルやさまざまな生き物と関わる機会をつくりました。ＲくんとＳくんは，実際に生き物に触れて遊んだり世話をしたりする中で，ゲームの中では味わえない感触や面白さ，不思議さや驚きなどを体験できたのではないでしょうか。また，「かわいい」「愛おしい」「悲しい」などの感情を体験することで，以前はどちらかというと無機質な表情だったＲくんとＳくんに笑顔が増え，保育者や友だちにもよく話しかけるようになりました。そして，ナギサちゃんが死んだ時のＲくんの悲しみは，"死んじゃった！　もう会えない！""命は一つ"ということに気づくことができたからこそその悲しみだったのだと思います。

　また，ＲくんとＳくんが変わっていった要因のひとつに，家庭でも保護者が一緒になって生き物探しをして関わってくれたことが大きかったと思います。保護者と一緒に生き物探しをすることで充足感を味わい，さらに生き物への関心が高まっていったのだと思います。現実の世界で生き物や身近な人々と関わって得られる感情は，ゲームでは決して得られないものだと思います。

②　すぐカッとなる子

1歳のころから動きが激しく，集中して遊ぶことが苦手な男児がいました。その子の周りでは頻繁にトラブルが起こりましたが，注意をすると，長時間壁をけったり物を投げたりしてしまうので，担任はとっさに止めながらも，その子が感情的になりすぎないよう根気強く関わってきました。それでも感情をコントロールする力が育つのはとってもゆっくりで，その対応で，担当する保育者はどんどん疲弊していきました。3歳になっても，感情的で暴力的な行動はますますひどくなっていきました。そんなある夏の日，途中で入園した女児がその子の玩具を使ってしまいました。すると，自分の使っていたおもちゃをだまって触ったといって怒り，その子の頬を2回も叩いてしまいました。

さて，叩かれて泣いている子が看護師のもとへ連れてこられました。頬が少し赤くなっていましたが大事に至らず，看護師は頬を冷やして「どうして叩かれたんだろうね」という話をしていました。その子は泣きながら「わからない」と言って怒っていました。するとそこに，叩いた子が保育者と一緒に申し訳なさそうな顔をしてやってきました。どうやら謝りに来たということなのですが，担任はすぐにいなくなったので，その後，看護師が間に入って話を聴いていました。叩かれた理由がわからなくて泣いていた子は，「（おもちゃ）取るつもりもなかったし，あの子が使っていたことも知らなかった」と泣きながら訴えました。叩いた子は静かに立っています。すると看護師は「急に使われてびっくりしたのかなぁ」という声をかけたので，叩いた子はこくりとうなずき「ごめんね」と言ったのでした。叩かれた子もそのやり取りから理由がわかり，びっくりさせるつもりはなかったとのことで，お互い納得したのでしょうか。笑顔で帰っていきました。

この時，看護師がよい仲介をしたと思ったのですが，あのすぐにカッとなる子が自分から謝ろうとする気持ちをもちはじめたことに感動しました。さっそく担任に伝えると，今までずっとていねいに対応してきたことがだんだん実を結び始めていることが実感としてわかり，保育者の大きな喜びにもなりました。

しかし，このようなことはこの先もずっと続くので，卒園までに何度もこのようにできるだけ穏やかに納得できる終わり方を体験するしかないのです。

カッとなる子どもの中には虐待を受けている子どもも多くいますが，園でそのことに気づくには時間がかかります。なぜなら，その子がどのような人間関係の中で育ってきたのかがすぐには見えず，保護者の口から「うちは虐待をしています」というような声を聞くことは決してないからです。だからこそ，集団の中でイライラしている子どもは，十分注意しながら記録をていねいにとって，個人面談に活かしていくしかないのです。この時に「困った子ども」として見るのではなく，すぐカッとなる子どもとも愛着関係を深め，保護者の信頼を得たうえで情報共有をしていく中で，保護者との信頼関係ができた時に，初

めて子育ての悩みの話も出てくるのです。

3　飛び出す子

　1歳児から入園したけいちゃんは，クラスの雰囲気が嫌いなようで，いつも部屋の隅で家から持ってきたお気に入りの電車を抱えて静かにしていました。園生活の流れにも，保育者に手を引かれながら一緒に行動していました。言葉の発達もゆるやかで，何を言いたいのかがことばだけでは伝わりませんでした。そのけいちゃんが，2歳児に進級すると行動力がついて，部屋から飛び出すようになったのです。担当していた保育者は，今までは部屋の中にいて，かってに飛び出すことはなかったのに，どうして急に飛び出すようになったのかがわからず，不思議でしかたありませんでした。さらに保育者の指示にも従わなくなったということで，そのままにしておくと「わがまま」になるという不安感もあったのでしょうか，部屋に鍵をかけ，泣いても部屋の中にいるように求めました。それを見ていた子どもたちも，びっくりして落ち着かなくなり，クラス全体が落ち着きのない状態になってしまいました。

　部屋を飛び出すようになったのは，けいちゃんが言うことを聞かなくなったのではなく，意思表示の力が強くなったということであり，いやな環境の中にはいたくないという非言語コミュニケーションによって自己表現しているのです。しかし，ひとりで多くの子どもを見る保育者は，個別対応にも限界がありますし，そんなのんきなことは言っていられません。そこでパートの保育者が，いつもその子の欲求につきあいながら，自由に園内を歩き回れる環境をつくりました。当初担任は，一緒にいることで集団性が身についてきたと考えていたようで，ひとりだけ離れることに抵抗がありましたが，自分ひとりでは保育できないので，別行動をすることを受け入れました。

　それからよく観察すると，部屋を飛び出すタイミングがだんだんわかってきました。そして同時にけいちゃんの嫌いなことも見えてきたのです。例えば，みんなが大きな声を出して歌う朝のお集まりなどの会がはじまる時に飛び出すことがわかりました。おそらくそこでは自分の居場所を見つけられなかったのでしょう。それから，出たくなったらサインを出すことや，どこまで行ったら返ってくるのかなど，目安を決めて出てもらうことにしました。すると，いつでも出られることがわかると，逆に飛び出す回数が減っていきました。そして，4歳児になると，部屋から飛び出すことはほとんどなくなりましたし，集団で活動することも徐々に増えていきました。そしてけいちゃんは，卒園時には普通学級への就学は難しかったのですが，園生活においては，登園を嫌がることも，運動会や劇の発表会行事から抜け出すこともなく，クラスの大切な仲間のひとりとして卒園していきました。

　園は学校とは違い，小さいころからほぼ日々の生活サイクルは変わらないの

で，障害のある子どもも日々の生活サイクルの中にはうまく溶け込め，目立たなくなっていきます。しかし，最初にもっていた敏感な部分は，環境によってはすぐに発生するので，園にいる時には新しい環境に慣れるような機会をつくっていくことも必要です。

4 コミュニケーション力を高める保育とは

1 コミュニケーションが苦手な子どもとは

　乳幼児期の子どもたちは，コミュニケーション力を身につけていく大切な時期をすごしているのですが，その能力は一人ひとり違います。集団の中では，先生が話をしている時には，わかってもわからなくても静かにしていることを求められるのですが，そこでは聞く態度は身につきますが，聞き取る能力と表現する能力はうまく育たない子も出てきます。ですから子どもたちに一斉に話をする時には，一人ひとりの聞く力や理解度を見ながら，そこをどう育てていくかということを考える必要があります。

　集団の中で話を聞く力が強いと感じる子は，何といっても家族での会話が多い子です。それは登降園時の親子の会話や，園で使っている言葉の多さからもわかりますし，友だちに対してやさしく話しかける姿などからもわかります。その意味では，親子の会話の量や話し方が子どもの集団でのコミュニケーションに大きく影響していることを保護者に伝えたり，家庭での会話の少ない子どもには，園で補える部分を見つけて，個別に支援していく配慮も必要になります。

　赤ちゃんが一人で静かにしていたら，話しかけなくてもいいと思っている保護者への意識改革や，「読んで」と言われるのが嫌なので，ほとんど家に絵本を置いていないという家庭への支援も必要です。中には，絵本はひとりで読むものだと思っている人もいて，「読んで」と言ったらこれから本を買ってあげないよと言う親がいるという話を聞いたこともあります。また，家庭での会話といっても，保護者の方から一方的に短い命令的なことばで語られるだけの子も，友だち同士の会話がそうなっているのですぐにわかります。さらには，ビデオや YouTube，ゲームなどに費やす時間もどんどん多くなっていて，園で子どもと話しても，キャラクターのことばかりを話すので，会話がうまく成り立たない子どももいます。

こんな年齢からコミュニケーションははじまっています

　こうして育った子どもたちは，自分の気持ちを

聴いてもらう体験が少ないので，当然，相手の気持ちを考えることも苦手になってきます。園でコミュニケーションがうまくできない子のグループには，このような環境で育っている子どもたちがたくさんいます。

　そう考えると乳幼児期には，その子が周囲の人たちからどんな声をかけてもらっているのかという人間関係にポイントを置いた環境をつくることが重要だということに気づくと思います。つまり，「社会性が育っていない」とか，「何を考えているのかわからない」とか，「どうして今そんなことをするの」というような，否定的な捉えられ方をされてしまうことが多ければ多いほど，人とうまくコミュニケーションをとることが難しくなっていくのです。自分の気持ちをことばでうまく表現できない子どもは，自分を守るために，他者に対しても，ことばではなく手足が出るようになり，仲間を拒否する態度も育っていきます。そうして孤立化するか，同じような仲間と集団を創るしかなくなっていくのですが，そのような子が何人かクラスの中にいると，そのクラスは崩壊状態になってします。できるだけ少人数で個別の保育をしたいのですが，現状の最低基準ではそれも困難であり，早急にこの構造的な問題を解決しない限り，小学校の荒れやいじめの解決は難しいと思います。

❷　集団のコミュニケーション力を高める

　第3節で紹介したすぐにカッとなったり飛び出したりする子については，どうしてもその子のことを中心に見てしまうので，その子の所属しているクラスの他の子どもたちはどのように見て何を感じているのかを丁寧に見ながら，フォローしていく必要があります。個別対応の必要な子どもたちがいることで集団がうまく機能しなくなりますが，それ以外の子どもたちのちゃんとしようとする存在が非常に大きく作用してくるからです。その子たちが育つことによってクラスが騒がしくならず集団がまとまり，子ども同士の教育力が機能するようになります。3歳未満児がトラブルを起こしたら，双方の意見を丁寧に聴きながら，子どもたちと共に解決策を考えていくことが大切になってきます。なぜなら，保育者がトラブルを起こした双方の意見を聴きながら一緒に解決していく姿を，子どもたちはものすごくよく見ているからです。つまり，そこから学んだ正義感や民主的な対話の風景こそが，集団のコミュニケーション力を育てていくのです。

　また，一人ひとりの育ち方が全体的に未熟で，年齢より幼く感じるクラスは，集団としての繋がりが弱いので，仲間同士のトラブルやいけないことをしている子を見つけると，すぐに先生に言いつけに来るという子どもの姿も見られます。そのような子どもに対しては，本来なら3歳児未満の子どもたちに必要な対応だとしても，今の育ちを受け入れながら「どう思ったの？」「どうしたらいい？」など一歩先の課題を想像し，子どもの育ちに合った声掛けや対話を重ね

る必要があります。また，仲間同士のトラブルに対しても，自分たちで納得の
いく問題解決ができなくても，いつ解決できるようになるのかを想像しながら，
焦らず集団のあり方を考えていく必要があります。

　年齢より幼く感じる集団でも，子どもたち一人ひとりの主体性を育むことを
中心に考えていくと，時間はかかっても，結果的にその集団は自分たちで育ち
合う関係を生み出していきます。こうした集団の姿が見えるようになると，子
どもたちの中に，新しい集団や環境の中でも自己を発揮しながらコミュニケー
ション力を磨いていく子どもたちを育てることになります。

③　育ち合うコミュニケーション集団を創る保育教材

　人の話を聞く力やコミュニケーション能力を向上させるためには，家庭での
親子の対話がポイントになります。忙しさの中でもこうした子どもとの豊かな
関係があると，その子どもたちがいる集団のコミュニケーション力は自然に高
まっていきます。しかし，今の社会でそのような家庭での教育を求めるのは，
少々難しい課題かもしれません。そこであきらめるわけにもいかないので，園
のような集団でそのことを補完する本物の体験のできる保育文化も必要になっ
てくるのです。

　4歳児のクラスで，保育者が子どもたちに食育の話をしていたのですが，あ
まり集中力を感じませんでした。しかし，途中でパネルシアターを使いながら
話を展開すると，子どもたちの集中力は一挙に高まりました。ことばだけでは
伝わりにくい情報も，視覚的な教材を使うことで話が見えるようになったので
す。保育のためにはこのような素晴らしい教材がたくさんあります。そこで，
もう一度今までの保育教材を見直すと，その中にも子どもたちとのコミュニケ
ーションを楽しめる教材がたくさんありました。これらを，伝えるとか，○○
してあげるといった学校教育のような扱い方をイメージするのではなく，今ま
での教材を，集団を育てるコミュニケーションツールとして，保育実践の中で
の活用方法を改めて考え直してみてください。

① 絵本の読み聞かせ

　絵本は，子どもたちのコミュニケーション力を育むのですが，園で読む時の
絵本はどのように扱っているでしょうか。本来，絵本というものは，大勢で見
るものではありません。膝の中に子どもを入れて，その人の声の振動を子ども
が背中で感じられるように，個別に読んであげたいものです。園でそのように
読むと，みんな群がってきて膝の奪い合いがはじまるかもしれません。そこで
必要なのが家庭の協力です。例えば，園で人気のある絵本を貸し出しするだけ
でも，家庭の様子は一変します。なぜなら，園で人気のある絵本なら，子ども
たちも真剣に見るからです。つまり，真剣に見てくれると，読む方も刺激され
て楽しくなってくるのです。疲れていても，絵本を読むことで子どもが反応し，

うれしくなるという体験を，ぜひ保護者にも伝えてください。

② 紙芝居の魅力

　紙芝居は，20人くらいのクラス全体で見るには最高の教材です。視覚的な支援があり，わかりやすいことばで面白おかしく繰り返すストーリーがあるので，新人の保育者でも子どもたちの視線は釘付けになります。紙芝居は演じる人の人柄が出るものですが，子どもたちを集中させたり，ドキドキさせたり，ゲラゲラと笑わせることもできます。こんなに手軽で身近に扱える教材で，しかも紙芝居という文化を通じて子どもたちと共通の体験をすることができるので，その集団がひとつにまとまります。そこまでのことを考えると，きちんと下読みをして演じ方を工夫することで，読んでくれる人との絆も生まれてくるのです。また，紙芝居の中には子どもたちとのやりとりを楽しむ作品も数多くありますので，子どもたちとの対話も楽しむことができます。

③ 対話的歌遊び

　私の園では毎月，外部の遊び歌作家を呼んで，乳児，2歳児，3歳児以上の3回に分けて歌遊びコンサートを開いています。子どもたちの参加はいつも自由です。4〜6月は園庭や廊下等で子どもたちの逃げ道を作って開始します。ですから，好きな子どもは前の方に座りますし，ちょっと苦手だけど少し興味があるという子は，遠くの方で耳だけ参加しています。乳児などは，かなり遠くで，しかも保育者に抱かれながら聞いています。それが，繰り返すうちにどんどん子どもの方から演奏家との距離を縮めてくるのです。曲によっては手拍子をしたり，踊ったり，歌ったりもします。一斉の活動の中に選べる自由，参加する自由，やめる自由を保障すると，その姿から一人ひとりがどのくらい音楽を楽しんでいるのかということがとてもよく見えるのです。そして，リクエストやアンコールも，子どもたちの方がするようになります。時には救急車の歌とか電車の歌とか無理なリクエストがあり，即興で作曲して歌うこともあります。また，子どもの呟きから作曲することもあります。こうした子どもの期待に応えながら歌を歌うという時間は，今までの保育の流れの中にはありませんでした。しかし，歌う中で，子どもと演奏者の距離は明らかにどんどん近くなっていき，子どもは演奏者の隣で聞いたりギターに触ったりして参加します。0・1歳児にとって演奏者は，不思議な音を出す人とものの中間的な存在なのかもしれません。しかし，全身で音を楽しみながら距離を縮めてくる姿からは，子どもが本来もっている感覚的なコミュニケーション力を駆使している様子が伝わってきます。

④ 登りたいけど登れない遊具

　園庭の遊具の一部にクライミングウォールを作りました。ある程度の筋力と身長がないと，簡単には登ることができません。はじめは長蛇の列ができ，一回失敗すると最後尾に並ばなくてはなりません。それでも何回も挑戦している

5歳児がいました。そのうちとうとう途中であきらめたのですが，涙ぐみながら「何でこんなものを作ったんだ！」と怒っていました。あと少しでできそうだったので励ましたのですが，その日はもう挑戦しませんでした。次の日も，だんだんできる子が増える中，その子はうらめしそうに遠くから見ているだけでした。それから1週間が過ぎたころ，「登れた！」と言いに来ました。私の見えないところで日々挑戦し，悔しい思いを重ねてきたと思うのですが，その意欲に脱帽しました。そして今度は，まだできない子にアドバイスをして応援する方に回っていました。そういえば，先に登れた子どもたちは，まだできない子どもたちを一生懸命手伝い，応援していたのでした。何気ない遊びの中でも，仲間を助け合いながら成長している集団の姿に出会い，うれしくなりましたが，こんな悔しい気持ちを乗り越えて喜びの体験に変える子ども同士の育ち合いに，集団のもつ教育力を感じます。これも子どもたちの大切なコミュニケーション能力のひとつなのです。

このほかにもよく見ると，鉄棒や太鼓橋，ジャングルジム，縄跳び，コマ回しと，できないことに挑戦する姿の裏には，仲間へのあこがれや励まし合いが隠れているのです。

［4］ 保護者の子ども理解を支援するためのプロセス評価

何らかの原因で，集団の中でうまく自己が発揮できない子どもは，家庭との連携が必要になってきます。家庭といっても母親と父親の考えにかなり開きのあるケースもたくさんあります。そして，子どもが集団の中でトラブルを起こしたり，仲間と一緒に仲良く活動できないということを伝えると，どの保護者もかなりのショックを受けます。もちろん園から伝える時には慎重に，相手のメンタルや家族の関係も考えながら，保護者自らが自分の子どもの育ちに対して「あれ？」という疑問を感じるように，ゆっくりと話を進めていきます。そのためにはできるだけ早く，集団の中での気になる様子を少しずつ伝えながら，家庭ではどのようにしているのかを訊き，子どもの育ちを一緒に発見できる支援を考えます。なぜなら，子どもの育ちをネガティブに伝えると，家庭で子どもが責められる可能性が高くなり，そうなると却って親子関係が悪くなり，子どもの育ちにも影響するからです。また園でも，その影響によって却って落ち着かなくなることもあるからです。集団の中でうまくコミュニケーションがとれないのは，園の方がその子に合った環境を用意できていないということを伝え，よりよい環境を提供できるように一緒に手伝ってほしいというアプローチをとるのです。

第3節で紹介した「すぐカッとなる子」の背景にはその子の周囲にモデルになる人がいる割合が高く，子ども自体が怯えながら生活している確率も高いのです。そして，そのような環境で育つと，子どもの方も，大人の感情を逆なで

するような挑発的言動をとるようになります。そうなると，担任も決して冷静には対応できないのです。このような子どもは，保護者に子育てを見直してもらうのが一番手っ取り早く効果のあるやり方なのかもしれませんが，それができない家族だということを考えると，口だけで正しいことを伝えても，かえって信頼を失うので効果がありません。そこで，家庭とは違う「子どもを理解して受け入れる」ということを少しずつ実践していき，保護者に集団の中で生き生きと過ごす子どもの姿を伝えたり，保育から学べる子育てのヒントを提案するような保育ができるかどうかが重要な課題となってきます。

　部屋にいられない子の敏感さも，もしかすると何らかのハンデがあるのかもしれませんが，園は診断をする場ではないので，地域の中で連携しながらその子の居場所づくりをしていく必要があります。子どもの成長に対して，保護者がどこまで受け止めることができるのかを考え，さらには卒園した後の支援までも考えながら，地域のリソースを照会して，継続した支援体制をつくっていくことがポイントになります。

引用・参考文献

『ちゃんと泣ける子に育てよう』大河原美似，河出書房新社，2006年。
『0歳児から5歳児　行動の意味とその対応』今井和子，小学館，2016年。
『対話的保育カリキュラム　上・下』加藤繁美，ひとなる書房，2007〜2008年。
『集団ってなんだろう』森上史朗・今井和子編著，ミネルヴァ書房，1992年。
『仲間とともに自己肯定感が育つ保育』浜谷直人編著，かもがわ出版，2013年。
『子育ての哲学』山竹伸二，ちくま書房，2014年。

おわりに

　人は，今までも，そしてこれからもずっと，他者の影響を受けながら自分で考え自分で決めていきていきます。その中でも，集団の中で「人を育てる」という仕事をする人たちは，その最先端で，何がよいのかをすぐに決めて行動することが求められます。その時，12年先の社会を考えながら自分の価値観を広げてほしいのです。12年先というのは，卒園した子どもが初めての選挙権を手にする年齢です。その時に，よりよい社会をつくれるような自己決定をしてほしいという願いをもって保育をすることです。

　社会の中で自由に生きるためには，自分でよりよい生き方をめざし，自分を信じて，自己決定を大切に何度も繰り返すしかないのです。当然そこには失敗もあります。命に関わるような取り返しのつかない結果になる判断をすることもありますが，それでも一人ひとりがよりよい方向をめざして生きて行くしかないのです。

　12年先も，人は集団を創って暮らしていると思いますが，どんな人間関係を構築するのかは不透明です。自分のことより人の幸せを考える人もいるでしょうし，その反対に自分のことばかりを考えている人もいるでしょう。いつもこのバランスの中で，よりよい社会を想像していくしかないのです。この時，子どもたちの人間関係を構築するプロセスは，人の生き方の手本だと思うことがたくさんあります。保育者は，そのことにもっと気づく必要があります。

　子どもたちが人間関係や社会性を獲得する時の学び方は，非常にスピーディで変化に富み，相手を疑うことなく進んでいきます。この姿は私たちが子どもたちから逆に学ぶべきもので，人間関係をつくる手本となります。だからこそ保育者たちは子どもが育ち合う社会を多くの仲間と考え，平和で民主的な社会へ繋がる集団創りをする発想がどうしても必要なのです。

　子どもを社会でどう育てるかかということを考えると，保育も経済抜きには考えられません。そして今，そのことに対する大きな影響力をもっているのがOECDからの情報発信です。主体的・対話的でより深い学びが必要だとする情報も，実はここからの影響が大きいのです。

　また今の社会は，イギリスのEU離脱問題，トランプ氏の登場，AIの発達，コントロールの難しい情報化社会への突入など，こうしたすべてが不確実で不透明で答えの見えない時代がはじまっているといわれています。しかし，その未来をつくっているのは今の自分たちだという当事者意識が，人を育てる仕事に携わっている人たちには特に必要です。それがないと，私たちは子どもたちに先の見えない不安な未来を手渡すことになります。

　私たちは「保育には社会を変える力がある」と思っていますし，「集団」を意識した保育や教育を考えた時，目の前の子どもたちがその未来の担い手であるということを意識し，保育を社会みんなで考えていく「社会化」が必要です。

　そう考えると，乳幼児期の保育・教育には，この先の平和な社会を構築する根っこを育てるという重要な使命があることに気づくと同時に，子どもを大切にする社会をつくることの重要性に気づくは

ずです。

　こんなにも子育てが難しい社会に私たちにできることを考えると，それぞれの家庭に合わせた育児支援であり，地域の子育て環境の基地になる人を信じることを大切にした保育です。

　園生活がそのモデルになるよう，子どもの権利を意識した質の高い保育をする必要性を感じます。子どもの参画，主体性，人間関係，社会性，人格形成などをキーワードに，一人ひとりの心地よい集団創りをめざし，なおかつ家庭や地域に影響力を与える保育の発展に，本書が役立つことを願っています。

2020年2月

編著者　島本一男

《執筆者紹介》（執筆順／氏名／よみがな／現職／執筆分担／＊は編著者）

＊**今井和子**（いまい・かずこ）編著者紹介参照
　　はじめに・第2章・第3章4節・第4章・第5章4節・第9章1〜2節

＊**島本一男**（しまもと・かずお）編著者紹介参照
　　第1章・第3章1〜3節・第8章1節①・2節・第9章3節②③・4節・おわりに

池添鉄平（いけぞえ・てっぺい）社会福祉法人　京都保育センター　たかつかさ保育園　園長
　　第5章1〜3節

佐竹淳祐（さたけ・じゅんゆう）社会福祉法人　浪花保育園　浪花認定こども園　園長
　　第6章

大塚広夢（おおつか・ひろむ）社会福祉法人　福栄会　神山認定こども園　保育教諭
　　第7章

石田幸美（いしだ・ゆきみ）社会福祉法人　なのはな　菜の花こども園　副園長・主幹教諭
　　第8章1節②

山﨑勇太（やまざき・ゆうた）社会福祉法人　菊清会　みんなのとっぽこども園　保育教諭
　　第8章1節③

道上　薫（みちかみ・かおり）社会福祉法人　福栄会　神山認定こども園　主幹教諭
　　第9章3節①

写真提供協力園
〈カバー表・裏〉
社会福祉法人　京都保育センター　たかつかさ保育園
〈本文〉
社会福祉法人なのはな　菜の花こども園
　（写真撮影者：川内松男〈公益社団法人　日本写真家協会会員〉）
社会福祉法人　京都保育センター　たかつかさ保育園
社会福祉法人　浪花保育園　浪花認定こども園
社会福祉法人　福栄会　神山認定こども園
社会福祉法人　菊清会　みんなのとっぽこども園
社会福祉法人　相友会　諏訪保育園

《編著者紹介》

今井和子（いまい・かずこ）
　元 立教女学院短期大学教授。
　子どもとことば研究会代表。
　23年間世田谷区と川崎市の公立保育所に勤務し，その後十文字学園女子短期大学，お茶の水女子大学非常勤講師を経
　て東京成徳大学子ども学部教授，立教女学院短期大学幼児教育科教授。
　主著　『自我の育ちと探索活動』ひとなる書房，1990年。
　　　　『子どもとことばの世界』ミネルヴァ書房，1996年。
　　　　『家庭との連携と子育て支援』（共著）ミネルヴァ書房，2000年。
　　　　『0・1・2歳児の心の育ちと保育』小学館，2003年。
　　　　『「わたしの世界」から「わたしたちの世界」へ』（共著）フレーベル館，2003年。
　　　　『今求められる質の高い 乳児保育の実践と子育て支援』（共編著）ミネルヴァ書房，2006年。
　　　　『保育を変える 記録の書き方 評価の仕方』ひとなる書房，2009年。
　　　　『独自性を活かした 保育課程に基づく指導計画』（共編著）ミネルヴァ書房，2010年。
　　　　『遊びこそ豊かな学び』ひとなる書房，2013年。
　　　　『保育士のための書き方講座』全国社会福祉協議会，2016年。
　　　　『0歳児から5歳児　行動の意味とその対応』小学館，2016年，他。
　　　　『0・1・2歳児の世界』（編著）全5巻，自費出版，トロル販売，他。

島本一男（しまもと・かずお）
　社会福祉法人　相友会　諏訪保育園　園長。
　子どもの文化学校講師。
　インターハート人間教育研究会主宰。
　一般企業に3年間勤めた後，保育の世界に入り同一法人内で41年間勤務，その間，用務員，保育士，園長を歴任。
　主著　『保育士とキャリアアップ研修7 マネジメント』（共著）萌文書林，2019年。
　　　　『現場の視点で新要領・指針を考えあう』（共著）ひとなる書房，2017年。
　　　　『主任保育士・副園長・リーダーに求められる役割と実践的スキル』（共著）ミネルヴァ書房，2016年。
　　　　『園長パパの豊かな食育』芽ばえ社，2013年。
　　　　紙芝居『どんぐりのあかちゃん』童心社，1997年。
　　　　絵本『くりのきのこと』アリス館，2004年。
　　　　『とんちゃん＆しまちゃんの歌で遊んじゃおう！』（共著）小学館，2001年。
　　　　『とんちゃん＆しまちゃんの歌ってこっつんこ』（共著）小学館，2009年。

　　　　　　　　　　　　　　　集団っていいな
　　　　　　　　　　　一人ひとりのみんなが育ち合う社会を創る

　2020年3月20日　初版第1刷発行　　　　　　　　　〈検印省略〉

　　　　　　　　　　　　　　　　　　　　　　定価はカバーに
　　　　　　　　　　　　　　　　　　　　　　表示しています

　　　　　　　　　　編 著 者　　今　井　和　子
　　　　　　　　　　　　　　　　島　本　一　男
　　　　　　　　　　発 行 者　　杉　田　啓　三
　　　　　　　　　　印 刷 者　　田　中　雅　博

　　　　　　　発行所　株式会社　ミネルヴァ書房
　　　　　　　　　　　607-8494　京都市山科区日ノ岡堤谷町1
　　　　　　　　　　　電 話 代 表　075-581-5191
　　　　　　　　　　　振 替 口 座　01020-0-8076

　©今井和子・島本一男ほか，2020　　創栄図書印刷・清水製本

　　　　　　　　　ISBN978-4-623-08918-5
　　　　　　　　　　　Printed in Japan

今井和子 編著　　　　　　　　　　　　　　　　B5 判／美装カバー／224頁／本体2400円

主任保育士・副園長・リーダーに求められる役割と実践的スキル

今井和子 著　　　　　　　　　　　　　　　　　四六判／美装カバー／248頁／本体1800円

子どもとことばの世界
──実践から捉えた乳幼児のことばと自我の育ち──

今井和子・天野珠路・大方美香 編著　　　　　　B5 判／美装カバー／234頁／本体2500円

独自性を活かした
保育課程に基づく指導計画
──その実践・評価──

榊原洋一・今井和子 編著　　　　　　　　　　　B5 判／美装カバー／272頁／本体2800円

今求められる質の高い
乳児保育の実践と子育て支援

今井和子／近藤幹生 監修
MINERVA 保育士等キャリアアップ研修テキスト

全7巻／B5判／美装カバー／各巻平均 200 頁
本体 1800〜2000 円

① 乳児保育
今井和子／矢島敬子 編著

② 幼児教育
初瀬基樹 編著

③ 障害児保育
市川奈緒子 編著

④ 食育・アレルギー対応
林薫 編著

⑤ 保健衛生・安全対策
小林美由紀 編著

⑥ 保護者支援・子育て支援
小野崎佳代／石田幸美 編著

⑦ マネジメント
鈴木健史 編著

──────── ミネルヴァ書房 ────────
http://www.minervashobo.co.jp/